Ahora es el momento

Cameron Alborzian

Ahora es el momento

Contemplación para el investigador espiritual

mr · ediciones

Fotografías de interior: Ramiro Montoya

Paseo de Recoletos, 4. 28001 Madrid
www.mrediciones.com
Primera edición: noviembre de 2005
ISBN: 84-270-3185-8
Depósito legal: M. 36.676-2005
Fotocomposición: J.A. Diseño Editorial, S.L.
Impresión: Lável Industria Gráfica, S.A.

Impreso en España - Printed in Spain

ÍNDICE

Introducción 13

MUNDO EXTERIOR

El principio 17
La vida 23
Amor y miedo 29
Karma 43
Historia 55
Educación 61
Dinero 77
Política 85
Religión 107
Dios 117
Sexo 127
Los medios de comunicación 139
Relaciones 155

MUNDO INTERIOR

Pensamientos 169
Fe 183
Verdad 189
Felicidad 195
Infancia 205
Silencio 213

Muerte 221
Salud 225

UN MUNDO MEJOR

Ayurveda 245
Yoga 257
Prácticas para la vida diaria 267
Final 275

Apéndice 1: Palabras 277
Apéndice 2: Hierbas recomendadas para uso diario 281

Este libro está dedicado a mi madre y mi padre, que nos enseñaron a mi hermana y a mí el verdadero significado del sacrificio y el amor nacidos de un corazón generoso. Con amor, para los dos.

Gracias a todo el mundo que ha hecho posible este libro:

A Belén por su paciencia y comunicación, a Ramiro por sus imágenes y arte, a Carlos por su tiempo y preocupación, a Ana Gavín por su apoyo, a Santiago Lameiro por su inestimable contribución, a Pablo por su confianza y sus valiosas aportaciones, a Fernando y a Beatriz por su excelente trabajo.

A Soraya por siempre estar ahí con su amor, a Russell por ser un amigo, a Luke y Nicole por ser dos rayos de sol, a María, Paco, María y Álvaro por aceptarme con amor y compresión, a Pino por compartir su pasión.

A mi amor, Almudena, por escucharme y apoyarme durante todo este proceso, ya que ella es la que ha estado conmigo durante todo el viaje. A mi querida Zuzu por hacerme siempre sonreír y pensar en positivo. Todo mi amor para ellos.

INTRODUCCIÓN

Toda persona, a lo largo de su existencia, llega a un punto en el que piensa que le falta algo y que su vida podría ser mucho más plena de lo que hasta ese momento ha sido. Es una conmoción distinta de cualquier otra, buena o mala; diferente de la que producen la pérdida de un ser querido o un gran triunfo profesional. Es una sensación mucho más profunda. No encontramos palabras para explicarla; pero sabemos que no podemos ignorarla, porque es una idea insistente, que se nos presenta cuando menos lo esperamos, sin que podamos evitarlo. Tenemos la impresión de que hay algo que nos empuja hacia un lugar que no podemos describir y que aún no hemos explorado. En los momentos en los que podemos relajarnos y sentirnos en paz, o en las situaciones terribles en las que aparentemente hemos perdido el control, tratamos de encontrar algo que nos ayude en la vida cotidiana o nos salve de la situación difícil en la que nos encontramos. Si sólo existe lo que se ve, ¿por qué, entonces, todo el mundo tiene esta urgente necesidad de recurrir a una fuerza desconocida que proviene del interior? Nos preguntamos qué es lo que buscamos instintivamente, y también por qué no estamos siempre en contacto con este poder que, supuestamente, puede salvarnos.

A lo largo de los años se ha hablado mucho acerca de la espiritualidad y su significado, y de por qué esta palabra es asociada sobre todo con las culturas orientales y no con Occidente. En primer lugar, este libro ha sido escrito para entender la manera en que vivimos, es decir, los estilos de vida y modelos de pensamiento que hemos creado. Luego, para explorar desde la contemplación otros ámbitos que existen, aunque no les dediquemos demasiado tiempo. Por ejemplo, la cultura. Es muy importante observar por qué ocurren las cosas, sin creer que todo en la vida es casual. Interesa pensar e intentar comprender por qué tenemos cerebro y qué deberíamos hacer con él. Se habla hasta la saciedad sobre aquello que yace profundamente en nuestro interior y que alcanza otros niveles de existencia y conciencia; pero los occidentales tenemos dificultades para entenderlo, pues carecemos de las doctrinas filosóficas que en las culturas orientales enseñan a llegar a esos estados especiales de la mente. Puesto que la Biblia es el principal texto espiritual de la cultura occidental, en nuestra cultura Cristo es la única referencia a la vida interior y la única vía para entrar en contacto con «el verdadero yo».

Sean cuales sean las creencias de una persona, lo importante es explorar las infinitas posibilidades que ofrece su universo interno y que, en última instancia, pueden llevar a esa persona, nuevamente, a la misma creencia que tenía al principio, pero proporcionándole una convicción más sólida y genuina. Es diferente saber que hay algo que procede de una verdad interna, que no se puede describir con palabras, que hablar de lo que sí puede expresarse, y que puede ser o no la auténtica verdad. El propósito de este libro es conseguir que el lector piense en cada pequeño paso que da en la vida y en el efecto que esa acción tiene en todas las personas que le rodean. También se trata de mostrar como la vida interior es el lugar donde se encuentra la verdad genuina, y que sin la contemplación o el pensamiento colectivo jamás podrá existir un mundo en el que aflore el verdadero amor.

CAMERON ALBORZIAN

MUNDO
EXTERIOR

EL PRINCIPIO

¿Hacia dónde voy y de dónde vengo? Si soy capaz de resolver este pequeño enigma entonces tendré la posibilidad de descansar allí donde apoye mi sombrero.

(Proverbio inglés)

Las grandes preguntas siempre parecen ser las mismas: ¿qué estamos haciendo aquí? ¿Cuál es el propósito de nuestro paso por la Tierra? ¿Se trata de una existencia predestinada o tenemos alguna influencia en nuestra vida?

Somos seres vivos dotados de inteligencia, con la facultad de razonar. Pensar es lo que nos diferencia de todos los demás seres vivientes. Las plantas no tienen cerebro y los animales poseen cerebro e instintos, pero carecen de nuestra capacidad lógica. Hemos de preguntarnos para qué sirve exactamente nuestra inteligencia. ¿En qué se supone que debemos pensar con más profundidad? ¿En lo que nos interesa y apetece, en lo que alcanzan nuestros sentidos? ¿O acaso debemos buscar lo desconocido, cosas ocultas y nunca vistas, de las que no sabemos nada? ¿Tenemos que pasar la vida excavando en la mente en busca del conocimiento de aquello que ni siquiera sabemos que existe?

La palabra *espiritualidad* tiene un significado distinto para cada uno de nosotros, y más a medida que se encuentran nuevas formas de describirla. Para la mayoría de las personas, es más una fascinación pasajera que una forma de vida. Por esa razón, al final de cada capítulo encontraremos testimonios de personas de todo el mundo que explican lo que significa para ellas la espiritualidad. Se trata de aportar muchos puntos de vista sobre esta materia a lo largo del libro.

En Occidente, este tema adquiere más importancia a medida que aumenta el número de personas que viajan por los distintos continentes y regresan impregnados de las vivencias y filosofías de los lugares que visitan. Estas creencias proceden fundamentalmente del mundo oriental y de todos sus dioses, adorados de formas diferentes, cada uno con sus propias ceremonias. Las filosofías y ritos de estas antiguas civilizaciones han resistido la prueba del tiempo y se han modificado para su adaptación al creyente occidental, que tiene mucho menos tiempo o paciencia para descubrir la auténtica verdad.

En estos tiempos escuchamos a muchos definirse a sí mismos o a los demás como personas «espirituales». ¿A qué se refieren con ello? ¿A una forma de ser o a un estado de la mente? ¿Esta espiritualidad se consigue con un arduo trabajo o aparece sin apenas buscarse? Quizás estemos identificando en los demás algo que está en un lugar mucho más profundo que lo que vemos en la superficie...

A lo largo de los años se ha profundizado en el tema de la espiritualidad, con plena conciencia de que nuestro interés por la vida ha sido siempre interés por la gente. Tratamos de entender por qué nos comportamos de determinadas maneras con nosotros mismos y con los demás, cuáles son nuestras motivaciones y de dónde proceden. Aspiramos a saber por qué reaccionamos ante una misma cosa de manera distinta que las otras personas. Los modelos de comportamiento y su origen siempre me han fascinado. Cuando era pequeño y vivía en Inglaterra me dedicada a observar a las personas, por ejemplo para ver cómo eran sus relaciones con el mismo sexo y con el sexo opuesto. Yo quería entender a la gente, no ser diferente de ella. Pensaba que era una buena manera de encontrar rasgos similares entre ellos y yo y así actuar de modo que pudiera ser aceptado por los demás sin que surgieran conflictos por nuestras diferencias. Esta inquietud se debía probablemente al hecho de que había vivido en Irán, un país cuya cultura es muy distinta de la occidental. En Inglaterra, sentía que llamaba la atención más de lo que realmente lo hacía.

Las culturas cambian de un modo más notable para nosotros a medida que nos alejamos hacia el este. Oriente es un mundo más patriarcal, con sociedades y familias que viven en comunidades estrechamente unidas. En Inglaterra, los hijos se marchan de casa en cuanto pueden, mientras que en las culturas de Oriente Medio, por ejemplo en Irán, permanecen junto a sus padres el máximo tiempo posible y, cuando se van de la casa paterna, compran una junto a ésta para estar cerca. Si en Irán intentas ser diferente, pensarán que quieres llamar la atención. Por el contrario, en Inglaterra todo el mundo busca distinguirse a través de la forma de vestir, de hablar, de pensar y de actuar. En Occidente, ser distinto está considerado como una necesidad fundamental y una obligación con uno mismo. Tenemos la impresión de que, de no ser así, nadie repararía en nosotros. Este fenómeno resulta fascinante y perturbador al mismo tiempo. Cuando me trasladé a Europa quería encajar en la nueva sociedad, ser como los demás. Pero la norma común de los demás consistía en ser diferente. ¿Cómo podía manejar esta contradicción a los once años? Eso me colocó ante el dilema de tratar de vencerles o unirme a ellos.

Empecé a ser tan diferente como todos los que me rodeaban. Incluso llegué a diferenciarme de manera excesiva, ya que ignoraba dónde está el límite. No existe un manual que ayude a saber cuándo llega uno a ser suficientemente distinto.

Aunque no era consciente de ello, estaba colocando los cimientos de mi futuro. El mundo de la moda es uno de los mejores lugares para empezar a aprender a ser diferente. Este negocio ofrece un estilo de vida asombroso que incluye los viajes, el conocimiento de toda clase de gente, la abundancia de dinero, la fama. La contrapartida es una existencia vertiginosa, mucho tiempo perdido en los aeropuertos, muchas tentaciones peligrosas y, tal vez, el riesgo de quemar tu vida, echarla a perder si no tienes cuidado. El principal peligro reside en el hecho de que los chicos comienzan a trabajar como modelos a los dieciséis o diecisiete años, una edad en la que no tienen responsabilidades y sólo buscan divertirse. Y no hay duda de que encontrarán diversión, mucha diversión. Pero la juventud es ingenua y piensa que siempre será así, que las diversiones no tendrán fin. Y, tal vez sea verdad, pero a medida que crecemos los placeres adoptarán nuevas formas y, finalmente, cambiarán, serán diferentes para cada persona. Y para este tipo de situaciones no te prepara un negocio que se mueve a velocidad de vértigo. La caída puede ser muy rápida...

Dios cuidó de mí y no tuve que sufrir esta caída, aunque sí padecí otras. Ahora comprendo que formaban parte de mi búsqueda espiritual.

El viaje de la espiritualidad comienza cuando apenas somos un pensamiento en las mentes de nuestros padres y comenzamos a crecer en el vientre de nuestra madre. Pero desde el momento en que nos asomamos al mundo, todas las distracciones que existen en la vida hacen que comencemos a olvidar de dónde hemos venido, hasta perder finalmente todo vestigio de nuestro «pasado». El viaje espiritual es como una regresión mental. Mientras seguimos viviendo y avanzando, tratamos de recordar todo lo que solíamos ser y aún somos: una parte de nuestro creador.

Resulta curioso el hecho de que la palabra *espiritualidad* esté asociada a la cultura oriental, trayendo a la mente visiones de ciudades antiguas habitadas por pueblos milenarios, con dioses desconocidos o extraños. ¿Significa eso que tenemos que viajar a los países de Oriente para «volvernos espirituales», o podemos conseguirlo también de otra manera? ¿Por qué se asocia la espiritualidad principalmente con Oriente? ¿Qué doctrinas practican allí que nosotros no conocemos?

La fama espiritual de Oriente se debe en parte a que la cultura occidental tiene la Biblia como casi único texto de enseñanza religiosa; y, aunque existen muchas ramas de la misma fe cristiana, la creencia común es que hay un único Dios. En Oriente, en cambio, tienen muchas religiones, libros y dioses a los que elevar plegarias. Ese halo espiritual de lo oriental quizás se deba asimismo a la proliferación de hombres ancianos, con largas barbas, de aspecto sabio y venerable. En Occidente también hay barbudos, pero no es lo mismo, pues muchos forman parte de bandas de rock que promueven una religión diferente —sexo, drogas y rock and roll— que es percibida por ellos como una forma de vida más deseable dentro de la cultura occidental. Pensándolo bien, la espiritualidad tal vez no tenga nada que ver con la barba.

Exploremos y contemplemos un poco más todo aquello que tenemos en nuestra sociedad, para ver de qué modo el viaje de espiritualidad afecta al estilo de vida que se practica en Occidente. Observemos si esta forma de existencia es una ayuda o un impedimento para nuestra búsqueda espiritual. ¿La gente busca explicaciones o se contenta con pasar por la vida sin dedicar siquiera un poco de tiempo a esta cuestión?

> *Para mí, la espiritualidad significa que soy un ser espiritual que vive una experiencia terrenal, en lugar de un ser terrenal que vive una experiencia espiritual. Significa que vengo de algún «otro» y volveré a estar con él, allí donde pertenezco.*
>
> SHERI ZARKOOB, cuarenta y tantos, encargada de control de calidad en la NBC, cristiana, natural de Irán.

LA VIDA

Para contemplar la cuestión de la espiritualidad, con su significado diferente para cada uno de nosotros, primero debemos plantearnos la forma en que vivimos y qué entendemos por realidad. Debemos mirar cómo es la vida para cada uno de nosotros, de forma individual y colectiva, y de qué manera nos relacionamos los unos con los otros y con el mundo que nos rodea. Dicho de otra forma: cómo, dónde, cuándo, con quién y haciendo qué pasamos cada minuto de la existencia.

La vida, tal como la conocemos, es difícil y está llena de desafíos. Es una gran experiencia para unos y una historia de horror interminable para otros. ¿Qué es lo que hace que la vida resulte tan diferente para cada uno de nosotros, si todos habitamos el mismo planeta con los mismos recursos? Al principio de su existencia, algunos sufren más desventajas que otros, y, dependiendo de los lugares donde vivan, los recursos y oportunidades que haya en ellos, puede que las cosas continúen siendo así durante el resto de la vida. No hablamos de la capacidad económica de las personas, sino de lo que todos tenemos en común, de lo básico, y de la forma en que decidimos utilizarlo. Es la mente y lo que ella acepta como real e irreal lo que marca la diferencia en nuestra vida diaria. Para entender lo elemental de la vida hay muchas cosas en las que debemos fijarnos.

La mente controla todo lo que hacemos, ya sea de forma consciente o subconsciente. Para llevar a cabo una acción tiene que existir una decisión personal previa bien meditada, o una de esas que tomamos habitualmente sin pensarlo demasiado, casi como si fuese un acto reflejo. Por ejemplo, cuando nos levantamos por la mañana y cumplimos con la rutina de cepillarnos los dientes o lavarnos la cara, lo hacemos de manera casi inconsciente, mientras nuestra mente está ocupada en lo que necesitamos hacer durante el día. Es muy raro que nos levantemos de la cama y decidamos conscientemente que vamos a cepillarnos los dientes o lavarnos la cara, porque nuestro subconsciente ya ha aceptado esas tareas como algo habitual. El único momento en que pensaremos de verdad en ello será justamente cuando dejemos de hacerlo por despiste, o por tener una prisa excesiva. Entonces será cuando apelaremos al subconsciente para traer ese pensamiento a la órbita consciente. Somos responsables de todo lo que nos sucede. Todo que lo que estamos pensando acaba por convertirse en nuestra verdad.

Para todos nosotros la vida es un desafío que implica superar cada día penurias, tragedias, desilusiones, heridas y dificultades. El mundo, o quizás deberíamos decir la vida, nos enfrenta a muchas experiencias por las que debemos pasar, lo queramos o no. De forma deliberada, decimos «experiencias» y no «problemas», ya que este último es un término que tiende a significar algo que no deseamos y que es negativo. La experiencia, por otra parte, es algo que buscamos, que nos ayuda a crecer durante nuestro viaje. Si nos diesen la oportunidad de tener sólo aquello que queremos y no lo que necesitamos, nuestra vida y el mundo que nos rodea no podrían estar en armonía. Es verdad que, de todos modos, en este momento el mundo no funciona de forma armónica, así que imaginemos cómo sería si todos pudiésemos actuar de manera egoísta siempre que lo deseáramos.

Empecemos por analizar el tema de la elección. Tal como hemos señalado, es una cuestión íntimamente relacionada con nuestros pensamientos. A partir de las elecciones que hagamos a través de nuestros pensamientos, obtendremos armonía y paz o destrucción y dolor. Podemos creer que esta conclusión es un tanto drástica, pero pensemos en algún momento de nuestra vida, cuando cierto pensamiento desencadenó alguna acción cuyas consecuencias padecemos aún hoy en día, mucho tiempo después. Por ejemplo, una relación que fracasó o un negocio que no prosperó. Al principio pudo parecer algo inofensivo, pero luego se convirtió en un «problema».

En todo momento tenemos la oportunidad de hacer elecciones positivas o negativas, que nos alcanzarán a corto plazo o acumularán sus consecuencias para afectarnos durante mucho tiempo. Ésta es la razón por la que deberíamos vigilar todo lo que pensamos, ya que el futuro está compuesto de los pensamientos y acciones acuñados a lo largo de nuestra vida. Por eso se dice que somos los dueños de nuestro propio destino.

Poseer la facultad de elección significa que tenemos la capacidad de utilizar nuestro cerebro para pensar cómo reaccionar ante una determinada acción. Antes de elegir tendremos que examinar nuestras intenciones para ver por qué elegimos un camino y no otro. Algunos dicen que nacemos determinados y dotados de ciertos instintos, mientras otros sostienen que incorporamos nuestras características e instintos a partir de las experiencias de la vida. Incluso hay gente que dice que en nuestro comportamiento somos animales. Pero si los animales atacan por instinto cuando se sienten amenazados, sin embargo, nosotros, que somos capaces de ejercer el raciocinio, podríamos decir que cuando atacamos lo hacemos por elección y no por instinto.

Si nuestras intenciones están basadas exclusivamente en nuestros propios intereses, pensando sólo en aquello que es beneficioso para nosotros, descubriremos que hacemos elecciones egoístas y que el resultado no es bueno a largo plazo ni para nosotros ni para los demás. Esto se debe a que somos una especie social, que no puede sobrevivir sin los otros. Primero dependemos de alguien para que nos traiga al mundo, nos alimente y nos cuide. El alimento que crece en la tierra llega al plato después de haber pasado por una larga lista de personas que cooperan para hacerlo posible. Gente que se encarga de recoger, empaquetar y enviar; otros que se afanan en limpiar, cocinar y preparar, o muchos más que prestan servicios en diferentes áreas, como los restaurantes o el hogar, las prisiones o los hospitales. Los bienes o servicios de comunicación como el teléfono, las redes informáticas, los sistemas bancarios, etc., son activados y trabajados por unas personas en beneficio de otras. Nadie puede hacerlo solo.

Dicen que las buenas intenciones lo son todo. En realidad, podríamos decir «casi todo», pues las intenciones son sólo sugerencias de aquello que podría suceder, ya que si no pasamos a la acción no obtendremos una buena reacción. Cuando vemos una entrega de premios, los artistas galardonados suelen hablar de la manera en que llegaron «allí». Para ellos el éxito es consecuencia de «creer en ellos mismos». Dicen que mucha gente no creía en ellos y que tuvieron que contar sólo con sus propias fuerzas. En realidad, el éxito de una persona es consecuencia de las acciones de mucha gente. Nuestra profesión permite comprobar que cualquier trabajo, ya sea un anuncio, una campaña o un desfile de moda, es una labor en cadena de gente que coopera para conseguir que el proyecto llegue a buen puerto.

La mayoría de nosotros tratamos de ser diferentes de otras personas porque cuando éramos pequeños nos decían que debíamos esforzarnos más y ser mejores que los demás. Nos enseñaron que de ese modo destacaríamos y, por lo tanto, la gente repararía más en nosotros, lo que a su vez se traduciría en notoriedad, dinero y prosperidad económica. ¡Qué enorme presión supone vivir de acuerdo con esas premisas! Una madre que es cantante y que nunca alcanzó el nivel al que aspiraba presiona a su hija o a su hijo para que alcance aquello que ella no fue capaz de lograr. Presión, presión y más presión.

Es la búsqueda de esa «individualidad» lo que levanta barreras y muros entre nosotros. Si dedicamos tiempo a tratar de entendernos en lugar de intentar ser diferentes todo el tiempo, concluiremos que todo aquello que hacemos para ser distintos no altera el hecho de que todos somos iguales en el fondo. La búsqueda de similitudes con los demás nos acerca como seres humanos. Dejar de lado las diferencias que hemos construido a partir de las inseguridades y el pensamiento negativo, hará que comprendamos que no somos en absoluto diferentes, sino que sólo nuestras opiniones divergen. Para ser capaces de convivir con amor, compasión y comprensión hay que poner énfasis en nuestras similitudes.

Nos perdemos en el cultivo de las «personalidades». Nombres, rostros, trabajos, acentos, idiomas, estilos de vestir, belleza, fama, riqueza, son los códigos que manejamos para relacionarnos e identificarnos con los demás. La persona es definida por aquello que hace o consigue en su trabajo y no por su simple condición humana.

Quienes asisten a cenas o fiestas se preguntan unos a otros a qué se dedican, antes incluso de interesarse por sus nombres. Cuando se vive en Nueva York un tiempo se comprende muy bien por qué se da tanta importancia a la ocupación de cada cual. Allí, como en ninguna parte, a la gente se la trata como si fuese un posible negocio. ¡Por eso se conoce a Estados Unidos como la tierra de las oportunidades! Es difícil ver al otro simplemente como una persona, porque lo que el otro hace para vivir es interpretado como «qué puede hacer por mí». Fama, fortuna y placeres mundanos se han convertido en los puntos determinantes de la cultura occidental, ya que sólo apreciamos aquello que vemos con los ojos. El camino de la espiritualidad es el que lleva más allá de la superficie y permite acceder al mundo invisible, un reino en el que nos alejamos de todo lo que hemos entendido en el plano intelectual, para sumergirnos en el universo de la fe y la esperanza.

Si somos conscientes de que las elecciones que hicimos en el pasado nos han convertido en las personas que somos hoy, será bueno que regresemos de visita a ese ayer para conocernos bien y hacernos mejores.

En la infancia nos ocurren muchas cosas positivas y negativas que nos encaminan hacia la edad adulta. Si no hay equilibrio entre lo bueno y lo malo, podemos acabar convertidos en niños heridos que intentan ser mayores, incapaces de entender por qué caemos una y otra vez en los mismos agujeros. En ocasiones estos «agujeros» cambian de nombre, color o lugar, y por eso no los vemos al comenzar una relación laboral o amorosa, pero, pasado cierto tiempo, se dibujan con claridad. Entonces culpamos a la otra persona de aquellas cosas que ya estaban presentes, pero fuimos incapaces de ver al principio. Podemos decir que somos productos del pasado, de todo lo que nos sucedió cuando éramos niños.

En general nos comportamos como nos enseñaron nuestros padres o tutores. Da igual que lo enseñado fuera correcto o incorrecto, bueno o malo. Ese aprendizaje se halla profundamente enraizado en nuestra psique. A menudo descubrimos que rasgos de carácter que observamos y odiamos en ellos hoy forman parte de nuestra personalidad. Los seres humanos acaban siendo el reflejo de sus padres, a menos que sean capaces de reconocer en su legado ciertos rasgos negativos y por «elección» inicien el camino del cambio. Hemos transmitido pautas de comportamiento de generación en generación, de abuelos a padres y a hijos, de modo que el proceso se ha convertido en una larga cadena que perpetúa las conductas. Superficialmente, cosas como el alcoholismo, la drogadicción, los abusos, o en el otro lado la compasión, la confianza, el cariño o la generosidad, son rasgos transmitidos por la generación precedente. Más profundas son otras herencias: las intenciones invisibles y las creencias inconscientes que han encontrado la forma de abrirse paso en nuestras vidas y que constituyen nuestra forma de pensar.

Los que odian a sus padres o a otras personas ven a menudo en el otro lo que no desean cambiar en ellos mismos. Es como si fueran espejos que reflejasen la verdad.

Para conocer o aprender más acerca de nosotros mismos, para saber por qué mantenemos determinados hábitos o comportamientos que nos agradan o nos disgustan, es preciso desandar el camino y tratar de recordar nuestra infancia. Es en esa etapa de la vida donde se encuentran todos los secretos que explican nuestra realidad presente como adultos. Esto podemos conseguirlo con la ayuda de la familia, los amigos, todos aquellos que puedan contarnos, o recordarnos, lo que ocurrió cuando éramos pequeños. Cómo solíamos relacionarnos con las personas y las cosas que nos rodeaban, cómo influían en nosotros los hechos que se producían en nuestra vida, qué sucesos nos afectaban más. Tal vez resurjan situaciones que hemos enterrado en nuestra mente y que no pensábamos que tendríamos que recordar. Por lo general, los miedos acumulados a lo largo de los años han bloqueado la visión de nuestro verdadero ser. Estos regresos al ayer son los primeros pasos hacia la curación y el cambio, y también hacia una vida más espiritual, limpia y equilibrada.

> *Para mí la espiritualidad es el tiempo dedicado a la oración y la reflexión con Dios y con uno mismo.*
>
> ERIC LEE, treinta y tantos, diseñador y decorador, cristiano, residente en San Francisco.

AMOR Y MIEDO

Todas las elecciones de las que hemos hablado surgen de dos fuentes: el amor y el miedo. Amor es todo lo positivo, mientras que el miedo representa todo lo negativo. Es la vieja batalla entre el bien y el mal, Dios y el Diablo, el héroe y el villano.

El amor es algo que desean todas las personas del mundo, no importa cuál sea su color, estatus o religión. Todos lo consideran el componente más importante de sus vidas. Las canciones y películas que influyen en nuestra existencia suelen hablar de corazones destrozados y soledad, del amor y la felicidad. En el mundo occidental, lo único que tiene posibilidades de atraer nuestra atención más que el poder y el dinero es el amor.

Igual que ocurre con la espiritualidad, el amor es entendido por cada persona de una manera diferente. Se ha dicho que «el amor es un regalo que debemos desenvolver y compartir con todos, sin olvidar escribir una nota de agradecimiento a quien nos lo ha enviado». Sabemos que el amor existe y no tenemos que encontrarlo o descubrirlo. Sólo a través de nuestra elección podemos experimentarlo y compartirlo en todos los momentos de la vida.

Cuando practicamos la compasión, el perdón, la generosidad, la comprensión, la verdad y la paciencia llegamos a un punto en el que dejamos de pensar en nosotros mismos y podemos concentrarnos en los demás. Esta clase de entrega incorpora un tipo de amor único. Mientras sólo pensamos en el «yo», el centro de todo es «nuestro mundo». Esto levanta barreras entre todos nosotros, porque nos vemos como algo diferente o separado del resto de la humanidad. Todos hemos vivido esa clase de situación en la que en un momento creemos estar locamente enamorados y sólo pensamos en convivir con alguien para siempre, y al momento siguiente ni siquiera deseamos sentarnos junto a esa persona. También ocurre con las amistades: ahora son nuestros mejores amigos y al poco tiempo diremos que han cambiado y «ya no son la misma persona». ¿Qué pasa con todo ese amor, ese afecto que sentíamos?

No era amor. Era nuestro yo egoísta tratando de conseguir lo que anhelaba. Una vez logrado, deja de interesarnos (hasta que volvamos a desearlo). Ocurre como cuando tenemos hambre y comemos cualquier cosa hasta saciarnos. Entonces no deseamos ver más ese alimento, hasta que el hambre acucia de nuevo. En realidad, lo que sucede es que no aclaramos nuestras intenciones porque no siempre son claras para nosotros mismos. A veces creemos tener sentimientos incontrolables, inmutables, pero puede que sólo se trate de una ilusión.

Constantemente oímos a gente que dice: «Ha cambiado», «le quiero a mi manera», «ya no me ama», «no puedo vivir sin ella», «le amo con todo mi corazón, pero no puedo estar con él», «te querré hasta la muerte». Son manifestaciones de pasión, pero la pasión no es amor. Conviene no confundir ambos términos. La pasión nace de un deseo que va más allá de nuestras emociones comunes, pretende algo «especial» que estimule los sentidos, algo salvaje. Un poco de pasión añade picante a la vida, un punto de espontaneidad que resulta saludable cuando está acompañada de amor. El amor la mantiene bajo control. Cuando tenemos o deseamos demasiada pasión en nuestra vida no estamos equilibrados. Vivir sólo para el próximo momento de excitación o placer nos deja con una sensación de vacío y tristeza cuando finalmente nos quedamos a solas con nuestros pensamientos. Tal vacío suele asustar incluso a las personas más valientes, y las empuja a buscar la compañía de los demás a cualquier precio. No es raro que nos haga perder el control. Haremos lo que sea con tal de encontrar sensaciones excitantes. En esta situación se nubla nuestro juicio hasta el extremo de no medir las consecuencias de nuestros actos. Vivir para una pasión es un acto egoísta porque tarde o temprano nos hartamos de las personas y las cosas que nos rodean y queremos reemplazarlas. Mascar siempre el mismo chicle hace que finalmente pierda su sabor Cuando esto sucede, nos estamos cansando en realidad de nuestro yo; pero resulta más fácil culpar al otro y no tener que cambiar nuestros hábitos y actitudes. Habitualmente es al día siguiente cuando nos detenemos a pensar si deberíamos haber hecho todas las cosas que hicimos la noche anterior.

¿Qué tiene que ver todo esto con la espiritualidad? Sin amor no hay espiritualidad, ya que ésta se origina en la piedra angular del amor. La compasión, la generosidad, el perdón, etc., son los ladrillos del edificio en el que vive el amor. Espiritualidad y amor se revitalizan y manifiestan cuando incluimos estas facultades en nuestras acciones. No basta con hablar de ellas, hay que ponerlas en práctica. El amor no es un producto que se pueda almacenar y luego repartir a voluntad entre la gente. Está oculto, apenas alcanza a mostrarse bajo los excesos de esta vida moderna que hemos creado. Sólo podemos experimentar el amor si dejamos de lado nuestros deseos egoístas y nos concentramos en las necesidades de la gente que nos rodea. El amor sólo puede ser compartido, porque necesita de más de una persona para poder crecer y mostrar todo su esplendor.

El amor sólo tiene la posibilidad de crecer y prosperar en el marco de la relación con otras personas. Uno de los retos más complejos que afronta la sociedad moderna es la manera de lograr que perduren las relaciones.

El caso de dos personas que pasan toda la vida juntas se ha convertido en un fenómeno raro. Constantemente oímos hablar de problemas en las relaciones. Existen programas de televisión, libros, revistas, etc., dedicados a encontrar la pareja perfecta para tal o cual persona. Buscar el amor equivale a tener a «alguien que nos ame». Los ricos y los pobres, los famosos y los desconocidos, homosexuales y heterosexuales, todos están buscando a alguien a quien amar y que les ame. Esta cuestión inquieta a la gente más que cualquier otra, ya que para la mayoría es la más importante y, al mismo tiempo, la más difícil de controlar. ¿Por qué?

La razón principal es que casi nadie quiere estar solo, y quien más, quien menos, teme acabar así en la ancianidad. Esto impulsará a muchos a buscar como sea a una persona que llene ese vacío, o a mantener una relación, aunque no sea del todo satisfactoria, para no estar solos. Pero el amor no puede sobrevivir si sólo se nutre de miedo a la soledad. El temor a estar solo hace que la gente elija a otros que sufren igual miedo o, lo que es peor, a personas que deseen aprovecharse de su debilidad.

También hay personas que se unen por cálculos relacionados con la posición económica o el estatus social. En las ciudades, la presión para tener éxito ha hecho que muchas personas ambiciosas se sientan atraídas por aquellos que ocupan un lugar destacado en su carrera. El triunfo profesional parece ser muy importante para determinar cómo se sienten algunas personas consigo mismas. Que nuestra posición social en comparación con la de los demás nos haga sentirnos mejores o peores es un claro signo de que nuestra autoestima es muy baja y confusa.

Poner la carrera en primer término o convencernos a nosotros mismos de que las relaciones breves benefician nuestras ambiciones profesionales acaba teniendo un efecto negativo sobre la psique, ya que al final se asume que ésta es la auténtica forma del amor. Enmendar este error puede llevar tanto tiempo como curar una enfermedad. Cuando dejan morir el amor por razones profesionales, la mayoría de las personas quizás pasen en seguida a otra relación para curar la herida; pero esta actitud, a la larga, sólo provocará mayor confusión y sufrimiento.

Para experimentar una relación amorosa auténtica y equilibrada hay que saber escuchar. En nuestro vivir necesitamos una capacidad de escucha comunicativa y consciente que coloque a la otra persona ante nuestras necesidades, y eso vale para el trabajo, el hogar, la familia, el sexo, cualquier tipo de relación. Una vez que uno de los miembros de la pareja ha perdido la conciencia del otro, éste se sentirá solo y es entonces cuando debe existir el contrapeso de una persona que piensa en la otra antes de hacerlo solamente en sí misma. La comunicación es el primer paso para alcanzar este equilibrio. Yo me doy cuenta de que cuando escucho primero las necesidades de mi pareja, ella reacciona comprendiendo que éstas no eran tan acuciantes como había pensado, y lo mismo sucede con ella cuando habla conmigo. Todos queremos ser escuchados y reconocidos. Habitualmente un hijo único hace ruido e intenta llamar la atención de todo el mundo porque no tiene a otro niño con quien compartir sus juegos. Una vez conseguido el objetivo de llamar la atención, se dedica a hacer otra cosa. Todos tienden a comportarse como si fuesen un hijo único que siente que los demás no le entienden y cree que debería recibir más atención de la gente que le rodea. Es el deseo de atención hacia lo que «nosotros queremos» lo que provoca los conflictos con nosotros mismos y con los demás. Si no pensáramos que nuestras necesidades son más importantes que las de otras personas, podríamos evitar muchas situaciones frustrantes que nosotros mismos provocamos al aferrarnos a formas de comportamiento negativas. ¿Quién dice que somos más importantes que los demás o que lo que decimos es mejor que lo que dicen los demás? Si todos somos iguales, debemos actuar en conformidad con esa idea. Hablar no cuesta nada. Si los hechos no concuerdan con las ideas, las palabras no habrán servido de nada. Hablar tiene un límite y todas las intenciones que hemos expresado tienen que empezar a dar sus frutos porque, de otro modo, comenzarán a surgir los conflictos. Esto sucede en todas las relaciones, ya sea entre amigos, parejas, gobiernos o colegas de negocios. La acción debe seguir a la palabra o la palabra será solamente un intercambio de aire vacío.

Las responsabilidades que tenemos hacia nuestra pareja están relacionadas con aquello que quiere y no con lo que nosotros pensamos que es mejor para ella. ¿Por qué pensamos que sabemos lo que es mejor para otra persona? La respuesta puede estar en los malos hábitos, en el deseo de controlar siempre la situación, de querer hacer las cosas a nuestra manera. Tenemos miedo de perder el control del modo de vida que tanto nos ha costado construir. Es necesario comprender que se trata únicamente de nuestro punto de vista y que las otras personas tienen los suyos. Deberíamos decir lo que sentimos y pensamos sin esperar que el otro esté de acuerdo con nuestro punto de vista. Esto sucede también con el resto de la humanidad porque somos todos parte de una gran familia.

Cualquiera que sea nuestra concepción del amor, no lo alcanzaremos sin armonía, paz y equilibrio, y si no hacemos frente a nuestros miedos, porque el temor bloquea el camino hacia el amor. En un platillo de la balanza está el amor, en el otro el miedo. La ira, la amargura, el deseo de control, el afán de poder, el egoísmo, la codicia, el orgullo, la vergüenza, la venganza y la soledad acompañan al miedo. Cuando dedicamos demasiado tiempo a nosotros mismos, estos parásitos tienen la oportunidad de anidar en nuestros pensamientos y, por tanto, en nuestras acciones futuras.

El miedo controla el mundo. Guerras, ejércitos, armas, muros, candados, alarmas, policías, prisiones, delincuentes, fronteras, pasaportes, enfermedades gobiernan nuestras vidas cotidianas. Mientras existan personas que pasan hambre, carecen de un lugar donde vivir y no tienen cubiertas sus necesidades básicas; mientras otras vivan en la abundancia, o mientras haya guerras en las que gastamos miles de millones de dólares para matar gente, se perpetuará el dominio del miedo. La mayoría de los miedos de la gente tiene su origen en la pobreza. Muchos temen quedarse sin recursos para vivir, pero a otros les domina el miedo a quedarse rezagados en la lucha por el poder y la riqueza. Hay quienes se obsesionan porque no se les reconocen los méritos que han alcanzado, y quienes tienen pánico a no ser lo bastante buenos según sus propios parámetros o los de otra gente. Tenemos miedo a no aprobar un examen o no ganar una medalla en un deporte. Miedo a que los otros sean mejores que nosotros. Podemos escoger el miedo que queramos. Hay para todos.

¿Puede el miedo existir por su cuenta o nos necesita para mantenerse vivo? Nosotros somos quienes le damos vida. El miedo sobrevive porque permitimos que mantenga su poder y su control sobre nosotros. Nuestros pensamientos y deseos son el combustible que hace que el fuego del temor sea cada vez más grande. Primero creamos los pensamientos sobre lo que queremos hacer y conseguir en nuestra vida cotidiana. Si estos pensamientos no incluyen el deseo de lo mejor para el resto de la humanidad, el miedo tiene la oportunidad de instalarse dentro de nosotros y echar ahí sus raíces. Nuestros pensamientos egoístas nos dejan solos, indefensos, sin nadie que nos ayude. Una vez que le hemos invitado a la «fiesta», el miedo llega acompañado de un montón de amigos tales como el orgullo, la codicia, el afán competitivo y otros similares. Pero si nuestros buenos pensamientos se dirigen también a los demás, el miedo no tiene la posibilidad de ganar terreno. Al pensar en el otro, todo el mundo se convierte en nuestra protección contra el miedo, porque ya no estamos solos con los pensamientos egoístas, tratando de obtener beneficios exclusivamente para nosotros. No decimos que haya que estar siempre rodeados de gente, para no estar físicamente solos. Hablamos de las intenciones que albergan nuestros pensamientos. Por ejemplo, al elegir un empleo o una carrera, podemos pararnos a considerar si nuestro trabajo será bueno para la Naturaleza, y por tanto si proporcionará beneficios a nuestros hijos y los hijos de todos los demás. Si optamos por trabajar en una fábrica que contamina el medio ambiente, ¿qué futuro estaremos construyendo para las siguientes generaciones? Si aceptamos un empleo en un medio de comunicación que exhibe escenas de violencia o de abusos de cualquier tipo, ¿qué clase de generación futura estamos contribuyendo a construir? Hoy por hoy, dilemas como éstos dan lugar a decisiones estrictamente individuales, ya que la mayoría no tiene más remedio que aceptar el trabajo «disponible», y no el que preferiría. La elección forzosa nos lleva a desempeñar trabajos en los que no creemos y cuya única meta es ganar dinero. Cuando el objetivo es el dinero en lugar del bien de la humanidad, como es patente hoy en día, la vida se vuelve alarmante para la mayoría de la gente, que vive entre la escasez y el miedo, obsesionada por la supervivencia.

La exclusividad es otro alimento del miedo y la soledad. La exclusividad tiene en el miedo a su huésped más destacado y fiel. Cada vez que nace un pensamiento de exclusividad, surge otro de miedo para hacerle compañía. Queremos excluir a quienes no encajan en nuestros ideales. Fiestas exclusivas, selectos clubes deportivos, discotecas, hoteles, restaurantes, centros médicos, vinos... Todo reservado a una minoría especial.

Existe una exclusividad dentro de la propia exclusividad, que separa aún más a unos grupos con respecto a otros. Las empresas que quieren vendernos algún producto han invertido un montón de tiempo y dinero en investigación para colocar en el mercado esos productos con el marchamo de «exclusivos». Lo hacen como si se preocuparan por nosotros, igual que lo haría un amigo. Incluso cuando están vendiendo champú o comida para perros, nos dicen que intentan ofrecernos lo mejor. Burger King dice «sólo para ti»; la compañía petrolífera Shell, «invertimos en su futuro»; leche Pascual, «haciendo cosas más sanas para ti»; Hugo Boss, «tu fragancia, tus reglas»; CNN nos invita a ser «el primero en saberlo». Siempre emplean la palabra *usted* o *tú* para convertir el producto en algo personal, como si te estuviesen hablando y vendiéndote ese producto a ti exclusivamente. Este fenómeno se acepta hoy como algo normal, ha sido interiorizado por la psique colectiva sin que haya indicios de que las cosas puedan cambiar.

La ira es una peligrosa consecuencia del miedo. La ira es nociva para quien la experimenta y para aquellos sobre quienes se proyecta. Puede volvernos violentos y destructivos hacia nosotros mismos y los demás. Cuando ese sentimiento de furia comienza a acumularse es muy difícil detenerlo y tiende a manifestarse cada vez más. Aparece cuando no conseguimos lo que queremos o sucede algo que altera nuestro equilibrio interno. La ira nace en nuestra mente y aflora cuando menos se espera. Quién no ha visto a personas que hablaban o reían tranquilamente y, un momento después, exhibían una ira violenta ante el comentario hecho por otra persona. Resulta curioso comprobar cómo algunas personas nunca se molestan por las palabras que puedan decirse, mientras otras reaccionan como si en lugar de hacerles un comentario les hubiesen atacado con un arma. Es verdad que a veces se dice que las palabras pueden ser como armas arrojadizas; pero nos preguntamos por qué, si más allá de las metáforas siguen siendo solamente palabras. Pueden hacer bien o mal sólo si se lo permitimos. ¿Por qué, entonces, les atribuimos esa influencia desmedida? Tal vez porque estamos buscando la aceptación de los demás, y las palabras que no nos gustan son interpretadas por nuestra mente como un rechazo.

Habría que identificar aquellos momentos en los que somos más vulnerables a la ira, para, de ese modo, ser capaces de hacer frente a los arrebatos de furia antes de que nos superen. No tiene sentido tratar de huir siempre de las situaciones coléricas, ya que nos alcanzarán cuando menos lo esperemos, y aparecerán una y otra vez los mismos patrones de comportamiento. Intentemos pensar que esos impulsos afloran para darnos la oportunidad de hacer frente a la ira y eliminarla de nuestras vidas. No es una buena idea estar en compañía de otras personas que tienen el mismo problema y son incapaces de dominarlo. Eso no ayuda al control de la situación y tampoco a convertir la ira en un sentimiento más aceptable para los demás. Quizás hayamos encontrado a alguien con quien estamos de acuerdo porque vive la misma situación, pero esa afinidad no hace que su compañía sea buena, ni para nosotros ni para él, porque de esta manera le damos la espalda a la causa que nos crea esa ira y así no tenemos que enfrentarnos a nuestros miedos ni cambiar como personas. Desde un punto de vista espiritual, los arranques furiosos son una lección y nos dan la oportunidad de hacer frente a nuestra ira para pasar a un nivel de pensamiento más elevado. Crecer espiritualmente significa ser capaz de superar aquellos aspectos de nuestro carácter que no nos permiten avanzar y desarrollarnos.

La violencia física es un fenómeno que se manifiesta de forma evidente en todas las áreas de nuestra sociedad. En términos espirituales, cuando recurrimos a este tipo de actos, estamos tocando el fondo, lo más bajo de nuestros pensamientos y acciones. Da igual una pelea de taberna que una batalla en toda regla. La violencia es la misma. Durante el acto violento somos espiritualmente inconscientes de nuestros actos y sólo vemos divisiones entre nosotros y los demás. Al ejercer la violencia hemos perdido el control de nuestra responsabilidad hacia el resto del mundo.

En una entrevista hecha a un grupo de soldados que participaban en la guerra de Irak, algunos dijeron que antes no habían matado a nadie, y que al hacerlo por primera vez sintieron que moría una parte de su alma y que esa sensación seguramente les atormentaría durante toda la vida. Otros dijeron que jamás se acostumbrarían a matar, y algunos más añadieron que no les parecía justo quitarle la vida a otro ser humano. Ellos sabían instintivamente que estaban haciendo algo malo, contrario a la naturaleza, y que por mucho que se ocultasen detrás de las órdenes o del cumplimiento de su deber en el ejército, seguía habiendo algo que estaba mal. Tenemos que tomar conciencia de que no hay profesión, trabajo o deber que convierta en bueno o positivo el hecho de matar, contaminar, robar, mentir o engañar.

Los psicólogos saben que con el miedo se puede controlar a las personas, tanto individual como colectivamente. Si un dentista afirma que la forma «más fácil» de evitar problemas dentales es mascando chicle, la mayoría de la gente lo creerá y comenzará a hacerlo. Si se le dice a la población que «tenemos que atacar para acabar con el terrorismo», la gente votará a favor. Un grupo emplea el miedo para conseguir que otro grupo haga lo que el primero pretende. Digamos a una mujer que una determinada crema de belleza eliminará sus arrugas y ella la comprará. Asombra ver cómo una empresa escribe en un envase de crema de belleza que «desafía el envejecimiento» o que «borra los signos del envejecimiento», y vende millones de unidades. Lo que están diciendo, en sentido literal, es que han encontrado una manera de poner freno a la muerte. Si es así, parece que su campaña de márketing está completamente equivocada. Si se afirma que la Coca-Cola light tiene menos calorías o un alimento contiene menos grasa, la gente comprará esos productos por miedo a engordar. Son formas sutiles de atemorizar a la gente; pero no olvidemos que ésta, a su vez, acepta ser controlada por el miedo. Miedo a engordar y envejecer. ¿Cómo es posible vencer el proceso de envejecimiento? Incluso Noé, a los 950 años, y después de haber salvado la vida sobre la Tierra, tuvo que morir.

En un terreno más superficial, la cuestión de la belleza ha introducido el miedo en las mentes de muchas personas. La forma en que cada cual se ve a sí mismo guarda estrecha relación con la forma en que le ven los demás. Hoy por hoy, la aceptación de uno mismo tiene mucho que ver con la apariencia exterior. Tanto es así que la gente desea cambiar su aspecto teniendo como referencia el modelo de otra persona. En otras palabras, muchos piensan que otros tienen una presencia física mejor que la suya, aunque luego la mayoría no admita que ésa es la razón por la que desean cambiar su imagen. Es evidente que si quieres cambiar tu apariencia es porque buscas una que se ajuste a los cánones establecidos. ¿Por qué iba a querer cambiar nadie si no existiese un patrón de lo que consideramos bello?

El aspecto es una cuestión de gustos: operaciones de nariz, liposucciones, aumentos del tamaño de los pechos, inyecciones de bótox, *lifting* faciales o reducciones de estómago son dolorosos procedimientos que la gente está dispuesta a soportar para sentirse mejor consigo misma. El problema es que en realidad lo hacen para complacer a los demás. El aumento del tamaño de los pechos o la cirugía plástica en la nariz se hacen para los demás. Estamos tratando de ganar seguridad ante los otros. Si no hubiera nadie más en el planeta, ¿para qué querríamos sentirnos más seguros?

El ideal de perfección es una creación de nuestra mente y de los medios de comunicación. Cada uno de nosotros ha sido creado de una manera especial y deberíamos pensar que eso es maravilloso. La creencia de que debemos ser perfectos en el aspecto físico, el rendimiento en el trabajo o la práctica del sexo es el origen de todos nuestros miedos y ansiedades. Se publican centenares de artículos sobre cómo mejorar nuestra vida sexual, como si existiese un manual de instrucciones universal y útil para hacerlo. Las modas van y vienen, y de pronto nos encontramos con un tatuaje o una cicatriz que nos acompañarán durante toda la vida, incluso cuando esas marcas ya no «se lleven». Somos nosotros mismos cuando aprendemos a disfrutar lo que nos ha dado la vida, sin tratar de conseguir lo que han recibido otros.

Amémonos a nosotros mismos tal como somos. Luego, hagamos cambios mentales para mejorar nuestra vida desde dentro. Así es como los demás acabarán apreciando la auténtica belleza que brilla en cada uno de nosotros.

Mientras nos concentramos sólo en nuestro aspecto exterior, no podemos crecer en el interior, que es de donde emanan la belleza y la felicidad genuinas. Si tratamos de atraer a los demás con simples cambios de imagen, conseguiremos que ellos se fijen solo en nuestro aspecto, y corremos el riesgo de relacionarnos exclusivamente con personas que sólo se fijan en las apariencias y no prestan atención al amor.

El miedo se presenta de muchas formas. A veces está camuflado, ni siquiera parece miedo. Por ejemplo, en una ocasión estaba hablando por teléfono con mi amigo Moose y él me contaba jovialmente que había estado practicando Ayurveda y yoga junto con otros métodos de sanación. Mientras mi amigo hablaba, yo sentía que él no tenía derecho a frivolizar sobre temas a los que otros habíamos dedicado profundos estudios. Después de despedirnos empecé a pensar por qué había experimentado esa sensación, que yo consideraba negativa e improductiva. Después comprendí que mis inseguridades y mi propio miedo se habían cruzado en el camino y hacían que juzgara a mi amigo según mis propios esquemas. Si yo estaba siguiendo mi propio camino, lo que Moose hiciera no podía perturbarme. Era mi propia inseguridad, y no él o sus comentarios, lo que provocaba el miedo que se hacía visible en mi reacción.

Por supuesto, existen miedos a gran escala, mucho menos sutiles. Coloca una bomba, haz que estalle, luego avisa de que hay más bombas y plantea tus exigencias. La vieja táctica nunca falla. Todos ceden cuando temen morir o quedar seriamente heridos. Echemos un vistazo a lo que ha estado ocurriendo en los últimos años. Desde la tragedia de las torres gemelas en Nueva York, se han desencadenado guerras en Afganistán e Irak. Allí ha muerto gente, mientras el gobierno norteamericano dice que lucha para evitar que muera la gente. Muchos de los libros espirituales que leemos dicen que la violencia física está considerada como la forma de pensamiento más baja. Se trate de guerras generales o violencia particular, cuando recurrimos al uso de la fuerza física estamos usando la parte más vil de nuestro cerebro.

Es el miedo a la muerte, su no aceptación, lo que permite que nos manipulen a través del miedo. Está claro que aún no hemos sido capaces de aceptar lo inevitable. En Estados Unidos existen diferentes niveles de alerta de amenaza terrorista, que cambian cuando el gobierno lo encuentra conveniente. No importa poner a toda una ciudad en estado de alerta. Ésa es la mejor manera de tenernos controlados, como señaló Michael Moore en su premiado documental *Farenheit 911*. Se trata de desviar la atención, mientras se hace algo en otra parte. David Icke, en su libro *Y la verdad os hará libres*, señala que la guerra de Vietnam tuvo que ver, sobre todo, con la economía de Estados Unidos y la venta de armas; pero también se llevó a cabo para distraer la atención sobre los informes acerca de las drogas que británicos y estadounidenses enviaban a través de la India al resto del mundo. Cuando Irak fue invadido y no se encontraron las supuestas armas de destrucción masiva, los responsables del ataque sólo acertaron a decir «bueno, cometimos un error y destruimos ciudades y casas y matamos a niños, mujeres, hombres en otro país, pero expulsamos a un dictador». Algunas personas aceptarán esta explicación, pues están «tratando de mirar hacia adelante». Ahora nos han distraído con el llamado «pensamiento positivo» para superar este desastre. ¿Por qué aceptamos estas cosas sin hacer prácticamente nada al respecto? ¿Cómo podemos ser espirituales ante toda esta muerte irracional?

El terrorismo, otro miedo presente en nuestra vida cotidiana, es practicado por personas que se sienten oprimidas por una fuerza superior que trata de controlarlas. De esta opresión nace el odio, que se convierte en actos terribles. El odio es una fuerza muy destructiva, capaz de separar a la gente durante años y, en ocasiones, durante varias generaciones. Mientras van cayendo los muros que nos separaban, como sucedió con el muro de Berlín, Israel construye uno que le aislará de sus vecinos palestinos. Lo hace con el pretexto de proteger a su pueblo. Esta clase de separación con fines de autoprotección nace del miedo a la muerte y no del amor por la vida. Los niños que viven en los países en conflicto llevan armas y matan a otros niños, porque no saben hacer otra cosa y creen que así es como viven los niños en todas partes. ¿Qué posibilidad tienen de llevar una vida pacífica y de propagar amor y paz a los demás, cuando los adultos les han marcado con estos terribles y negativos pensamientos? Sólo para tener un poco más de tierra y decir que un país es unos cuantos kilómetros más largo o ancho, estamos dispuestos a escamotear una vida pacífica a esta generación y las generaciones futuras. Este comportamiento no es espiritual, sino egoísta. Revela codicia, sed de poder, porque quien siente amor y lo comparte nunca puede verse implicado en semejantes actos de miedo y limitación del pensamiento.

Todos los miedos se originan a un nivel personal muy pequeño y crecen hasta alcanzar proporciones nacionales y sociales. Para poder entender el miedo de otra persona, primero tenemos que conocer el nuestro. Ambos tienen el mismo origen. Cuando no entendemos ni dominamos el miedo sufrimos estrés, ansiedad, depresión y otros trastornos de salud. Nuestro centro, el corazón espiritual, morirá si no es alimentado con amor y quedará a merced del miedo. Todos estamos conectados unos con otros y cualquier cosa que suceda en un extremo del mundo afectará al otro extremo tarde o temprano, hasta convertirse en un problema para todos.

Estamos demasiado ocupados y distraídos pensando sólo en aquello que es bueno para nosotros y para la gente que queremos. Debemos asegurarnos de no legar un desastre a las generaciones futuras. No olvidemos que de éstas también forman parte nuestros hijos, y que serán ellos quienes tendrán que vivir con la herencia que les dejamos. Tendemos a olvidar que alguien tendrá que arreglar las cosas cuando hayamos abandonado el planeta.

¿Qué fuerza tiene el amor frente a todo esto? Cuando elegimos el amor y todo lo que implica, ninguna de estas cosas negativas puede afectarnos. Sólo cuando apartamos nuestra mirada del amor lo negativo encuentra la oportunidad de atacarnos.

Convirtamos el amor generoso y no exclusivo en el centro de nuestra vida y dejemos el miedo atrás.

La espiritualidad significa libertad, felicidad, alegría, unión con los demás, estar en calma como un poema pacífico. Ser libre como un pájaro que envía su espíritu hacia el cielo. Las tres palabras con las que yo describiría la espiritualidad son: vida, libertad y paz.

ZUZU ALBORZIAN, once años, estudiante, religión aún no decidida, residente en Inglaterra.

Para mí la espiritualidad es nuestra compañera de viaje en este trayecto que todos emprendemos, la vida. Sólo nos daremos cuenta de que está sentada a nuestro lado, si somos capaces de ver más allá de lo superficial y material, y así adentrarnos en una nueva ruta de esperanza y fe, que nos será posible alcanzar con un amor generoso y verdadero hacia todos los demás viajeros.

ALMUDENA FERNÁNDEZ, veintitantos, no profesa ninguna religión, modelo, Madrid.

KARMA

Las filosofías orientales hablan siempre del karma, de las consecuencias que acarrea ignorarlo y de los beneficios que produce seguirlo de manera positiva. Karma significa acción y reacción. Una acción siempre provocará una reacción, inmediata o no. La reacción no se rige por el tiempo y por eso puede presentarse ante nosotros de manera instantánea o cinco, diez, quince años más tarde. Todos hemos oído a la gente preguntarse «¿por qué yo?». Pues bien, aquí está la respuesta. Solemos pensar que lo que hicimos o dijimos, positivo o negativo, a lo largo de nuestro viaje por la vida pasó sin dejar huella. La ley del karma dice que nada ocurre sin que sea visto y que todo volverá a hacerse presente en algún momento, para bien o para mal.

Algunos se preguntan por qué estamos aquí y cuál es el propósito de la vida. Pensamos que estamos aquí para experimentar y aprender aquello que nuestro creador desea, a través de la entrega y el intercambio del verdadero amor. A menudo pensamos, por ejemplo tras contemplar en un noticiario el espectáculo de la pobreza humana, que no estamos en el mundo sólo para trabajar, comer, dormir y ver la tele. No es posible que la inteligencia (llámese Dios, naturaleza o como se quiera) que creó este planeta, el Universo, los animales, los seres humanos y la naturaleza con semejante grado de complejidad quiera que nos sentemos simplemente a ganar dinero o nos abandonemos a la vida como lo hacemos hoy. Nosotros nunca podríamos crear algo tan complejo como la Tierra o el Universo, ¿cómo podemos dudar entonces de que allí fuera hay algo que nos creó y que posee la capacidad de crear todo lo que desee?

Que nos consideremos buenas personas no significa que no tengamos que experimentar muchas cosas que tenemos por negativas o injustas. Como suele decirse, «nadie es perfecto», ¿pero realmente lo creemos? La forma en que exhibimos nuestros comportamientos y actitudes ante los demás, juzgando y ofreciendo consejos, sugiere que creemos saber qué es lo mejor para todos. La realidad es que vivimos una vida que dista mucho de ser perfecta, en la que los deseos egoístas constituyen nuestra meta principal. Incluso cuando ayudamos a la gente con aparente generosidad, estamos pensando en obtener algo, lo sepamos o no en ese momento. La Biblia dice que pecar es otra forma de decir que pensamos en nosotros mismos antes que en el prójimo. Si somos positivos y tenemos buenas intenciones y acciones, conseguiremos la vida más armoniosa a la que podemos aspirar. Es como meter dinero en el banco. Todo lo que ahorremos será lo que tengamos. Recogemos los mejores beneficios cuando llevamos una vida altruista. Al entregarnos abrimos nuestra «cuenta de amor». Luego hay que compartirla con los demás a fin de multiplicar sus fondos y de que el amor guardado aumente también para nosotros. El bien atrae el bien así como el mal atrae el mal. Es la llamada ley de la atracción, que es lo mismo que el karma: lo que invirtamos en la vida será nuestra recompensa futura.

En ocasiones la gente piensa que ha hecho mucho bien y muy poco mal y cree que no es justo que las cosas no salgan como quisiera. Ésta no es una cuestión de acción y reacción. Se trata de las expectativas que tiene la gente. Esperamos que las cosas sucedan del modo en que nos parece adecuado y en el momento que deseamos, y si ello no ocurre consideramos que tiene que haber algún problema. Las sociedades occidentales están construidas sobre las expectativas de la gente, y ésa es la razón de que tengamos tantos conflictos y suframos tantas desilusiones. Si siempre estamos esperando algo, siempre hay lugar para las decepciones. No sabremos cuál será el resultado de una situación hasta que no lo veamos. Si no es como pensábamos o si no ocurre cuando queríamos, nos disgustamos. Nos resulta imposible afrontar los problemas como una oportunidad para aprender. Sólo nos parecen un fastidio. Es un hecho que no conoceremos el resultado de las acciones hasta que se hayan producido, pero, aun sabiéndolo, somos incapaces de renunciar a nuestra curiosidad, lo que nos lleva a sufrir decepciones o ansiedades «prerreactivas». Podemos encender un fuego, pero no sabemos cuánto tiempo permanecerá ardiendo si lo dejamos solo. Sabemos que no lo sabremos, pero aun así esperamos saberlo.

La forma espiritual de vivir consiste en hacer las cosas a través de acciones honestas y correctas, y esperar a que la reacción o el resultado se presenten en el momento debido. Viviendo así, nos resultará muy sencillo aceptar el resultado, ya que no hay lugar para la curiosidad inútil y la impaciencia. Las expectativas infundadas nos causan una inquietud que puede evitarse si dedicamos un pequeño esfuerzo a controlar nuestros pensamientos y nuestros deseos.

Al hacer algo por primera vez es cuando tenemos menos expectativas. Si hacemos *puenting*, podemos hablar de las sensaciones que esperamos tener, pero sólo después de haber saltado somos capaces de explicarle a otra persona qué es lo que en realidad hemos sentido. Antes de conocer a alguien, esperamos que sea de una manera determinada, y luego nos sorprende agradablemente o nos decepciona simplemente siendo como es. La decepción no existía antes de tener la expectativa, de modo que si eliminamos la segunda, también desaparecerá la primera. No tenemos derecho a juzgar a las personas, sobre todo cuando no las hemos conocido personalmente o sólo hemos coincidido alguna vez con ellas.

Las expectativas más complejas son las que nos creamos con relación a otras personas. Su incumplimiento es el más frustrante. Cuántas veces hemos oído decir a una persona que estaba conmocionada o sorprendida por lo que había hecho otra: «Nunca hubiese esperado que hiciera semejante cosa, me ha decepcionado». Ciertamente, en estos casos tenemos la posibilidad de desahogarnos. En la mayoría de las situaciones, debemos convivir solos con nuestras frustraciones (aunque a menudo podemos encontrar a alguien a quien echar la culpa).

Siempre estamos esperando cosas de los demás. Ésa es la causa de que haya tanta tensión en nuestro mundo. Expectativas del jefe con respecto al trabajador, del artista con su agente, del pueblo con el gobierno, de los padres con los hijos. Naturalmente, nunca estamos satisfechos. En primer lugar, nuestras ilusiones no pueden colmarse mientras no las expresemos. ¿Quién puede conocer las expectativas creadas por nuestros pensamientos? Pero, incluso cuando las damos a conocer, nuestra mente las cambia para adaptarlas a nuestras aspiraciones de cada momento. Y entonces, aspiramos a lo imposible: creemos que los demás deberían seguir nuestros pasos, pensar o hacer lo mismo que estamos haciendo o pensando. Toda esta presión inconsciente que ejercemos sobre los demás para que sean como nosotros no es más que una gran fuente de frustración. ¿Por qué tienen tanto éxito los programas del corazón en los que unos pontifican sobre la forma en que deberían vivir y actuar otros? ¿A qué viene tanto interés en juzgar comportamientos ajenos? Se busca desviar la atención del espectador y el propio entrevistador, que apuntan con el dedo a otras personas y dejan a un lado sus propios aspectos negativos. Nadie es popular durante mucho tiempo, porque nadie puede satisfacer durante un largo período las expectativas de los demás.

Al esperar cada vez más de la gente que nos rodea, nos sentimos más y más decepcionados. Nos defraudan nuestros hijos, a quienes presionamos para que rindan en los deportes o en los exámenes de acuerdo con los criterios que consideramos correctos. Si no esperásemos que cumpliesen con nuestros propios baremos, los demás podrían rendir según su propio nivel, incluso en aquellos retos que parecen difíciles.

Mi novia y yo realizamos hace algún tiempo un viaje a Inglaterra para visitar a mi familia. Una vez en el aeropuerto y después de una larga espera, nuestro vuelo de la mañana fue cancelado y nos desviaron por otra ruta con conexión en Londres, donde a su vez el vuelo para el destino final iba retrasado. Llegamos a nuestro destino casi de madrugada y habían perdido nuestro equipaje. Esto no era lo que se suponía que debía suceder según nuestras expectativas, pero bueno, espera lo inesperado y siempre estarás preparado, feliz y contento con cualquier cosa que se te presente. Recuerdo al hombre que estaba sentado junto a mí en el avión y también su lenguaje corporal, comentarios y reacciones cuando el capitán comunicó que esperaban despegar según el horario previsto pero que se había producido un problema imprevisto con el sistema de frenos, ante lo cual mi compañero de asiento murmuró algo en voz baja. Luego el capitán volvió a dirigirse al pasaje para comunicar que había perdido nuestro turno de despegue y que tendríamos que esperar otros 45 minutos. Entonces todos los pasajeros comenzaron a murmurar entre ellos. Después de una larga espera en la pista nos anunció que había quince aviones esperando a despegar antes que el nuestro. Ante este último anuncio, especialmente los hombres de negocios, expresaron su incredulidad ante todo lo que estábamos escuchando.

Y aquí es donde entra la elección. Teníamos todas las posibilidades de elegir cómo abordar la situación que se nos había planteado. Si teníamos alguna expectativa de llegar a casa en el horario previsto, la decepción habría sido mayúscula, pero si elegíamos aceptar la situación y llegar a casa cuando tocase, con o sin maletas, entonces no sufriríamos ninguna decepción. Primero se elige de qué forma reaccionaremos ante las situaciones que se producen a nuestro alrededor y luego nos sentamos a esperar lo inesperado. Sin olvidar tampoco que la forma en que decidimos reaccionar no se limita a ese momento, sino que modelará las reacciones que podamos tener en el futuro.

El gurú Satchidananda dijo que siempre, en todas las situaciones y con todas las personas, hay que aplicar la máxima «adaptar-ajustar-acomodar». Podemos usar estas tres palabras para que nuestras actitudes sean más adaptables, nuestras reacciones más ajustables y nuestra vida más acomodaticia hacia la gente y las situaciones que viven. Al no ser excesivamente rígidos en nuestro pensamiento podemos liberar aquellas ideas que nos limitan. Satchidananda hablaba de estas tres palabras como la base de una vida espiritual.

Las expectativas que tenemos en la cultura occidental están controladas por el tiempo. Intentamos hacer las cosas en el menor tiempo posible y siempre estamos diciendo que no disponemos de tiempo suficiente. Esperamos que todo llegue a su hora: los aviones, los trenes, los autobuses; y también queremos que la gente esté en su trabajo, en una reunión o en su casa a una hora determinada, mientras corremos de un lado a otro haciendo cosas y más cosas y pensando que el día no tiene suficientes horas, minutos o segundos.

El tiempo se ha convertido en una suerte de desafío que debemos vencer. Los atletas no sólo quieren derrotarse entre ellos, sino que también desean vencer al cronómetro. Los profesionales tratan de hacer el máximo trabajo posible en un día para poder disponer así de más tiempo libre. Una persona adicta al trabajo nunca encuentra tiempo suficiente para realizar sus tareas. Los niños creen que tienen poco tiempo para sus juegos. Las vacaciones siempre nos parecen cortas. La vida es una carrera contra el tiempo.

En este punto es necesario que aclaremos algo. ¿Existe realmente el tiempo? Hemos llegado a creer que el reloj es el tiempo. Esto no es más que una ilusión de la mente, porque el tiempo en realidad no existe, no podemos ahorrarlo, tocarlo o regalarlo. El tiempo no es real, simplemente lo aceptamos como real y, al hacerlo, nos hemos resignado a ser sus esclavos, corriendo sin parar en un vano intento de vencerlo. Hemos permitido que el tiempo controle nuestra vida en lugar de vivir según el ciclo natural que establecen la salida y la puesta del sol. El tiempo sólo existe según nuestra definición del mismo.

Isaac Newton escribió que a toda acción corresponde una reacción igual de sentido contrario. Es una manera científica de describir el karma. Para que seamos capaces de mantener nuestro karma en paz y armonía tendremos que sacrificar algunos de los deseos que nos impulsan a perder el control.

Los deseos son nuestra trampa, nos ponen en peligro porque tienden a ser beneficiosos exclusivamente para nosotros. Los deseos profundos nos llevan a realizar acciones sin una contemplación previa suficiente. El deseo de tener más cosas, más grandes y más valiosas lo antes posible nos lleva a lugares que hubiésemos deseado no conocer. Por ejemplo el país de la codicia, el ansia de poseer algo que pertenece a otra persona. Puede que inicialmente tengamos deseos inofensivos, tales como encontrar un trabajo, hacer un viaje o conocer a una persona con la que podamos iniciar una relación amorosa. El problema se presenta cuando hemos satisfecho nuestros primeros deseos y queremos más. Llegará el momento en que no sepamos dónde está el límite. Nuestras ideas se habrán apoderado de nosotros y nos dedicaremos a satisfacer nuestros deseos. Entonces habremos olvidado nuestro control y no podremos entender las verdaderas consecuencias kármicas de ese proceso.

Los deseos son como un carrusel que nunca se detiene y del que no podemos apearnos. Algunos son sanos, pero pueden transformarse en hábitos de los que resulta difícil desprenderse por la importancia que les damos. Hemos sido criados para tener deseos. Para las sociedades occidentales es completamente normal tener muchos deseos al mismo tiempo y eso, a menudo, nos impide ver lo que deseamos y necesitamos de verdad. Cuando estaba estudiando en el sur de la India, observaba a los demás tanto como ellos me observaban a mí. A veces hablábamos de la mentalidad hindú en aquella región del sur del país llamada Kerla. Yo les preguntaba si tenían muchos deseos y expectativas y cuáles eran unos y otras. Sus deseos se centraban en pequeñas cosas como la comida, la casa, el trabajo, la salud y una familia feliz. No me encontré con muchas personas que me dijeran que su objetivo era ganar dinero. Ninguna que me hablase de poder o fama. La vida es muy diferente cuando nuestras aspiraciones son las cosas básicas de la vida. En cuanto a las expectativas de aquella gente, descubrí que tenían pocas o ninguna, salvo cumplir sus obligaciones diarias con ellos mismos y sus familias. Entre ellos se trataban de forma amable y paciente. Es probable que el pueblo de Irak quiera que la guerra acabe de una vez y que la vida vuelva a lo que allí se considera normalidad. En Sudán, la gente desea que alguien vaya a salvarles del hambre, pues se están matando por un saco de arroz. En Israel y Palestina la gente desea la paz. En Cuba quieren liberarse de la dictadura. Suponemos que ninguno de los pueblos de esos países espera milagros, ya que nada bueno ha sucedido en mucho tiempo. Pero hay esperanza.

Deseos y expectativas se relacionan con la libertad de elección. Cuanta más libertad tengamos, más deseos y expectativas llegarán a nosotros. Todos los días aparecen nuevos informes y artículos que hablan del problema de la obesidad en Estados Unidos, sin que parezca tener una solución fácil. Las compañías farmacéuticas declaran más beneficios cada año, gracias a la producción de medicamentos para combatir el estrés, el cáncer, las migrañas, los infartos, la depresión, la hipertensión o la obesidad. Las ventas de bebidas alcohólicas se han disparado e incluso la venta de cigarrillos no se ha visto reducida a pesar de la publicidad negativa. Por un lado, hay personas en la más absoluta pobreza, que harán lo que puedan para sobrevivir. Por otro, vemos a gente libre que trata de destruirse a sí misma mediante excesos de todo tipo. He aquí otra de las diferencias que existen entre Oriente y Occidente.

Para enfocar la existencia de manera más espiritual tendremos que establecer un equilibrio entre necesidad y deseo. Nuestros deseos exageran la importancia de algunas necesidades. Codiciamos cosas que no necesitamos para vivir, meros productos de nuestros deseos. En la mente, los deseos se convierten en necesidades y acabamos anhelando cosas superfluas. Para sobrevivir necesitamos realmente muy poco. Cuanto menos tengamos, más podremos concentrarnos en lo que tiene verdadera importancia en la vida: la familia, los amigos y los seres queridos. Cuanto más tenemos, más queremos, y más tiempo necesitamos para buscar nuevos objetos deseados. Metidos en esa espiral, cada vez disponemos de menos tiempo para dedicar a lo que, como el amor y la amistad, contribuye a nuestro equilibrio. Las posesiones inútiles se convierten en una pesada carga en nuestro camino espiritual; tienden a frenarnos, porque llegamos a sentirnos unidos a ellas incluso sentimentalmente. Las riquezas superfluas se apoderan de nuestros pensamientos y acciones. Es evidente que tendrían un efecto menor sobre nosotros si no les diéramos tanta importancia y si abandonáramos nuestra tendencia a acumular cada vez más. Muchos se preguntan cómo es posible que la gente que vive en lugares como la India pueda ser tan feliz con tan pocas cosas. La respuesta es muy fácil: teniendo que tratar con menos cosas, dedican más tiempo a lo que importa. Aquello de lo que carecen no ocupa sus pensamientos. A lo mejor sufrirían jaquecas o subidas de tensión si tuviesen que pensar en la forma de conservar lo que tienen, o si se afanasen en acumular más de lo que poseen. Considerando que la mayoría de los occidentales trabaja en la actualidad durante un montón de horas, casi con la única intención de ganar más, no debe sorprendernos la proliferación de informes acerca del aumento de casos de cáncer, infartos e hipertensión en Europa y Estados Unidos. Un precio muy alto para tener más cosas.

Si tenemos muchísimo dinero, ya no nos conformamos con comer en un restaurante, sino que queremos comprarlo. Visitamos una isla durante las vacaciones y acabamos haciendo una oferta para comprarla. Con menos riquezas, también compramos y compramos lo que no necesitamos y siempre volvemos a casa con alguna cosa, por pequeña que sea. Poseer por poseer. Cualquier cosa vale: obras de arte, coches, aviones, casas, animales, abrigos de piel, barcos, joyas, oro e incluso personas. Estamos obsesionados con la propiedad, como si pudiésemos llevarnos todo eso al otro mundo al morir. Entonces, ¿por qué nos matamos para conseguirlas?

Causa y efecto es otra forma de describir el karma. La causa es el principio y el efecto es el final, el resultado. Todo lo que sube debe bajar. El efecto puede continuar durante mucho más tiempo que la causa. Todo lo que hacemos debe ser calibrado en función del efecto que pueda tener en la gente que nos rodea. La ley de causa y efecto dice que todo tiene una causa y que esa causa producirá un efecto, positivo o negativo. En el cuerpo, el comienzo de la enfermedad sería la causa, y luego llegarían, con el tiempo, sus efectos. La única manera de detener los efectos de una acción consiste en volver a la causa y destruir su raíz. No tiene sentido tratar el efecto si la causa sigue alimentándolo. En todo lo que hacemos existe una causa que provoca un efecto y si este último nos disgusta no tenemos más remedio que buscar el primero, es decir, la causa. En el proceso de búsqueda de causas debemos estar vigilantes para no ser nosotros mismos el origen de sentimientos o actos negativos. No debemos perder de vista que si experimentamos ciertas cosas es para entender mejor cómo se han originado. El problema del hambre en el mundo o el de la propagación del virus del sida se solucionan con educación e información, y no con simples tratamientos médicos o repartos urgentes de alimentos.

Hemos visto a la gente sufrir de muchas maneras y nos sentimos invadidos por la angustia y la compasión al no saber por qué les suceden estas cosas. Nos pasa al contemplar el hambre de un niño pequeño o de toda una nación, un accidente, un desastre natural o una guerra. Los libros sobre espiritualidad hablan del karma o de causa y efecto como formas de allanar el camino que estamos recorriendo y continuaremos recorriendo en el futuro. Desde los detalles más ínfimos hasta las acciones más grandes, nada pasa desapercibido en el libro de la vida. Podemos aprender la lección la primera vez que vivimos una determinada experiencia, o quizás el despiste o la torpeza hagan necesaria una segunda ocasión para que aprendamos. Pero no nos engañemos a nosotros mismos; tendremos que aprender las lecciones tarde o temprano, para bien o para mal. Si las aprendemos pronto estaremos en condiciones de pasar a otras lecciones que son necesarias para experimentar y aprender. No obstante, como en los estudios, antes de pasar al capítulo dos hay que saberse el uno. Estas primeras lecciones son las que nos proporcionan el valor y la comprensión necesarios para afrontar las experiencias que nos aguardan en el futuro. Es el efecto dominó. No podemos saltar al mar antes de haber aprendido a nadar. Se trata de situaciones que podemos comprender en el plano intelectual, pero que sólo entenderemos profundamente cuando las experimentemos. Lo primero que aprendemos es muy importante, pues determina nuestras reacciones futuras. Si adquirimos malos hábitos al principio, el tiempo no hará más que acumular error sobre error. Enfrentándonos mal a las situaciones comprometidas multiplicamos y prolongamos sus efectos negativos. Decimos que conocemos los motivos de nuestros actos, pero en la mayoría de los casos no es verdad. Muchas veces no somos conscientes de lo que nos impulsa a la acción. Quien se sorprenda por esta afirmación, que se pare a pensar con honestidad, la próxima vez que emprenda una acción, en los verdaderos motivos que le empujan a llevarla a cabo. Si te ofreces a sacar a pasear al perro de tus vecinos, que son personas mayores, puedes pensar que estás siendo amable y generoso, ¿pero no estarás motivado, en realidad, por el hecho de que, de todos modos, querías salir a dar un paseo o a comprar alguna cosa? Si el vecino que te cae fatal y con quien no te hablas llama a tu puerta a las once de la noche y te pide que saques a pasear a su perro bajo una lluvia torrencial, ¿qué harás? Son ejemplos simples de acciones egoístas que en las culturas occidentales consideramos generosas o amables; pero que tienen motivaciones ocultas. Comprobar cuál es la motivación que nos impulsa a llevar a cabo una determinada acción es la clave para saber por qué lo hacemos.

La solidaridad, por ejemplo, es considerada una buena acción. Si vamos a realizar un trabajo voluntario porque nos sobra el tiempo, es posible que nuestras acciones no tengan el mismo efecto que si la motivación fuera puramente altruista; porque nuestra intención no es ayudar a los demás, sino simplemente ocupar el tiempo. Nuestras intenciones ocultas y la razón que nos impulsa a hacer algo se revelarán en el resultado de la acción que hemos acometido. Nos comprometemos en proyectos, relaciones y trabajos y no entendemos por qué las cosas nos salen mal. La respuesta es sencilla: se nos tuercen los caminos porque estamos en conflicto con los demás, a quienes luego culpamos de nuestros «problemas». Nos encontramos en estas situaciones simplemente porque primero actuamos y después preguntamos. Si no tenemos claras nuestras propias intenciones desde el principio y a pesar de todo decidimos seguir adelante con nuestras acciones, nos encontraremos con muchos conflictos personales y colectivos.

Es posible que no acertemos a saber por qué algunas cosas negativas se repiten en nuestras vidas. Si no miramos en nosotros mismos y nuestros hechos, permaneceremos en una especie de limbo, culpando a los demás de nuestros problemas o tirando la toalla con el manido argumento de que «las cosas son así». Cada persona es responsable de sus propias acciones, incluso en el caso de que alguien le diga u ordene que haga algo que puede traer problemas. Nuestras acciones son nuestras, y de nada vale la excusa de las obligaciones laborales, culturales o sociales.

El karma tiene una base individual, pero se hace colectivo cuando las naciones se reúnen para decidir esto o lo otro. Pensemos en lo que les ocurrió a los nativos norteamericanos cuando el hombre blanco llegó, conquistó y destruyó su estilo de vida. ¿Cómo encaja esta historia en el campo de la causa y el efecto? ¿Debe hacerse extensiva la culpa a toda la nación blanca y cargar con ella también a sus miembros futuros, o sólo ha de culparse a quienes participaron directamente en la masacre? ¿Qué pasa con aquellos que no tomaron parte en la matanza pero tampoco ayudaron a quienes eran asesinados? ¿Tienen que pagar las generaciones presentes o futuras por los crímenes que cometieron sus antepasados?

Todos los imperios, desde el persa hasta el inglés, han acabado cayendo pese a su apariencia invencible. Y todos se han derrumbado por una razón. Cuando algo o alguien se vuelve demasiado poderoso acaba por destruirse interiormente. La causa se encuentra en la misma crueldad de su origen: la violencia conquistadora. Cuando ya no tienen ningún enemigo a quien destruir, los imperios se destruyen a sí mismos. Este desequilibrio de poder hace que el karma actúe contra el represor. La balanza se nivela porque el poder abusivo provoca rebeliones. La historia nos ha mostrado durante siglos que ninguna acción pasa inadvertida, y que toda fuerza conquistadora que intenta dominar a otra, individual o colectivamente, caerá por el peso de la misma fuerza que ha mostrado en su conquista. Estamos pagando personalmente por nuestras acciones y nuestras circunstancias individuales. También como naciones estamos pagando por las acciones y represiones pasadas que se cometieron con otros en el nombre de nuestro poder.

Existe un poder superior al nuestro y si no somos capaces de reconocerlo y de tratar de entenderlo, la historia se repetirá una y otra vez con toda su carga de sufrimiento, destrucción y dolor.

> *Creo que la espiritualidad es una creencia en fuerzas en cuya existencia confiamos aunque no podamos demostrarla. Esta creencia nos lleva a vivir nuestras vidas con cierta pureza de intención, tratando idealmente a los demás como nos gustaría que nos tratasen a nosotros.*
>
> TRICIA FREEMAN, treinta y tantos, representante de modelos, judía, Nueva York.

HISTORIA

¿Por qué nos suceden todas estas cosas? ¿A qué se deben las guerras, las luchas, el hambre, la crueldad, los abusos? Una de las principales razones estriba en que el hombre no aprende de la historia. La historia puede tener cinco minutos o 3.000 años de antigüedad. En el curso de un solo día ocurren tantas cosas que nos sentimos abrumados por la catarata de sucesos. La mayor parte del tiempo, queremos simplemente relajarnos y olvidar. Hay tantos estímulos mundanos a nuestro alrededor que ni siquiera nos planteamos pensar quiénes somos, de dónde venimos, hacia dónde vamos. Cuando estamos desocupados nos volvemos perezosos, no queremos pensar demasiado en aquello que podría romper nuestra falta de compromiso. Si tenemos muchas cosas que hacer, nunca hallamos un momento de silencio para meditar sobre lo que importa en nuestra vida. Llenar el día de ocupaciones, buscar el exceso de trabajo son formas de escapar de nuestros sentimientos y de los sentimientos de la gente que nos rodea.

La historia puede enseñarnos muchas cosas sobre lo que nos aguarda en el futuro. Podríamos decir que la historia es el karma en acción, y que todo lo que sucede hoy es el resultado de acciones pasadas. Si abriéramos un periódico de hace veinte años podríamos leer noticias sobre las mismas cosas que están ocurriendo hoy. Aunque retrocediésemos 4.000 años, nos daríamos cuenta de que muy pocas cosas han cambiado realmente en nuestra forma de vivir. Cierto que hemos hecho descubrimientos y que hemos avanzado tecnológicamente, pero no estamos hablando del plano material, sino del espiritual. En ese terreno, no hemos avanzado hacia un nivel superior de pensamiento. Estamos instalados en el limbo y nos negamos a seguir avanzando como especie. No queremos dejar nuestro mundo material para pasar a un estadio de conciencia superior. No estamos dispuestos a darle mucho a nadie, mientras seguimos acumulando bienes para nosotros. Dinero, joyas, posesiones, etc., son objetos inferiores, lastres que nos impiden elevarnos. Para abandonar la actual forma de vivir y pasar a un nivel de existencia superior, es necesario que nos desprendamos mentalmente de estas distracciones exteriores y empecemos a cultivar pensamientos más equilibrados y armoniosos.

Sócrates, Platón y Aristóteles son considerados como los padres del pensamiento occidental. En la *Ética* de Aristóteles podemos ver que hace veinticinco siglos todo estaba dispuesto para que la persona pensara y decidiera serenamente su forma de actuar en cualquier ámbito, desde la amistad hasta el placer. Hace miles de años, Aristóteles escribió: «En la amistad es más importante amar que ser amado». Muchas de las cosas que escribió son hermosas y útiles para la contemplación y para introducir cambios en nuestras vidas. El propio Aristóteles escribe en su libro que la contemplación nos conducirá a la felicidad porque es la forma más elevada de actividad y virtud.

Leyendo lo que escribieron acerca del amor, la amistad o la felicidad, concluimos que todo estaba dispuesto hace miles de años para que siguiésemos ese camino; pero aún hoy parece estar librándose una eterna batalla sobre la forma de recorrerlo.

La historia puede ayudarnos a hacerlo individual y colectivamente. En el plano personal, si pensamos en nuestra niñez, en cómo éramos en la escuela, encontraremos algunos hábitos que aún conservamos pasado el tiempo e influyen decisivamente en nuestra realidad de hoy. La historia privada nos contará por qué nos hemos convertido en la persona que somos. Así podremos aprender tanto de los aciertos como de los errores, y decidir cuál será la siguiente dirección que tomaremos en nuestro viaje. Las decisiones tomadas en el trabajo, en el hogar, con la familia, con nuestros enemigos o con la salud, acabarán por afectarnos a diferentes niveles. La historia es buena para reflexionar y cambiar, para no repetir viejos comportamientos destructivos o ruinosos. La historia también puede enseñarnos lo que pasa con nuestros pensamientos, ya que los viejos hábitos no desaparecen si no trabajamos para eliminarlos. Es algo muy fácil de hacer y resulta muy provechoso para el futuro. Con un ejemplo elemental es más fácil entenderlo: si nos han golpeado cuando pasábamos por un lugar determinado, evitaremos volver a pasar por allí.

En la esfera general, podemos volver la vista hacia la historia para aprender que muchas cosas que ocurrieron en el pasado volverán a suceder si no cambiamos el pensamiento colectivo. Crímenes, guerras, mentiras, corrupción, fraude tienen su papel en la historia y observamos que éste se repite década tras década, siglo tras siglo, sin apenas cambios. Somos parte de una conciencia colectiva y nuestro papel no se limita a pensar individualmente. A menos que nos pongamos de acuerdo para realizar una gran transformación, nada cambiará sustancialmente. El hambre, las injusticias y la destrucción continuarán azotándonos como lo han hecho durante siglos. La historia nos ha demostrado que la situación empeora. Mientras tanto, el hombre, insensible, sigue fiel a su deseo de dominar a otros hombres, y cuenta con medios cada vez más modernos y sofisticados para conseguirlo.

Los imperios desaparecieron y fueron reemplazados por las superpotencias. En la sociedad moderna, el país más poderoso es el que dicta cómo deben actuar los demás. Como dijo Reagan en una ocasión, «antes de dar una oportunidad a la diplomacia tienes que mostrar tu capacidad y tu fuerza». De modo que la diplomacia se construye sobre la base del miedo y no sobre la unidad colectiva en amor y en paz.

Hoy contamos con medios de comunicación muy avanzados. Cámaras, micrófonos y satélites hacen difícil ocultar al público lo que sucede en el mundo. Vivimos en una sociedad «políticamente correcta» y ya no podemos, como ocurría hace cien años, ir y conquistar otro país porque sí. Para hacerlo debemos buscar razones. A través de los medios de comunicación manejamos argumentos que acaban por justificar la invasión de un determinado país. Es mejor ocultar los verdaderos motivos del ataque para que nadie haga preguntas comprometedoras, pero cuando ahondamos un poco en las razones auténticas, descubrimos que nada ha cambiado y que la historia se repite. El pasado demuestra que ningún país favorece a otro sin esperar algo sustancioso a cambio. La guerra del Golfo, por ejemplo, fue sufragada por la familia real y el gobierno kuwaitíes a cambio de la protección de su petróleo. Kuwait pagó 75.000 millones de dólares para mantener en su territorio a las tropas estadounidenses y británicas durante meses. Esos países, asimismo, tuvieron que renovar sus arsenales militares, lo que relanzó sus economías. La guerra es un negocio como cualquier otro, sin más diferencia que un elevado coste en vidas humanas. Ya sea en forma de ayuda militar, humanitaria o económica, más allá de la generosidad siempre hay un precio que pagar. La deuda que soporta África no es nada en comparación con los intereses que tiene que pagar a los países industrializados, que ascienden a 290.000 millones de dólares y siguen aumentando. Entre 1970 y 2004 los préstamos recibidos por los estados africanos sumaron 520.000 millones de dólares. Ya han devuelto 525.000 millones, pero son los intereses de esa deuda los que mantienen a países y habitantes estancados y a merced de los demás. La cultura occidental llama a esto negocio, pero la espiritualidad lo llama explotación del más débil. Los países poderosos siguen aprovechándose de aquellos que no pueden devolver los préstamos recibidos, quedándose con partes valiosas de su territorio. La cantidad de tierra rica en petróleo, oro y diamantes de África, Asia o América del Sur que está en manos de países industrializados podría formar un nuevo continente. Toda esta historia lamentable y negativa regresa para acosarnos a nosotros, los descendientes de quienes no quisieron cambiar sus comportamientos por otros que fuesen más generosos y pacíficos.

A lo largo de la historia el hombre no se ha limitado a conquistar países y pueblos. También ha codiciado el espacio. Después de que hubo descubierto cuanto había en el planeta, dirigió su atención hacia el exterior. Decidió averiguar si había vida en otras partes del Universo. Ahora, cincuenta años más tarde, nos hemos dado cuenta de que el Universo es infinito y resulta imposible conquistarlo, pero eso no ha impedido que sigamos llevando los límites cada vez más lejos. Los astronautas viven en estaciones espaciales, algunas personas pagan veinticinco millones de dólares para pasar unas horas en órbita. La carrera no se detiene.

La curiosidad del hombre es positiva mientras no pone en peligro la vida de otro ser humano. La vida en nuestro planeta no es un modelo de convivencia pacífica del que podamos sentirnos orgullosos. No sería bueno exportar semejante modelo a los confines del Universo. La curiosidad de la NASA supone la inversión de enormes sumas de dinero cada año —aproximadamente 25.000 millones de dólares— que podrían servir para salvar a millones de personas que se mueren de hambre en el mundo. Los exploradores del espacio son como niños a los que les gusta jugar con juguetes cada vez más grandes y caros. Así es como vemos el programa espacial.

Un detalle importante que hay que tener en cuenta es que los niños grandes que juegan en el espacio no lo hacen con su propio dinero, sino con el de los contribuyentes. Un pequeño paso para el hombre y un gran paso para la humanidad. Así nos lo explicaron. Pero cabe preguntarse: ¿en qué nos ha beneficiado salir al espacio? ¿Ha mejorado de algún modo nuestra vida? ¿Ha supuesto alguna diferencia para la salud o el bienestar de alguien? Se puede argumentar contra estas dudas hablando del avance que ha supuesto en nuestros conocimientos y en lo útiles que esos saberes pueden ser en el futuro. Pero nos referimos a la utilidad de los viajes para los que vivimos aquí y ahora. No vemos ningún «paso gigantesco», mientras la gente que vive en la puerta de al lado sigue sin tener satisfechas sus necesidades básicas. Según todos los informes, no contentos con ensuciar la Tierra, ya hemos comenzado a contaminar el espacio. Cada vez son más numerosos los ingenios espaciales que, al quedar obsoletos, no vuelven a nuestro planeta para ser reciclados, sino que permanecen flotando en el espacio. La NASA, la Agencia Espacial Europea (ESA) y las agencias rusas dicen que ya se encargarán de limpiarlo todo algún día. ¿Cómo van a recuperar los millones de trozos de chatarra que fueron lanzados al espacio desde la década de los sesenta y que vagan en medio del vasto universo? Nos preguntamos cuánto nos costará hacer esa limpieza.

Puesto que la historia es una asignatura que se imparte en las escuelas, se debería explicar a los estudiantes que el mundo se encuentra en los mismos apuros que antes. El valor espiritual de la historia sería incalculable si con ella se enseñase la ley del karma y el hecho de que somos responsables de las acciones pasadas y presentes, y se explicase que hoy suceden las mismas cosas que ocurrían hace miles de años. Que se hablase así en las escuelas sería prueba suficiente de que ha comenzado el gran cambio de la mentalidad colectiva.

En su libro *You Can Heal Your Life*, Louise Hay escribe: «Nuestras mentes crean nuestro futuro» y dice que la enseñanza de temas como el funcionamiento de la mente, los secretos de las finanzas, cómo tener una buena relación o cómo reforzar la autoestima, serían mucho más provechosos para la educación de los niños que la memorización de las fechas de las batallas. Podríamos añadir que los niños también necesitan aprender a ser personas cariñosas, generosas y compasivas, y a pensar primero en los demás.

Si prestamos un poco más de atención al pasado para aprender de nuestros errores, cuando llegue el futuro estaremos preparados para aceptar las consecuencias de nuestras acciones.

> *Cuando se practica con regularidad y alguna fe, yo creo que la espiritualidad puede traernos paz interna y cierta felicidad. Prácticamente cualquier cosa o cualquier persona puede decepcionarte en algún momento de tu vida; pero no tu fe inmutable.*
>
> ROBERT ADHOOT, treinta y tantos, médico, judío, residente en Los Ángeles.

EDUCACIÓN

Con la educación se ponen los cimientos de todo el saber que usamos para desenvolvernos en nuestra vida social. Desde que llegamos al mundo comenzamos a guardar información en nuestra psique, en nuestra mente consciente y subconsciente. Así vamos creando una base de datos que utilizaremos a lo largo de nuestra vida de una u otra manera. Al principio únicamente recopilamos información sensorial, pues no somos capaces de entender el idioma, las palabras. Podemos sentir incluso antes de salir del vientre de nuestra madre. Allí notamos si somos un hijo deseado o no, o qué sienten nuestros padres ante nuestro inminente nacimiento. La forma en que nuestra madre se alimenta nos envía «vibraciones», un adelanto de lo que encontraremos cuando nos asomemos al mundo. Parece ser, por lo que he podido averiguar en los libros, y también hablando con diferentes mujeres de sus experiencias, que una madre feliz y alegre tendrá un hijo de carácter igualmente abierto y poco problemático. Después de todo, el feto se alimenta de la comida, los pensamientos y las sensaciones de su madre. El hecho de que esté contenta o triste se reflejará en el hijo.

Antes de llegar al mundo, estamos predestinados por nuestros padres. Ellos poseen su propio karma y necesitan aprender algunas lecciones a través del nacimiento de sus hijos. Nosotros, por nuestra parte, crecemos apoyándonos en ellos hasta alcanzar nuestro propio destino y convertirnos en lo que somos. El destino, en sí mismo, no es el karma, sino una consecuencia de éste. Se deriva de las acciones que hemos llevado a cabo durante el viaje de la vida. El karma determina nuestro destino, siempre dependiente de las acciones que realicemos a partir de nuestras elecciones. Ésta es una creencia de la mayoría de las filosofías orientales, que tienden a tener más fe en el karma que en la suerte o las coincidencias. La confianza en estas últimas es una creencia fundamentalmente occidental. Las creencias orientales dicen que el karma se transmite de unas vidas a otras y no dejará de transmitirse hasta que la persona haya entendido realmente qué es lo que necesita aprender. Los occidentales hablan de tener suerte o de ser afortunado, pero guardan silencio acerca de la causa y el efecto. La mayor parte de la sociedad occidental sigue las doctrinas de la Biblia, que enseña, a través de las palabras de Cristo, que la forma en que tratemos a nuestro prójimo será observada por Dios, quien finalmente juzgará nuestras acciones. La Biblia es el principal libro espiritual de la civilización occidental. A su manera, también habla del karma, porque dice que debemos vigilar nuestro comportamiento. Al final, cuenta, sus consecuencias nos afectarán a nosotros y a quienes nos rodean. En Occidente hablamos del destino, pero no lo asociamos con nuestras acciones. Creemos que el destino está predeterminado y fuera de nuestro control. Esto puede ser verdad a veces, porque es posible que necesitemos aprender lecciones más allá del karma. El destino puede estar predeterminado, pues nuestro creador, antes incluso de que lleguemos al mundo, ya sabe qué decisiones tomaremos. Por otra parte, puesto que se nos da inteligencia y tenemos la posibilidad de decidir, a medida que elegimos mejores o peores caminos para nosotros mismos, podemos cambiar rumbos que parecían predeterminados.

Toda la información que recibimos va dibujando en la mente nuestra manera de ser, que a su vez depende de lo que admitamos como verdadero y como falso. Desde la niñez aceptamos muchas cosas que nuestros padres nos enseñan y que no siempre son verdad. También en la escuela recibimos enseñanzas inciertas. Existe una diferencia entre verdad y opinión. Verdad es lo que es real y opinión es lo que alguien piensa sobre ello en ese momento. La opinión está sujeta a cambios, la verdad no. Una opinión se crea a partir de la información, que, a su vez, es traducida por el informador. Desde el momento en que la información es aprendida hasta el instante en que se transmite hay un lapso, se abre una brecha que puede permitir que se le incorporen errores o falsedades. Las mentes tienden a manipular la información en su propio beneficio con exageraciones de diversa intensidad. Pensemos en la cita que dice: «La verdad no cambia aunque elijamos ignorarla».

Vivimos en un mundo de información errónea en el que todos creemos saber lo que ocurre, hasta que lo oímos o vemos de una manera diferente, ¿tan dependientes somos de nuestros ojos y oídos? La forma kármica en la que vivamos determinará cómo utilizamos la información, porque el significado de los hechos puede cambiar enormemente, dependiendo de la intención del individuo que los interpreta. Observemos, por ejemplo, la historia o la geografía y veamos cómo han cambiado estas disciplinas en las escuelas actuales. Hace treinta años en Estados Unidos los mapas escolares mostraban una Norteamérica mucho más grande que cualquier otro país o continente. La gente creció pensando que no había lugares tan grandes o tan buenos como el suyo. Podemos imaginar lo que sucede en tiempos de guerra, la información errónea o falsa es transmitida públicamente para librarse del enemigo y proteger los intereses nacionales. En mi escuela, en Inglaterra, aprendíamos historia; pero no estudiábamos lo sucedido en los últimos doscientos años. Nada acerca de las guerras mundiales o de acontecimientos más recientes. Como si la historia se hubiera detenido dos siglos atrás.

La teoría forma parte de la educación, pero no necesariamente de la verdad. Hay muchos intelectuales que elaboran teorías que, a menudo, son seguidas por mucha gente, que las adopta incluso antes de pensar si se basan en hechos verdaderos o en simple ficción. Ni siquiera la ciencia puede aferrarse a una opinión inmutable, porque a medida que pasa el tiempo, vamos haciendo descubrimientos, encontramos realidades que antes ignorábamos. No obstante, hay científicos que se aferran a una teoría que define para ellos lo que es la verdad. Recordemos que hubo un tiempo en que la Tierra era plana y tenía un límite que nadie pudo encontrar. Las teorías no siempre pueden ser probadas por la ciencia y, sin embargo, incluso éstas son enseñadas en las escuelas. Es tanto lo que se ha perdido de la historia griega que hubo que inventarla, reconstruirla usando como referencia la de pueblos predecesores. Imaginamos cómo pudo ser aquello, pero también pudiera haber sido de otra forma. La clase de historia debería llamarse en realidad teoría de la historia. Las hipótesis sobre el origen del ser humano son ideas teóricas de este tipo. Es un asunto del que nosotros hablamos como pura especulación, no como un hecho histórico comprobado. Si ignoramos algo, no es ningún crimen reconocer que no lo sabemos. Tendríamos que revisar gran parte de las cosas que nos enseñaron en la escuela. Quizás fuera bueno rehacer todos los libros escolares de historia. Pero eso acabaría por desacreditar a muchos de los considerados genios, de quienes en su momento tanto dependió nuestra formación. Otro de los problemas que afectan a la historia es que a menudo resulta muy parcial. Es muy poco objetiva, siempre depende de quien la escribe. Hay muchos textos que hablan de las guerras libradas en el mundo, pero todos fueron escritos por los vencedores, no por los vencidos. Al final queda una versión exagerada e idealizada de lo que realmente sucedió. Toda nuestra información histórica es un poco de verdad mezclada con gran cantidad de fantasía, exageraciones y falsificaciones.

La educación nos convierte en las personas que somos hoy y modela lo que seremos en el futuro. Lo que somos depende del tipo de información o creencia sobre el que construyamos nuestra vida. Todo lo anterior a nosotros puede considerarse educacional, y por eso debemos esforzarnos en la búsqueda de la verdad, sin aceptar simplemente lo que oímos en la tele o la radio, lo que leemos en Internet o en los periódicos, lo que dice alguien en el bar o incluso lo que leemos en los libros. Hay que empeñarse en descubrir lo que está pasando realmente, porque están sucediendo muchas cosas.

En la infancia, mientras recibimos la educación, comenzamos a pintar el fondo de lo que será el cuadro de nuestra vida. Muchas cosas cambiarán a medida que nos vayamos haciendo mayores, pero no seremos capaces de borrar todo lo que aprendimos y aceptamos de niños. Podemos negar los efectos del pasado, pero eso no los eliminará. Todo lo que hayamos acumulado a lo largo de los años ha de ser cuestionado si queremos saber qué papel juega realmente en nuestra vida. Llevamos sobre los hombros las cargas de nuestros padres, quienes a su vez llevan las de los suyos. Los problemas actuales son el resultado de hábitos adquiridos y practicados a lo largo de los años, lastres de los que resulta muy difícil desprenderse.

La vida familiar es el principal escenario de nuestra educación y determina la percepción que tenemos de nosotros mismos. La forma en que nos trataron nuestros mayores, si nos prestaron mucha o poca atención, influye hoy en la manera en que nos relacionamos con los demás. Un niño que haya perdido a uno de sus padres llevará esa carga durante toda su infancia y aun en la edad adulta. La herida abierta por esa pérdida es tan profunda que el otro progenitor no podrá compensar nunca el vacío que siente el niño. Los primeros diez años de mi vida transcurrieron en Irán. En 1979 ese país entró en guerra con Irak, y mis padres decidieron enviarme a Inglaterra, porque mi madre es inglesa. Me metieron en un internado y nadie me explicó por qué tenía que abandonar mi casa. A decir verdad, si lo hubiesen hecho, a los diez años no habría entendido por qué era necesaria una guerra que separaba a mi familia. Hasta aquel momento la vida había sido bastante tranquila, pero la guerra lo cambió todo, para mí y para millones de personas. Este acontecimiento alteró de manera drástica y súbita mi existencia. Entonces no lo sabía y sólo pude verlo con claridad al cabo de veinte años. Todas las costumbres adquiridas en Irán tuvieron que cambiar de la noche a la mañana en Inglaterra. No pude ver a mi padre durante cinco años, porque no le permitían abandonar su país. Mi madre permaneció con él y sólo nos visitaba una vez al año, durante las vacaciones de verano. Esa situación nos afectó de manera similar y al mismo tiempo diferente a mi hermana y a mí. Los dos sentíamos la misma frustración, pero la interpretábamos de forma diferente, ya que ella es seis años mayor que yo. Mi hermana era más independiente y podía ver lo que estaba pasando desde una perspectiva diferente de la mía. El impacto de abandonar una cálida atmósfera hogareña para vivir en un internado con gente nueva, en otro país, sin poder ver a mi padre durante cinco años y a mi madre sólo en verano, me dejó completamente confundido. A los diez años yo no tenía ni la más remota idea de lo que estaba ocurriendo e incluso pensaba si no sería por mi culpa.

Hace aproximadamente seis años, o sea, veintiuno después de haber abandonado Irán, empecé a pensar en mi vida y a contemplar su desarrollo hasta aquel momento. Quería hacer algunos cambios. Me veía estancado, siempre en el mismo lugar, haciendo las mismas cosas, repitiendo los mismos y viejos hábitos. En general, sentía que no avanzaba en mi camino. Una y otra vez salía con la misma clase de mujeres. Un amigo me decía que sufría el síndrome del «caballero de la brillante armadura», es decir, que siempre elegía a chicas que creían que necesitaban ser salvadas, tarea para la cual yo estaba dispuesto en todo momento. No dejaba de hacer el mismo trabajo, repetir los mismos errores, oír sin escuchar lo que me decían. No aprendía nada de las experiencias pasadas. Llevaba diez años trabajando en el mundo de la moda, quería cambiar de actividad. Cuando empecé a contemplar mi pasado no sabía hacia dónde me dirigía. Pensé en las cosas que me habían pasado y en cómo se sentiría un chico de diez años que viviese la misma experiencia que yo. Mi vida era muy movida, trabajando y viajando sin parar, y nunca había tenido tiempo de detenerme a pensar en mis hábitos y mi forma de ser. Comencé a leer muchos libros de espiritualidad y autoayuda, temas que atraían mi atención. No leía nada de ficción, porque estaba más interesado en saber cómo se sentía la gente en su vida y cómo afrontaba lo que le ocurría. Para mí, la forma en que los demás trataban sus problemas era más interesante que cualquiera de las fantasías que alguien hubiera imaginado. Recuerdo que mi amigo Ron me regaló mi primer libro espiritual, titulado *Knowing Yourself*, que se convirtió en mi libro de cabecera.

La lectura de libros de este tipo sirvió de base para poner en marcha mi pensamiento. Empecé a preguntarle a mi madre cómo se había sentido y cómo había sido para ella la época en que yo vivía en Inglaterra. Mientras compartíamos muchos momentos, hablando de estas y otras cosas, mi madre recordó acontecimientos ocurridos entonces, y me los explicó. Quería que yo pudiese entender mejor mis propios sentimientos y por qué hacía muchas cosas que no era capaz de explicar. Todavía hoy le sigo preguntando por el pasado para comprender el presente que estoy viviendo.

Una cosa que no alcanzaba a comprender de mí mismo era cómo podía alejarme con tanta facilidad de la gente sin sentir nada demasiado profundo por ella. Era capaz de estar solo, sin ver a mis amigos, durante largos períodos. No me causaba ningún problema y creo que se debía a que, desde los diecinueve años, he tenido que viajar solo la mayor parte de las veces. Sin compañía, visitaba países y más países en unos pocos días. Creo que al principio disfrutaba de mi trabajo, porque era capaz de adaptarme a esa clase de vida. Era una existencia absurda, pero no me daba cuenta de ello. Me limitaba a aceptarla sin hacer preguntas. Hoy sé que me resultaba fácil porque me había tenido que marchar de mi país para adaptarme a un ambiente completamente nuevo cuando era muy pequeño. Había estado expuesto a esa situación siendo un niño, y por eso elegí un trabajo con el que podía progresar y ganarme la vida sin adquirir grandes compromisos. Mi karma se manifestaba en mi educación.

Después de haber reflexionado acerca de mi infancia, empecé a pensar en mi vida en el mundo de la moda. Eso fue lo que abrió la caja de Pandora. Nadie que no esté en ese mundo puede entender realmente lo que nos sucede, sumidos a tan temprana edad en una vida de ritmo tan furioso. Viajar de un país a otro, saltar de continente en continente, participando en desfiles y sesiones fotográficas todos los días en las principales ciudades. Cambiar de clima, comida, idioma, a velocidad de vértigo. Mientras estás metido en eso no te das cuenta de lo rápido que sucede todo. Sólo lo entiendes cuando te has salido del negocio, cuando estás fuera. ¡Qué vida! Había pasado tantos años viajando que me sentía extraño cuando permanecía en un mismo lugar durante más de una semana. Quería levantarme e irme, aunque no tuviera que trabajar, porque había estado viviendo en aeropuertos, hoteles y estudios, moviéndome cada dos o tres días, durante los últimos diez años. Todo era parte de mi educación.

La escuela nos proporciona los elementos básicos de conocimiento. En ella aprendemos a leer, escribir y contar; pero no siempre nos prepara para la compleja vida que aguarda más allá de la seguridad de las aulas. No podemos olvidar que pasamos la mayor parte de nuestra vida fuera de la escuela. El sistema educativo no enseña a los niños a ser mejores seres humanos, sino simplemente a sacar buenas notas para luego conseguir un buen trabajo. La amistad, las relaciones sociales o los valores no se enseñan como una parte esencial de nuestra vida futura. Los padres se autoexigen, hacen esfuerzos económicos para enviar a sus hijos a la universidad a que estudien derecho, medicina o una ingeniería. Quieren garantizarles un buen futuro material. El dinero ha reemplazado al amor en el primer lugar de las prioridades sociales. La educación escolar es fundamental para enseñarnos matemáticas o inglés, pero su función podría ser mucho más útil si los profesores profundizaran en el conocimiento de lo que puede desequilibrar nuestras vidas. A menudo, los hijos sienten que sus padres no les entienden. Suelen considerarlos desconectados de la generación joven. Si en la escuela se impartiesen asignaturas relacionadas con las causas humanitarias, el medio ambiente, la paternidad, las relaciones con los demás, la familia y, por supuesto, la espiritualidad, y se hiciera cuando los niños tienen entre cuatro y once años, los chicos y las chicas probablemente serían mucho más sensibles al llegar al instituto. Así no habría tantas personas que al alcanzar la edad adulta tienen serias dificultades para comunicarse y vivir en sociedad.

Al hablar de educación no nos referimos solamente a la escuela, sino a la vida en general. Cada momento de la existencia es parte de la educación. La experiencia educativa es la vida misma, es fascinante. A los niños hay que enseñarles eso a una edad temprana, porque la mayoría encuentra que la escuela es aburrida e inútil. Puesto que cada mente funciona de un modo distinto, ¿por qué tenemos una sola manera de educar a los niños en las escuelas? Cuando estaba en el colegio había muchos alumnos, incluido yo mismo, que destacaban en unas asignaturas y no en otras. En algunas materias, sufríamos por la posibilidad de suspender los exámenes. La vida y los tiempos han cambiado, pero los sistemas educativos y las estructuras escolares no se han adaptado. La gente, cuando termina sus estudios, ya no permanece durante treinta años en el mismo trabajo, como ocurría con nuestros abuelos. Ahora el mejor regalo que la escuela puede hacer a los chicos es enviarles al mundo laboral dotados del conocimiento de habilidades que puedan aplicar a diferentes empleos. Las escuelas necesitan formar a alumnos que hablen varios idiomas, porque hoy las empresas exigen trabajadores que puedan comunicarse con personas de diferentes partes del planeta. El mundo es una gran autopista de información, en la que los niños deberían aprender de manera que pudieran destacar en sus temas preferidos. Si un estudiante es bueno en una determinada disciplina, deberíamos alentarle y educarle en esa dirección, proporcionándole los conocimientos adicionales necesarios para que sean mejores en lo que han elegido. En Inglaterra, un estudio hecho entre miembros de las familias con más recursos revelaba que algunos jóvenes se habían limitado a heredar su fortuna; pero muchos otros se habían puesto a trabajar en lo que mejor se adaptaba a sus características. Imaginemos a chicos que salen de la escuela queriendo ayudar a la gente. Pensemos en países donde los muchachos salen de la escuela dispuestos a compartir sus conocimientos y devolver a la tierra lo que ésta les ha dado. Soñemos con educar a los demás en el uso de los recursos alternativos, para que un día podamos bañarnos en las aguas de cualquier río o respirar el aire de cualquier lugar. Formar para la salud, la compasión, el carácter pacífico. Imaginemos a jóvenes que salgan de las universidades con la intención de servir al mundo, en lugar de acumular lo más que puedan en el menor tiempo posible. Educarles para que piensen como una mente colectiva y no como una entidad individual. Una realidad de ese tipo contribuiría a elevar el nivel de conciencia y los estudiantes podrían ver los beneficios que reporta una sociedad colectiva en lugar de una sociedad individualista y dividida.

Los presupuestos nacionales ascienden a muchos miles de millones de euros, dólares o yens anuales. El porcentaje de este dinero que se dedica a la educación decrece cada año. La mayoría de los países introduce recortes en los presupuestos educativos y sanitarios antes que en cualquier otra partida. Países desarrollados como Estados Unidos y Gran Bretaña sólo dedican entre un 2 y un 4 por ciento a tales conceptos. ¿Por qué sucede esto? Podemos aceptar que los países africanos carezcan de dinero para invertir en educación, pero no Estados Unidos o Europa, donde encontramos el ejemplo de Gran Bretaña, que obliga a los estudiantes a pagarse sus matrículas y a endeudarse de tal manera que, cuando salen de la universidad, se ven acuciados por la necesidad de devolver el dinero. En febrero de 2005, un informe de la CNN afirmaba que cada estudiante norteamericano debe entre 19.000 y 97.000 dólares cuando sale de la universidad, dependiendo de la carrera que haya elegido. Pagamos impuestos para tener mejores programas educativos, pero resulta que no hay dinero para cubrir estas necesidades. La enseñanza se encuentra entre las profesiones peor pagadas. Maestros y profesores educan a las futuras generaciones y dedican a ello muchas horas al día. ¿Por qué se hacen los recortes en los presupuestos en educación y sanidad y no en los programas militares o espaciales? Los conflictos nacen de la ignorancia sobre lo que son otros países y otras razas. ¿Cuánta gente en Estados Unidos ha visitado Irak o Afganistán para ver cómo son sus habitantes, antes de juzgarles o aprobar que se declare una guerra para destruirles? Aunque en nuestras comunidades existan muchos tipos de culturas y etnias, y muchas iglesias, los estudios religiosos no son suficientes para comprenderlo todo, pues no está en su naturaleza abordar el conocimiento multiétnico o multicultural que nos permita aprender acerca de los diferentes pueblos y religiones. Para estar en paz con todo el mundo, primero debemos entenderlo y conocer algo de sus creencias. En el mundo hay dinero suficiente para los alimentos, las viviendas, la educación y la salud de todos. Los recursos aparecerán si dedicamos tiempo a pensar en formas pacíficas y amorosas de invertirlo.

Hace diez años atravesé Estados Unidos en coche en dos ocasiones, y me impresionó la inmensidad del país. Primero nos dirigimos hacia el sur a través de Virginia, Carolina del Sur, Texas, el desierto de Nevada y California, y luego regresamos por el norte, por Colorado, Illinois, Massachusetts y Nueva York. Apenas hubimos abandonado Manhattan, las cosas cambiaron radicalmente. A medida que pasas por poblaciones pequeñas te das cuenta de que la gente, las casas y los propios pueblos son similares. Lo que cambiaba durante el viaje era el clima, la vegetación y el terreno. Entrábamos en pueblos en los que la gente percibía de inmediato que éramos forasteros. Lo sabían antes incluso de que abriésemos la boca. En ocasiones, la situación era muy tensa en los restaurantes o los bares de carretera donde parábamos. Intenté comprender por qué nos veían como extraños. La mayoría de los norteamericanos no vive en las grandes ciudades, sino en sus periferias, lo que significa que quizás ellos también se vean como extraños. Cuando les contábamos que veníamos conduciendo desde Nueva York, las expresiones y los comentarios solían ser negativos. «Ya pensábamos que debían de ser de un lugar como Nueva York», decían algunos. «¿Cuánto tiempo piensan quedarse por aquí?» era por lo común la siguiente pregunta. La mayoría jamás había salido de Estados Unidos. Ni siquiera habían estado en Nueva York. Viajaban por el interior del país, pero nunca a grandes ciudades, porque consideraban que los habitantes de las metrópolis no son muy amables. Tuve la impresión de que su ignorancia era el resultado de una deficiente educación y que su visión del mundo se limitaba a lo que escuchaban en las noticias locales. El país es tan enorme que la gente puede viajar y viajar sin salir de él. En Europa no tenemos un país con tanta extensión que sea fácil que sus habitantes no tengan contacto alguno con otras naciones.

La dotación de fondos para la educación es una decisión política. Durante siglos se ha aprovechado la ignorancia de las personas para mantenerlas dominadas. En épocas pasadas los políticos sólo necesitaban un poco de propaganda, pues la mayoría de los ciudadanos no sabía leer ni escribir. Las masas, simplemente, aceptaban a sus líderes y lo que éstos les decían. Éste sigue siendo el caso en muchos países del Tercer Mundo en los que millones de habitantes no tienen acceso a la educación y se ven obligados a trabajar desde edad muy temprana. Los gobiernos de estos países disponen de muy pocos fondos para satisfacer la mayoría de las necesidades, pero, pese a ello, podrían gastar más en educación. No sorprende descubrir que, según un informe reciente, los países más corruptos del mundo son Bangladesh, Nigeria, Sudán y unas cuantas ex repúblicas soviéticas. Todos, países del Tercer Mundo, donde los gobernantes hacen lo que quieren porque el pueblo apenas tiene posibilidad de expresar sus opiniones. También en Occidente hay manipulaciones de los gobiernos, aunque, eso sí, usan instrumentos más sutiles: los medios de comunicación.

El aprendizaje de tradiciones, costumbres y valores también forma parte de la educación. Es maravilloso que los niños los aprendan, porque eso permite que se sientan parte de un grupo o una cultura. El peligro aparece cuando nuestras tradiciones y costumbres se vuelven más importantes que la propia vida humana. Los italianos comen pasta y los españoles tortilla y esto no causa ningún conflicto; como tampoco es gran problema comer y beber en exceso en Pascua y vacaciones. Pero otras tradiciones sí provocan tensiones. Por ejemplo, la de las familias judías e hindúes que eligen con quién se deben casar sus hijos, una vieja costumbre que origina guerras familiares. En la sociedad moderna, normalmente, el hijo quiere elegir a alguien a quien ame, y la familia, celosa de la tradición, prefiere a una pareja que tenga una buena posición económica, pertenezca a una familia respetable y practique su misma religión.

En cada país occidental las tradiciones son muy diversas a causa del aumento de la inmigración. Hay muchas culturas conviviendo dentro de una sociedad que posee sus propias costumbres o creencias. Cuando estaba en Inglaterra recuerdo haber visto en las noticias de la televisión a un árabe que había sacado a la calle un cordero con intención de sacrificarlo y cocinarlo para su familia, como celebración de la fiesta santa de su país. Los ingleses estaban horrorizados ante lo que consideraban un acto bárbaro. No apreciaban el valor de esa tradición. Nunca la habían visto antes, pero no parecían notar que ellos también matan y comen cordero, aunque no sacrifican al animal en público ni quieren ver cómo lo matan. ¡Diferentes visiones del mismo acto! No hace mucho vi, también en televisión, a unos manifestantes enfrentándose a la policía en protesta por la prohibición de la caza del zorro. Afirmaban que esa práctica es un derecho tradicional y que estaban allí ejerciendo su libertad de expresión. Era gente de bien, jamás se habían enfrentado antes a la policía, pero pensaban que merecía la pena luchar por la tradición y las costumbres, pues su estilo de vida estaba en juego. Por lo que pude oír, creo que esta última era la verdadera razón de la protesta. No faltaban los que consideraban que tenían derecho a la caza porque era un «juego» ancestral. Matar animales por deporte, por simple diversión, es el tipo de mentalidad que mantiene nuestra conciencia en un nivel muy bajo e impide que ascendamos a patrones de pensamiento más elevados.

Una semana más tarde la CNN hablaba de la inmigración y de cómo algunos blancos pensaban que «su país» se estaba yendo al garete porque muchos mexicanos y sudamericanos entraban ilegalmente a Estados Unidos. Las cámaras mostraban a grupos de mexicanos tratando de encontrar trabajo en las calles, y a los blancos denunciándoles ante las autoridades. Un hombre incluso estaba a punto de separarse de su mujer porque no podía dejar de pelear noche y día para que estos «extranjeros» fueran expulsados del país. ¡Su esposa era asiática! Era dramático y cómico al mismo tiempo ver a esa gente comportándose como si les estuviesen invadiendo los alienígenas. ¿Acaso los norteamericanos no son descendientes de colonos europeos?

A nivel internacional, la situación empieza a volverse complicada y peligrosa a medida que la gente, en diversos países, tiende a defender a los suyos por el simple hecho de serlo, aunque estén equivocados. Desde la época de los romanos, cuando los extranjeros eran azotados por expresar sus creencias, hasta nuestros días, en los que hay países donde se practica la ley del Talión, las guerras se han librado en nombre de los valores y las tradiciones.

La cantidad de dinero que se gasta en los muertos es un indicador significativo de lo que sentimos por los vivos. Enterrar o cremar a una persona cuesta mucho dinero. Se ha convertido en un gran negocio. Muchas familias se endeudan para pagar las facturas de las exequias de sus seres queridos. ¿Por qué parecemos mostrar más afecto y respeto por los muertos que por los vivos? Nos preguntamos cuándo surgió la tradición de los grandes duelos y por qué acabó convertida en una necesidad. El día de la muerte de Ronald Reagan fue declarado jornada de luto nacional y el gobierno gastó 2,2 millones de dólares en su funeral y entierro. ¿Por qué la gente presenta sus respetos cuando alguien muere y no le visita cuando está vivo? Cuando ingresaron a Reagan en el hospital, casi nadie solicitó visitarle, pero en cuanto falleció miles de personas manifestaron su pesar y fueron a ver el lugar donde está enterrado. Este fenómeno es visible en ciudades y pueblos en los que la gente nunca se visita en vida. En cuanto alguien muere, los demás acuden rápidamente a visitarle. Nunca hemos podido entender por qué si alguien nos gusta o si le queremos no disfrutamos de él cuando está vivo. Tiene mucho más sentido respetar y amar a los «vivos» cuando están con nosotros, ayudándoles con nuestra compasión y generosidad, que comenzar a venerarles cuando han fallecido. También sorprende que se gasten esas sumas de dinero en personas que no se podrán beneficiar de ellas, por mucho que digamos que lo hacemos en su nombre. Sería mejor darles los dos o tres mil dólares que nos costará su funeral mientras aún están con vida, para que puedan sacarles provecho. Deberíamos investigar mejor nuestros motivos y las obligaciones que impone la tradición, antes de pensar sin más que estamos haciendo lo que es «correcto», o lo que la persona muerta «querría que hiciésemos».

Mi amigo Ron murió de sida a la edad de 62 años, habiendo amado la vida hasta el último instante. Tenía ahorrado algún dinero, que me hizo prometer que entregaría a los niños necesitados antes que utilizarlo para pagar su funeral. Discutimos el asunto y convinimos en que los 2.000 euros que costaría su cremación estarían mucho mejor empleados en alimentar a un pequeño. Ron dijo que morir sabiendo que alguien podía beneficiarse de su dinero era una manera de abandonar el planeta más hermosa que pagar para que sus amigos se reuniesen a llorar por él. También hablamos de las razones que tiene la gente para llorar en estos casos. Ambos nos preguntamos si realmente lloran por la persona que ha muerto o por sí mismos, porque esa persona ya no estará con ellos nunca más.

Motivos, razones, tradiciones, costumbres, obligaciones y muchas cosas más que tienen relación con la formación recibida a lo largo de nuestro camino en la vida. La educación es nuestra primera fuente de conocimiento físico y mental. Es esencial que desde el principio se nos muestre la verdad, pues de otro modo podemos pasar por la vida cargados de pensamientos incorrectos. Es responsabilidad nuestra llegar a la verdad a través de nuestra búsqueda en la vida. No debemos repetir y aceptar sin más lo que otros nos dicen que es la verdad. Cuanto más buscamos, adquirimos más conciencia de si hemos sido educados de forma adecuada.

> *Para mí la espiritualidad es el establecimiento de una conexión entre nosotros y algo que sentimos que está allí fuera, pero al mismo tiempo dentro de nosotros. Se trata de algo muy personal; es como regresar a casa, da respuesta a tus preguntas y es tu razón de ser.*
>
> SORAYA OSMAN, cuarenta y tantos, profesora, no profesa ninguna religión, Manchester.

DINERO

¿Qué ha hecho que el mundo se vuelva loco? ¿La gente? ¿El dinero? No es el dinero en sí, sino el amor que la gente siente por él lo que nos ha hecho vivir con el miedo a no tener lo suficiente o a que alguien nos quite lo nuestro. En Occidente, el dinero determina, en muchos casos, cómo nos sentimos con respecto a nosotros mismos y cómo tratamos a los demás. El trato depende de lo que tengan o no tengan. Cuanto más tienen, más respeto consiguen. Ocurre sobre todo en el lugar de trabajo y en la escala social. El dinero ha reemplazado a Dios y al amor como gran meta de la existencia. La brecha entre las clases altas y bajas se amplía cada año. El hecho de que tengamos este sistema de clases dice mucho de la raza humana. Constantemente se hace referencia a la gente que está arriba o abajo. En la búsqueda espiritual no hay arriba o abajo, porque todos se encuentran a la misma altura, aprendiendo en diferentes áreas de la vida. Da igual que se trate de monjes o de hombres de negocios, la única diferencia estriba en quién dedica más tiempo a contemplar el presente.

El dinero es una institución en sí misma. Si se le presta mucha atención es fuente de poder y dominio. El mal uso del dinero tiene una larga historia.

Quienes idearon el sistema financiero probablemente fueron saludados como genios. De la nada sacaron un negocio que dependía del miedo de la gente que entregaba su dinero. Bajo la apariencia de ser agradables colaboradores deseosos de ayudar, los bancos empezaron a prestar el dinero de sus clientes a otras personas, y sigue siendo el sistema que impera en la actualidad. La banca es una institución que prospera gracias a los intereses que generan las deudas de la gente. Pedimos préstamos de cantidades de dinero muy superiores a lo que ganamos, y los bancos acceden encantados. Un informe dice que, en Gran Bretaña, cada familia mantiene una deuda media de 37.000 libras esterlinas. En Estados Unidos esa cantidad es muy superior, ya que forma parte de la mentalidad norteamericana pedir prestado cuanto sea posible y pagar más adelante. Añádanse las hipotecas, que mantienen a las personas endeudadas casi de por vida.

La deuda es un procedimiento perfecto para controlar los movimientos de los ciudadanos. Al contraerla, la gente renuncia a su libertad y luego se pasa la mayor parte de su vida trabajando para pagarla. Amasar dinero significa afanarse para poder pagar el coche más lujoso o la casa más grande, las vacaciones más exclusivas o la joya más cara. La acumulación de bienes materiales y placeres mundanos tiene un precio: las enfermedades provocadas por el estrés y el exceso de trabajo. El tiempo que pasamos delante de la pantalla del ordenador, en la cadena de trabajo, la tensión que sufrimos para ganar dinero, son la causa principal de las enfermedades en la sociedad occidental. Ninguna de esas actividades está orientada a obtener más amor o a vivir con más paz y mayor equilibrio.

Las instituciones financieras tientan a las gentes divulgando la idea de que deberían ser capaces de tener aquello que no se pueden permitir. Ellas se encargarán de prestar el dinero necesario. Se lo devolverán con intereses. «Disfruten ahora y piensen en las consecuencias más tarde.» Facilitan las cosas con una tarjeta que podemos llevar siempre y es muy útil en caso de que veamos algo que queremos comprar y no tengamos dinero en efectivo en ese momento. ¡Qué generosidad! La gente puede pensar que es una buena idea, pues hace que la vida resulte más fácil. Pero la deuda de la tarjeta de crédito es el principal problema para muchas personas. Los intereses son muy elevados (una media del 15 por ciento) y, al final, tras ese préstamo no hay ninguna inversión, como sí ocurre en el caso de las hipotecas inmobiliarias. Pronto hay que pedir prestado dinero con otra tarjeta para pagar la deuda de la primera. Los ciudadanos acaban siendo portadores de varias tarjetas. Todo desemboca en un enorme y triste problema cuando alguien pierde todo lo que tiene. Los informes sobre la mayoría de las entidades de crédito en todo el mundo sugieren que la deuda está creciendo hasta alcanzar magnitudes que la gente ya no puede soportar.

La deuda representa una de las vías principales por las que el hombre ha renunciado a su libertad y se ha alejado de una existencia espiritual libre. A causa de la codicia, y sin darse cuenta de las consecuencias, la gente comenzó en su momento a pedir prestado. Al cabo, los que han prosperado con este método son muchos menos de los que podría pensarse, porque aunque hayan ganado en términos financieros, resulta que se encuentran bajo una enorme presión para devolver los préstamos recibidos. Su vida está controlada por otras personas. El fenómeno financiero nos ha dejado en manos de numerosas organizaciones que, con sólo pulsar un botón, pueden arruinarnos. ¿Cómo hemos llegado a este punto? ¿Por qué hemos puesto nuestras vidas en manos de otras personas, sólo por dinero?

Aún hay más. El paso siguiente serán tarjetas a la vez de préstamo y de identificación. Funcionarán como documento de identidad y tarjeta de crédito. En algunos países asiáticos ya circulan experimentalmente. Se trata de eliminar la circulación del dinero en metálico, actividad que los gobiernos no pueden controlar fácilmente. Así el tráfico de drogas y otras actividades ilegales se harán más difíciles. La contrapartida es que también el público en general sufrirá un control más estricto. El objetivo final es crear un chip que será introducido bajo nuestra piel y que contendrá toda la información relativa a nuestra identidad y nuestra vida económica. Sólo tendremos que pasar la muñeca sobre la máquina y ésta se encargará de adeudar la cantidad que corresponda en nuestra cuenta, igual que lo hace ahora la tarjeta de crédito. La diferencia será que la tarjeta se habrá convertido en un pequeño accesorio de nuestro cuerpo. Ya nadie podrá robarnos la «visa» o nuestros documentos de identidad, a no ser que nos corten la mano. Pero nada es lo que parece.

El año pasado se publicó en la revista *Time* la historia de la primera familia norteamericana que se presentaba voluntaria para que se le implantara un chip. Aseguraban sentirse más seguros en caso de que su perro o uno de sus hijos fuesen secuestrados, porque gracias al chip podrían seguir su rastro como si se tratase del localizador de un coche. Además, afirmaban, el pequeño ingenio impedía que uno se olvidase la documentación personal, el permiso de conducir o las tarjetas de crédito cuando tenía que salir deprisa de casa. Esto pasaría a ser el ojo que todo lo ve, podría decir dónde te encuentras en todo momento, incluso si estás practicando sexo con tu mujer o con la mujer de otro hombre. También sabrá si estás cómodamente instalado en el váter haciendo tus necesidades. Esto puede resultar tranquilizador para algunas personas, pero somos mayoría los que no consideramos necesario vivir de ese modo. No obstante, quizás pasado un tiempo no nos quede más remedio que aceptar semejante existencia, porque la tendencia actual es resignarse a todo lo que ordenan las potencias del mundo. Tengamos cuidado con lo que elegimos, pues nuestra decisión provocará una reacción. Cuando los gobernantes acuerden adjudicarnos un número, para ellos nos convertiremos definitivamente en eso, un número.

El materialismo se presenta en muchas y muy variadas formas. No se trata sólo del dinero, sino de mucho más. La propiedad desempeña un papel muy importante en la vida occidental. Cuando estamos trabajando pensamos en aumentar el rendimiento de la empresa; cuando nos vamos a casa, tratamos de encontrar nuevas formas de acrecentar nuestras propiedades. Mucho esfuerzo mental, muchos pensamientos, sólo para ser capaces de comprar más y acumular más bienes materiales. Somos una sociedad de consumidores. Básicamente, adquirimos cosas que deseamos y no cosas que necesitamos. La acumulación es nuestro pasatiempo favorito, no hay más que echar un vistazo al armario o a la nevera.

Hemos convertido en objeto de valor todo aquello de lo que podemos obtener un beneficio, sin tener en cuenta si ello puede causar daño a otro ser vivo. Todos sabemos de qué se trata: oro, plata, platino, diamantes, petróleo, pieles y muchas cosas más que consideramos valiosas. Pero la compraventa, el deseo de propiedad, no se detiene en los objetos, sino que alcanza a la naturaleza, los árboles, los animales, el agua, las plantas. La selva tropical de la que dependemos para mantener el equilibrio del ecosistema mundial está siendo destruida a un ritmo diario tan terrible que dentro de pocos años sólo será un paisaje yermo. Los animales han sido convertidos en un artículo para la domesticación, el entretenimiento o la alimentación, según sean en cada momento y cada caso las intenciones del hombre todopoderoso. Y todo esto nos conduce finalmente al comercio de seres humanos. Se lleva a cabo mediante el tráfico de esclavos o de inmigrantes. Todos los días tenemos noticias del tráfico de prostitutas de los países de la Europa del este, o de la compraventa de mano de obra barata procedente de Asia o de África. Todo esto sigue siendo una realidad de nuestras sociedades, y no cambiará porque no se hable de ello.

Dedicamos mucho esfuerzo y mucho dinero a la protección de nuestros bienes. A veces los defendemos con nuestra propia vida. La industria de los diamantes, desarrollada sobre todo por la comunidad judía, se ha convertido en un negocio impresionante. Los judíos comenzaron a comerciar con diamantes porque les resultaba fácil transportarlos durante sus viajes. Así llegaron a controlar esta actividad, convirtiendo a la ciudad belga de Amberes en la capital de este negocio.

El petróleo —el llamado oro negro— está principalmente en manos árabes. Sus magnates tienen cogidas por el cuello a las naciones industrializadas. Las compañías petrolíferas y la industria del automóvil no han permitido el desarrollo de combustibles alternativos más limpios y menos contaminantes. El *lobby* automovilístico es uno de los negocios que destinan más dinero a la financiación de los partidos políticos en Estados Unidos, país que tiene el poco honroso título de ser el mayor contaminador del planeta por emisión de gases tóxicos. No debe extrañar que se haya negado a firmar el Tratado de Kyoto, porque hacerlo significaría que las fábricas de automóviles tendrían que invertir miles de millones de dólares en la modificación de sus instalaciones, para ajustarse a las normas medioambientales internacionales. Este tratado nació con la intención de construir un futuro mejor para nuestros hijos, porque que la Tierra no puede seguir soportando los actuales niveles de contaminación. ¿Para mejorar las cosas sólo se necesita dinero?

La única razón por la que las fuentes de energía alternativas no están disponibles para el público en general, a un precio asequible y competitivo, es la presión de los cárteles árabes y norteamericanos, que hacen negocios con las compañías petrolíferas y la industria del automóvil. No quieren competencia en el mercado energético. Este negocio de miles de millones de euros se vería afectado drásticamente si el público escogiese otras formas de energía. El plan de sus directivos es que para dentro de treinta años, cuando el petróleo se haya acabado, las mismas compañías hayan tenido tiempo de desarrollar otras fuentes de energía, sin haber dejado de vender petróleo al mismo tiempo. Esto puede ser muy beneficioso para ellos, pero el problema es que la Tierra está alcanzando grados de contaminación preocupantes por la emisión de gases tóxicos. Los ríos están llenos de plomo y otros materiales peligrosos producidos por las fábricas. Los fenómenos climatológicos se manifiestan ahora con mayor virulencia. La Tierra se limpia a sí misma a través de la actividad volcánica, los terremotos y diversos cambios climáticos. Lluvias torrenciales, tormentas, inundaciones, huracanes, tornados, nevadas, todo sirve para renovar el aire y el agua que han sido contaminados. Los cascos polares se están derritiendo y ese también es un grave problema, pues se avecina un aumento en el nivel de las aguas del océano. Los fuertes trastornos climáticos que hemos experimentado en estos últimos tiempos no cesarán a menos que cambiemos nuestro comportamiento egoísta con la naturaleza. El bosque tropical, nuestra principal fuente de renovación de oxígeno y eliminación de dióxido de carbono, está siendo arrasado o vendido para utilizar su madera. Acabamos de leer que el gobierno de Estados Unidos ha ofrecido comprar una enorme extensión de la Amazonia para que Brasil pueda condonar así una parte de su deuda externa.

La Tierra no puede soportar 6.000 millones de habitantes (que, según todas las previsiones, serán 10.000 en el año 2200) durante mucho más tiempo. ¿Por qué? Porque no vivimos en armonía con la naturaleza. Más bien estamos en abierta oposición a ella. No hacemos más que quitarle cosas sin devolverle nada. Como sucede en cualquier relación, para conservar el equilibrio tiene que haber un intercambio. La Tierra es un cuerpo orgánico, vivo, y siente lo que sucede en su superficie. Trata de regenerarse sin causarnos daño y de forma armoniosa, a través de la lluvia, la nieve o la actividad de la selva. Pero, si continuamos por este camino, no debería sorprendernos que llegara el momento en que decidiera barrenos a todos de su superficie.

Un pequeño país como Islandia está muy adelantado en el desarrollo de energías alternativas. Por ejemplo, se emplea el hidrógeno como combustible en coches particulares y en el transporte público. Los islandeses tienen una actitud «verde» realmente encomiable. Su poder político es mucho más pequeño que el de los países grandes; pero esperan poder usar comercialmente este tipo de combustible dentro de pocos años. Algunas empresas automovilísticas, como Toyota y Honda, han diseñado un coche híbrido que cambia de gasolina a electricidad con sólo mover una llave. Pero estos coches son mucho más caros y no representan un producto fácil de vender a un público ávido de ofertas.

En nuestro viaje espiritual hemos abandonado a la Madre Naturaleza. Sin su ayuda no podemos crecer espiritualmente; porque ella es nuestro hogar y en ella se guarda el secreto del equilibrio del Universo. Si no reaccionamos y le proporcionamos el amor que necesita, finalmente será ella quien se encargue de despertarnos de una forma que ni siquiera somos capaces de imaginar.

> *Yo concibo una forma de espiritualidad dentro de mí que es mi parte universal, la conexión entre la inteligencia cósmica, el* anima mundi *y yo. Podemos necesitar imágenes, nombres y palabras que llamamos religión, pero la espiritualidad es nuestra referencia universal, del mismo modo en que la vida es nuestro vínculo con la naturaleza. La espiritualidad está gobernada por nuestras intenciones y define nuestro destino.*
>
> ISMAEL FERNÁNDEZ, cuarenta y tantos, director de Lladró, no profesa ninguna religión, España.

POLÍTICA

¿Qué tiene que ver la política con la espiritualidad? Absolutamente nada. ¿Qué tiene que ver con nuestra vida como habitantes de la Tierra? Todo.

El gobierno establece los patrones y las reglas que debemos seguir en la sociedad. Lo hace mediante las leyes que nos dicen lo que está autorizado y lo que está prohibido. Son las normas que, supuestamente, nos permiten vivir juntos en armonía, paz y amor.

¿Y quién se encarga de elaborar las leyes que rigen el funcionamiento del gobierno? El propio gobierno. Ahí reside el problema de la vida política. El gobierno crea y sanciona sus propias leyes. Este ordenamiento legal nunca puede ser justo y honesto, porque los miembros del gobierno son seres humanos como los demás. Bien sabemos que todos cometemos errores todos los días; pero en nuestro caso, las consecuencias de los fallos sólo nos afectan a nosotros y a las personas más próximas. Los de los gobernantes alcanzan a toda una nación.

Hablemos de política. Este tema, o quizás deberíamos decir juego, invade todos los aspectos de la vida. En cualquier trabajo, en cualquier actividad, incluso en el amor, acaba apareciendo la política, inevitablemente acompañada del conflicto. Siempre parece ingeniárselas para infiltrarse en las relaciones humanas y abrir brechas entre unos y otros. La política es, en el fondo, exclusiva. No es la mayoría, sino el más poderoso, el que prevalece. Nunca se ocupa de la especie humana en su totalidad, sino que se preocupa por los intereses de unos pocos, los que tienen posiciones de poder e influencia en la sociedad. La política nunca tuvo la justicia como meta. Se creó como instrumento para distraer y dividir a la opinión pública, de modo tal que una minoría poderosa pudiera gobernar y controlar a la mayoría de los ciudadanos. Si la minoría quiere que se proceda a votar una cuestión determinada y la mayoría se niega a hacerlo, la política entra en acción, provoca un conflicto dentro del grupo mayoritario y finalmente lo divide, lo escinde en grupos más pequeños y lo debilita.

Ni siquiera el sistema bipartidista funciona, porque en él siempre hay mucha gente que no verá satisfechas sus demandas. El partido más votado se dedicará a poner en práctica su programa y se olvidará de las aspiraciones del partido perdedor. No podemos hablar de democracia cuando casi la mitad de la población desea lo contrario de lo que hay. Lo hemos podido comprobar recientemente en las elecciones presidenciales celebradas en Estados Unidos, en las que el gobierno en funciones obtuvo la victoria por un escaso margen de votos. Hay verdadera democracia cuando se satisfacen las necesidades de todos los ciudadanos, o al menos cuando a todos se les garantiza la satisfacción de sus necesidades básicas, de modo que no tengan que limitarse a sobrevivir y puedan llevar una existencia digna. Toda empresa humana que echa a andar de forma incorrecta acaba en conflicto, divorcio o guerra.

La política impregna todos los ámbitos de nuestra vida, pero, por supuesto, tiene su cuartel general en las organizaciones gubernamentales. Es posible que, inicialmente, tal gobierno emprenda su camino con buenas intenciones, pero es inevitable que con el paso del tiempo se aísle y termine convertido en un grupo cerrado, con sus propios intereses, que no son los intereses generales. Este fenómeno se nos hace evidente sólo con seguir la actualidad diaria. Es fascinante y a la vez frustrante pensar que entregamos el control de nuestras vidas a terceras personas, que en realidad no nos representan.

Aunque parezcan distintos, los miembros de los partidos forman todos ellos una misma familia: el grupo gubernamental. Por tanto, da lo mismo que votemos a diferentes miembros de la misma familia para que nos gobiernen. Todos ellos tienen sus propios intereses comunes, que no son los nuestros. Permiten que votemos, en lugar de votarse ellos mismos, porque juegan con nuestro dinero. El gobierno actúa a favor de sí mismo —sin que haya nadie que vigile sus asuntos–, y determina el destino de nuestro dinero, principalmente mediante el control de los salarios. Son los propios miembros del gobierno quienes fijan las normas electorales y elaboran las leyes que afectan a los derechos de todos. La gente común no tiene acceso a ellos. No son transparentes, e incluso cuando conceden una entrevista, instruyen previamente al entrevistador sobre qué puede y no puede preguntar. Para colmo, están completamente protegidos. Controlan las fuerzas armadas, los servicios secretos, las agencias de inteligencia y la policía. Su protección es pagada con los impuestos del pueblo y son personas del pueblo las que trabajan para defender al gobierno del «peligro» que representa el pueblo. Miembros de nuestras familias protegen al gobierno de nosotros mismos. Si hay un conflicto importante, el gobierno enviará a luchar a nuestros hijos. No permitas que tu mano derecha sepa lo que hace la izquierda. Por todo esto, el sistema político jamás actuará a favor del pueblo al que se supone que debe representar. Esta situación es consecuencia de nuestra indolencia, nuestra resistencia a comprometernos y asumir responsabilidades. La vida se ha convertido en algo tan agitado, tan frenético que la gente, siempre ocupada, apenas piensa en lo que hace o deja de hacer el gobierno.

Hacer política en sus niveles más bajos no es difícil; pero tener voz en los más altos exige mucho dinero. Si quieres ser candidato necesitas contar con una verdadera fortuna. Los presidentes no provienen de los barrios pobres de la ciudad, sino de las zonas residenciales que habitan las familias ricas y prominentes. La gente acaudalada envía a sus hijos a las mismas escuelas para que salgan de ellas con los mismos principios y valores de sus padres. Es imposible que una persona criada en un ambiente rico y privilegiado entre en el sistema de gobierno y se dedique a decir la verdad al pueblo. Política y verdad son antagónicas. De lo contrario, la política no se llamaría tal, sino gestión o comunicación.

Cada vez que se celebran elecciones asistimos al penoso espectáculo de los candidatos que rebajan y denigran a sus oponentes. No se molestan en explicarle qué piensan hacer para mejorar la situación, sino que se limitan a denunciar lo que su rival no hará o no ha hecho por los ciudadanos. Si uno de ellos califica al otro de incompetente, en realidad está insultando a los votantes de su rival, a los que cree capaces de optar por una persona inútil. Pasada la campaña, al triunfador deja de preocuparle su programa. No necesita cumplir lo prometido. Ahora está en el gobierno y nadie le moverá de allí durante un tiempo.

En el debate presidencial entre Bush y Kerry ambos candidatos se dedicaron a explicar lo que el otro había hecho mal y lo que seguramente haría mal en el futuro. Ninguno de los dos dijo gran cosa sobre lo que pensaban hacer para mejorar las condiciones de vida de sus representados. Aprovecharon la ocasión para descalificar a su adversario durante noventa minutos. Uno dijo que el otro había hecho una gestión económica desastrosa y el oponente replicó «usted también lo hará si resulta elegido». Se acusaron cuanto pudieron; pero en ningún momento aludieron, por ejemplo, a Oriente Próximo, donde los israelíes y los palestinos se están matando todos los días. Tampoco dijeron qué pensaban hacer para alimentar a los hambrientos de su propio país. Ninguno dijo que la educación puede acabar con las guerras, ni que deberíamos limpiar el aire porque muchas enfermedades son consecuencia directa de la contaminación atmosférica. ¿Éstas son las dos únicas personas disponibles para gobernar Estados Unidos? ¿Quién las eligió? Cuando una cadena de televisión entrevistó a personas muy pobres del medio oeste que han vivido en esa zona durante los últimos treinta años, y les pidió su opinión sobre las elecciones, uno de los entrevistados contestó «cíteme a algún presidente que haya hecho algo por los pobres o por la mayoría que representa». Eso resume a la perfección lo que la gente pobre piensa de la política y de todas sus promesas vacías.

Lo mejor del debate fue el «análisis» hecho por los medios de comunicación, sobre todo de su propio país. Se comentó desde la manera de hablar y de contestar a las preguntas de los candidatos hasta la forma en que vestían, cómo sonreían y cómo caminaban por el plató. Analizaron el debate como si se tratase de un desfile de modelos. Pensé: «Uno de estos dos hombres estará a cargo de los destinos de la mayor potencia del mundo y esta gente habla de ellos como si fuesen participantes en el concurso de Míster Universo». Los medios de comunicación decían quién de los dos era más confiado en sí mismo, más carismático; pero no comentaron quién sería más honesto, compasivo y considerado, quién detendría las guerras y quién se dedicaría a escuchar a las personas a las que representaba. Todas sus palabras y promesas parecían destinadas a ganar votos y no tenían nada que ver con sus verdaderas intenciones. Sólo mostraban su lado más favorable, para impresionarnos, como hace cualquiera cuando quiere llevarse a la cama a alguien a quien acaba de conocer.

Es muy importante ser conscientes de todo esto, no para que aumente nuestra ira, sino para poder elegir de un modo inteligente.

Empleamos la expresión «políticamente correcto» para describir el comportamiento de alguien que dice o hace algo que no es verdad, pero sí es lo que está socialmente bien visto en ese momento. Los gobiernos no pueden decirnos lo que está pasando realmente. Si quisieran que estuviésemos enterados, nos invitarían a tomar las decisiones con ellos. En Gran Bretaña se transmiten por televisión los debates parlamentarios. Gracias a ello podemos ver a un montón de políticos que se dirigen los unos a los otros llamándose «su señoría»; pero con un tono de voz que en realidad quiere decir algo así como «redomado imbécil». Estos debates son una especie de comedia de situación montada para que pensemos que realmente se están ganando el sueldo que les pagamos. Si el gobierno quisiera que supiéramos lo que pasa, discutirían todas las cuestiones en televisión, en un horario en el que todos pudiesen estar en sus casas para verlo, lo que permitiría a los votantes formarse un criterio cabal para elegir. ¿A qué viene tanto secretismo si no hay nada que ocultar? ¿Por qué los documentos «secretos» del gobierno sólo pueden ser desclasificados al cabo de treinta años y no están disponibles hoy para que veamos lo que están haciendo con el dinero y la confianza de la gente? El Congreso de Estados Unidos, que se supone que debe dar su aprobación a las decisiones del gobierno, no tiene medios suficientes para semejante trabajo, y no puede estudiar el 80 por ciento de los documentos que se reciben en sus oficinas. Según declaró un antiguo líder del Congreso, «simplemente, carecemos del personal necesario para leer los miles de documentos que llegan a nuestros escritorios».

El gobierno hace negocios con otros gobiernos. Vende cualquier cosa, desde armas, aviones y misiles hasta petróleo y artilugios nucleares. La gente que forma parte del gobierno posee sus propias compañías, se sienta en los consejos de administración de las grandes corporaciones que firman jugosos contratos con el gobierno. Hay un claro conflicto de intereses. No pueden representar a los votantes y representarse a sí mismos a un tiempo. Desde hace mucho sabemos que no sólo comercian con otros gobiernos, sino con cualquiera que sea un aliado y apoye su causa, incluidas guerrillas, empresas y grupos de presión nacionales o multinacionales. Los gobiernos tienen gran interés en controlar el poder en los países donde tienen invertidos muchos recursos. Un cambio de gobierno puede significar un vuelco en las relaciones comerciales y la pérdida de dinero, dominio y poder. De eso trata la política, de una sencilla ecuación: dinero + poder = control. Es una fórmula que todo el mundo puede entender. Todos, y no sólo los gobiernos, la utilizan a un nivel u otro. Al jefe le pagan más para que controle a los empleados, el capitán controla a los soldados, el sacerdote a los fieles, el entrenador al equipo, y, por supuesto, el gobierno controla al pueblo. En el mundo todo funciona según esta ecuación.

Los gobiernos entregan dinero y armas a lo que llaman «milicias» para que derroquen a quienes están en el poder en otros países y así poder asumir ellos el control. Puedo dar fe de esto. Cuando vivía en Irán, los gobiernos estadounidense y británico ayudaron al Sha a tomar el poder y, como aquel país posee la tercera reserva de petróleo más grande del mundo, el Sha comenzó a hacer negocios inmediatamente con ellos. Estamos hablando de miles de millones de dólares. A finales de la década de 1970, cuando Estados Unidos y Gran Bretaña ya no tenían ningún control sobre el Sha, porque éste se había convertido en un hombre muy poderoso y no satisfacía sus deseos, ayudaron a su derrocamiento. Lamentablemente para ellos, su sucesor, el ayatolá Jomeini, que hasta aquel momento vivía exiliado en Francia, resultó ser un radical incontrolable a quien, al revés de lo que le ocurría al Sha, no le gustaban las costumbres occidentales. De pronto se vieron obligados a suministrar armas y dinero al vecino Irak para que destruyera al nuevo régimen iraní. Así fue como aumentaron el poder de Sadam Hussein. No tardamos en ver cómo la historia se repetía, pues Sadam se transformó en un hombre muy poderoso y no hacía lo que el Gran Hermano deseaba. También fue derrocado. Antes de convertirse en el gran enemigo, Afganistán era un firme aliado de Occidente. Su ejército luchaba contra la Unión Soviética con armamento suministrado por los países occidentales. Cuando acabó la guerra fría, también tocó a su fin la relación especial que el país mantenía con Estados Unidos. Afganistán fue abandonado a su suerte porque ya no tenía utilidad para los norteamericanos. Los afganos se sintieron traicionados, lo que facilitó la llegada de los talibanes al poder. Ahora se habla mucho de Corea del Norte y de la posibilidad de que venda armamento nuclear a otros países. Se le impusieron sanciones económicas que obligaron al país a buscar otros recursos para poder sobrevivir. Su negocio principal es ahora la venta de misiles y otras armas. De esta forma Corea del Norte quita cuota de mercado a países ricos que también venden armamento. Aunque hasta la fecha el único país que ha utilizado la bomba atómica ha sido Estados Unidos, matando en un día la mayor cantidad de personas que registra la historia de la humanidad, es Corea del Norte quien más parece preocupar. No sabemos por qué a algunos países se les permite disponer de armas nucleares y a otros no. No está muy claro quién establece la ley en esta materia. ¿Qué puede hacer un país que carece de armamento nuclear cuando es atacado por otro que sí lo tiene? Eso no parece muy democrático, ¿verdad?

La historia ha demostrado en innumerables ocasiones que, en este juego de dinero y poder, un país jamás ha ayudado a otro sin obtener algún beneficio. En todo el mundo hay dictadores que usan a sus propios pueblos como rehenes. Por ejemplo Cuba, Uganda o Zimbabwe, donde tantos informes hablan de torturas y asesinatos.

Hoy, como ha ocurrido durante siglos, el drama de los refugiados sigue siendo una realidad. Ocurre en muchos países del Tercer Mundo. En este momento existe un grave problema en Sudán, cuyo gobierno está destruyendo a una parte de su propio pueblo con la ayuda de milicias rebeldes. Es un conflicto de origen racial y religioso. Hasta el presente han muerto más de 70.000 personas, mientras que muchas más, cientos de miles, han sido desplazadas a campos de refugiados. Temen, con razón, por sus vidas, y no dejan de preguntarse por qué quieren aniquilarles sus propios hermanos. Cuando vemos en la televisión estas imágenes de dolor y sufrimiento, no podemos entender cómo puede anidar tanto odio en el corazón de los hombres. Entonces nos acordamos del miedo.

Se supone que la ONU nació para velar por los intereses de los países de todo el mundo. Ya ha declarado que impondrá sanciones si estas persecuciones no cesan de inmediato. Pero las sanciones, en última instancia, afectan sobre todo a la población, ya que el país no puede importar los bienes y productos que necesita para la vida diaria. Los políticos nunca sufren apuros materiales. Estas situaciones nunca les afectan personalmente. A ellos sólo les importa cuánto dinero pueden obtener de sus negocios. Las sanciones sólo contribuyen a limitar aún más las posibilidades económicas que tiene un determinado país. No es de extrañar que en las naciones sancionadas proliferen las actividades criminales, los mercados negros, los tráficos ilegales de armas, drogas y muchas cosas más. El programa «petróleo por alimentos» establecido en Irak se encuentra hoy bajo investigación y se sospecha que puede ser uno de los tinglados más corruptos del siglo XX. Nos preguntamos cuánta gente debe morir antes de que sea considerado políticamente correcto dar un paso firme para ayudar a estos pueblos. Cuando en un país del Tercer Mundo que no tiene petróleo o gas son asesinadas, violadas o perseguidas miles de personas, la cuestión nunca es urgente; pero cuando le ocurre algo a una sola persona importante de nuestra sociedad, la noticia aparece de inmediato en todos los medios de comunicación y la gente exige que se tomen medidas cuanto antes.

La situación mundial es hoy muy confusa. En infinidad de lugares hay grupos rebeldes, guerrilleros, terroristas, mercenarios y bandas criminales que combaten a quienes consideran como agresores. Estos grupos tienen vínculos con los gobiernos, puesto que sus intereses son los mismos. Todos reciben fondos de algún país interesado en derrocar a sus enemigos. Un gobierno apoyará y utilizará, si es que no lo ha creado, a un grupo de éstos en su propio beneficio; pero quizás el gobierno siguiente no desee continuar apoyando sus actividades. Esto deja al grupo sin patrocinador y sin una causa por la que luchar y, pese a ello, normalmente continúan con sus actividades hasta que aparece otro gobierno que necesita sus servicios. El nuevo patrocinador hace lo mismo, creando grupos a los que puede utilizar de manera «extraoficial» para que se encarguen del trabajo sucio. En el mundo hay miles de grupos armados que unas veces trabajan juntos por una causa similar, y otras luchan encarnizadamente entre sí. Depende de quién les apoye y les suministre fondos. No obstante, conviene no olvidar que el gobierno es, de forma directa o indirecta, la causa de que existan estos grupos. No son los habitantes de un país los que tienen problemas con los de otro. Son los gobiernos. Habría recursos de sobra para todos si cambiásemos los programas políticos y empezáramos a saber cómo pueden convivir armoniosamente todas las razas y culturas y cómo es posible mantener el equilibrio del planeta.

No dice mucho en nuestro favor el hecho de que pongamos nuestros asuntos en manos de esta clase de gente. Desde el punto de vista del karma, es evidente que nosotros hemos aportado nuestro grano de arena, tanto a nivel individual como colectivo, a esta situación lamentable. Somos responsables de todas las acciones que nos afectan a nosotros y a la gente que nos rodea. Al final, todos los pensamientos y acciones tienen consecuencias.

La siembra del miedo es la manera más eficaz de distraer a las masas. Se trata de que nos encontremos tan confusos y asustados que no sepamos distinguir la verdad de la mentira. Cuando no nos sentimos seguros, cometemos errores y hacemos elecciones impulsados por el miedo en lugar del amor. Cualquier decisión basada en el miedo provocará más miedo. «Sólo el amor puede conquistar el odio», cantaba Marvin Gaye al mundo en los años sesenta, y es verdad. No existen atajos para alcanzar la paz y la armonía. Los caminos que conducen a ellas comienzan y acaban en el amor. Gandhi consiguió la libertad para la India, independizándola del dominio extranjero, sin levantar jamás un dedo contra sus opresores. Mostró la misma compasión y el mismo amor por los británicos que por su propio pueblo, porque comprendió que los cambios positivos sólo son posibles a través del amor. Gandhi creía, asimismo, que no era bueno mostrar un comportamiento agresivo o exhibir poderío militar, porque entonces el miedo y el odio también se apoderarían de su pueblo. En cambio, obtuvo la libertad para la India sin violencia, practicando el amor y la paz. En este hombre vemos a un gran líder que emplea su mente en algo útil para toda la humanidad y muestra lo que se puede conseguir cuando se permite que gobierne el corazón. Gandhi no era un hombre rico, pero siempre tenía comida en el plato. Tampoco ganó mucho dinero, pero contó con el amor de una nación que le hizo espiritualmente rico. Cualquier líder que abogue por la fuerza como medio para imponer cambios llevará a su pueblo a tiempos cada vez más violentos, tanto dentro del propio país como en el plano internacional. La violencia, incluso cuando se emplea para defenderse de una agresión, provoca más violencia en el futuro. Si ejercemos la represalia, si creemos que tenemos derecho a atacar porque nos han atacado primero, acabaremos sufriendo las represalias de otros. Sólo con la paz como ejemplo para los demás podemos mostrarle al mundo una forma de vivir diferente.

El nacionalismo y el patriotismo son otros recursos de la política para controlarnos. Se trata de dos vías muy eficientes para llevar a la gente en la dirección deseada sin permitir que se pregunte hacia dónde se encamina en realidad. Al repasar los discursos del presidente de Estados Unidos observamos que siempre dice la frase «en ésta, la mayor nación de la tierra». Esta declaración, obviamente, puede resultar molesta para el resto del mundo, ya que coloca a las otras naciones en un plano de inferioridad. En el pensamiento zen, el primero y más poderoso siempre se coloca el último, y nunca muestra su verdadero poder. En términos espirituales, el último es el más grande y el líder de todos, porque ser el primero no es necesario. En el camino espiritual no existe ninguna diferencia entre el primero y el último. Occidente siempre celebra al mejor, al más fuerte, al primero. Y eso no está en consonancia con las enseñanzas de la Biblia. Cristo dijo: «No confiéis en este mundo porque en el reino de los cielos los últimos serán los primeros, y los primeros serán los últimos», que es lo contrario de lo que sucede aquí en la Tierra...

Cuando se produjo el atentado del 11 de septiembre yo caminaba por las calles de Nueva York observando los rostros de la gente. En ellos eran visibles el miedo y la incredulidad. Estaban totalmente conmocionados porque siempre habían visto estas escenas en las películas. No se les había pasado por la imaginación que ellos podrían ser un día los protagonistas de algo semejante. Las emociones estaban a flor de piel. Había gente sentada, llorando, en las aceras. Otros permanecían tendidos en el suelo y se negaban a levantarse o moverse. Cuando finalmente las torres se desmoronaron, yo me encontraba en el centro de Manhattan. Vi a miles de personas que venían corriendo, con los rostros desencajados, alejándose del lugar de la catástrofe. Por primera vez en quince años de visitas a Nueva York, vi que la gente se unía para ayudarse mutuamente. Donaban sangre por millares, los desconocidos se abrazaban, comían y bebían juntos, compartiendo todo lo que tenían, como si hubiese llegado el fin del mundo. El deseo de dar era emocionante, porque reflejaba que se habían derrumbado todas las barreras mentales que la gente había colocado para protegerse de los demás. Por una vez, las personas se veían como lo que realmente son, seres humanos. Se miraban como tales, no como hombres o mujeres, blancos o negros, ricos o pobres, famosos o anónimos. Durante este breve período, lo supieran o no, todos actuaban como deberían hacerlo todos los días de sus vidas: cuidando de los demás y compartiendo sus vidas con amistad y generosidad. Uno no ve todos los días a desconocidos que se abrazan en las calles de Nueva York. Fue hermoso. Aquel día entré a una tienda de alimentos naturales. Como no funcionaban las líneas telefónicas, las tarjetas de crédito no estaban operativas. Una persona desconocida que estaba detrás de mí me ofreció veinte dólares para que pudiese pagar lo que había comprado. Para que un neoyorquino quiera pagar esa suma de dinero por las compras de un desconocido tiene que ocurrir algo realmente extraordinario.

En los días siguientes fantaseé con la idea de que la vida siempre fuera así: la gente ayudándose, abrazándose, riendo, llorando y compartiéndolo todo en todo momento. No habría gente sin hogar. Las personas no se juzgarían unas a otras. No habría necesidad de mantener las estructuras de clase que nos mantienen separados unos de otros. No habría miedo de mostrar las emociones o las debilidades, y en los momentos de necesidad siempre encontraríamos a alguien dispuesto a tendernos la mano para apoyarnos. La forma normal de vida sería exactamente la opuesta a la que llevamos hoy. Las conversaciones no girarían en torno a superficiales habladurías. Hablaríamos de compartir, de entregar, de comprender que todos somos iguales. Me marché de Nueva York y regresé un mes más tarde. La ciudad casi había conseguido volver a su ritmo «normal». La gente se movía deprisa por las calles, empujándose y gritando como siempre. Se necesita una tragedia para unirnos, y sólo un poquito de normalidad para volver a las andadas. Nos unimos por miedo. La compasión que sentimos durante un breve período catastrófico no resiste las muy consolidadas prácticas de miedo de la vida diaria. En medio de la tragedia, la compasión nace de nuestra necesidad de ayuda y consuelo de los demás. Cuando recibimos ese consuelo, la otra persona también se beneficia de esa acción. Esto es completamente diferente de la unión motivada por el amor, en la que compartimos no por necesidad, sino por pura entrega, sin deseo de recibir nada a cambio. Nunca volví a encontrarme con nadie que quisiera pagar mis compras. Aquella tragedia tal vez nos dio una oportunidad de cambiar la forma de vivir y dejó entrever que si seguimos así, sin pensar en los demás y sin calibrar nuestras intenciones, se sucederán dramas incluso mayores. Al menos, hasta que empecemos a tomar conciencia de por qué se producen. Todo sucede por alguna razón.

El gobierno quiso tranquilizar a la población, pero acabó volviéndola más paranoica, aterrorizándola ante la posibilidad de futuros ataques. Las autoridades aconsejaron a la gente que sospechara de todo el mundo. Hubo personas que llamaron a la policía para informar de cosas tales como «hay alguien en mi calle que lleva una mochila» o «hay gente de color rondando por mi vecindario». Muchos se comportaron de modo enloquecido, situación que ha cambiado poco cuatro años más tarde. En este tiempo, el gobierno aprobó leyes de seguridad interior sin preguntar al pueblo si las quería o no. Se limitó a decir a los ciudadanos que era por su propia seguridad y que no debían hacer preguntas. Las autoridades norteamericanas vienen a decir que te investigarán cuando quieran; que te seguirán, escucharán tus conversaciones privadas, revisarán tus correos electrónicos y te meterán en prisión hasta que encuentren alguna cosa que demuestre que eres inocente, cuando les venga en gana. La Constitución dice exactamente lo contrario de lo que establece la Ley Patriótica. La Ley de Seguridad Interior establece indicadores del grado de vulnerabilidad ante posibles ataques. Pero es el gobierno quien decide en qué punto de alerta hemos de estar. Los gobernantes no explican por qué el indicador pasa de amarillo a rojo o anaranjado, arriba y abajo todo el tiempo. Tampoco cuentan por qué nunca llega al verde, señal de mínimo riesgo. En el exterior de los grandes rascacielos han colocado barreras para frenar a cualquiera que pretenda atentar con un coche bomba. Todo nos invita a tener miedo, y mientras la gente tenga miedo se plegará a cualquier cosa que el gobierno disponga.

Y llegó Irak. En todo el mundo decenas de miles de personas se lanzaron a las calles para manifestarse contra la guerra y la destrucción, pero los gobiernos hicieron oídos sordos a los deseos de la población. En Londres, Madrid, Barcelona, Roma, Nueva York, Los Ángeles, Tokio y muchos otros lugares, la gente salió a la calle bajo una única consigna: no a la guerra. Era maravilloso ver a toda esa gente unida para decir que la guerra no solucionaría nada ni mejoraría las cosas. Fue un momento muy importante en el que dimos un paso adelante y crecimos juntos, colectiva y espiritualmente.

En teoría, los gobiernos deben trabajar para nosotros. Han de ser como nuestros agentes, hacer lo que les decimos, hablar en nuestro nombre porque no podemos hablar todos al mismo tiempo. Nosotros no trabajamos para ellos. Somos los que les pagamos. Tendrían que hacer lo que desea la gente que les llevó al poder. Sin embargo, en lugar de cumplir la «voluntad del pueblo», han causado más confusión, al señalar que no somos capaces de tomar decisiones colectivamente. Cuanta más incertidumbre y división provoquen a través de sus diferentes instrumentos de poder, menos probabilidades habrá de que la gente pueda reclamar junta, sin fisuras.

Cayeron las bombas. Empezó la guerra. En los primeros días murió más gente que durante toda la contienda del Golfo. No hablamos solamente de soldados. Hombres, mujeres y niños perdieron la vida sin razón alguna que justificara el sacrificio. Era horrible ver cómo eran aniquilados día tras días innumerables seres humanos, sin que se vislumbrase el fin de la matanza. Han pasado dos años y la sangre sigue corriendo. Nadie es capaz de explicar por qué.

Este karma lo pagaremos todos nosotros de un modo u otro en el futuro. Cuando se le preguntó por la guerra en Irak, el presidente de Estados Unidos contestó que terminaría en cinco meses. En Irak la respuesta fue que se prolongaría durante cinco siglos. Este pueblo, invadido y agredido, no olvidará fácilmente a toda la gente masacrada en aquellos días, ni a la que sigue muriendo hoy. Correrán historias, de boca en boca, para que las generaciones futuras recuerden, para que estén advertidas. Esto significa que norteamericanos y británicos estarán en peligro de padecer venganzas durante decenios, quizás siglos. Sólo un miembro del Congreso permitió que su hijo ingresara en el ejército. El resto de ellos envía a nuestros hijos a luchar en sus guerras.

La lucha por la paz ha de ser pacífica. Quizás el verbo *luchar* no sea el más adecuado para expresar lo que queremos decir. La paz se deriva de la compasión y también del perdón, no de la venganza o el conflicto.

Para conseguir que el mundo sea un lugar más seguro es necesario que todos trabajemos elevándonos al nivel de la conciencia colectiva. Así taparemos las brechas que separan a todas las personas. Esto será imposible si los gobiernos continúan derrochando recursos en el incremento de los controles fronterizos. Así sólo se consigue aumentar la separación entre la gente, y se estorba poco a los terroristas, haciendo que encuentren formas más sofisticadas de adentrarse y provocar el caos. Saben de sobra que las masas están consumidas por el miedo. Sólo con medidas de seguridad no podremos neutralizar a todas las personas que quieren hacernos daño. La verdadera paz se alcanza cuando la gente se reúne y comparte lo que tiene, cuando apartamos la codicia, dejamos de acumular y pensamos también en los intereses de los otros. Las exclusiones siembran odio y violencia. La idea gubernamental de gastar dinero para asegurar cada rincón del planeta no podrá funcionar nunca, porque es un pensamiento arraigado en el miedo a los demás y no en el amor. Ciertamente, no es posible conseguir ni en una semana ni en veinte años que todo el mundo esté a salvo de un posible ataque. Pasado el tiempo, cuando hayamos bajado la guardia y pensemos que la situación es segura, quizás alguien intentará todavía vengar las acciones del pasado. Nos atacarán porque nuestros padres decidieron que el país fuera a la guerra. Podemos pensar que no estamos allí, que nos encontramos muy lejos y nada de lo que ocurre en aquella tierra puede afectarnos. A lo mejor es verdad, pero tal vez sí afecte a alguno de nuestros seres queridos dentro de algunos años. Y ese ataque acaso sea la consecuencia de nuestras estúpidas acciones hacia personas de otra raza. En cualquier caso, podemos preguntarnos qué clase de existencia llevamos encerrados en nuestras fronteras blindadas y nuestros edificios fortificados, «encarcelados», temiendo salir por si alguien quiere hacernos daño. Es mejor hacer la paz y no la guerra.

Una diferencia notable entre los estadounidenses y el resto del mundo es que la mayoría de los primeros nunca ha abandonado su país para conocer la vida en otras partes, mezclándose con otras culturas y hablando otros idiomas. En el resto del mundo, las naciones viven, por decirlo así, puerta con puerta. La gente comparte fronteras, lo que ayuda a que las diferentes culturas se entiendan mejor. Se diría que los estadounidenses viven en una «isla», sin entender por qué el resto del mundo ve a su país como un adusto gendarme, por no decir un matón. En este momento, Estados Unidos es la potencia mundial que ejerce mayor control sobre los asuntos económicos que afectan a todo el planeta. Los estadounidenses insisten en que su país ayuda a los demás países del mundo. Entonces, ¿por qué el mundo les odia o quiere hacerles daño? Lo que el estadounidense medio ignora, por falta de conocimientos y por una deficiente educación, es que su país ha tenido y tiene puestas sus manos en cada rincón del mundo de los negocios, en riquezas que son de otra gente. El gobierno de una nación poderosa como Estados Unidos disfruta controlando a quienes gobiernan en otros países. No hace mucho intentó reemplazar al presidente de Venezuela, país rico en petróleo. No lo logró, pero el simple hecho de que puede intentarlo le coloca en una situación de privilegio. Naturalmente, este tipo de situaciones causa conflictos entre los países, ya que los gobiernos de todas las naciones quieren regir a sus propios pueblos y aprovechar sus propios recursos sin tener que entregárselos a una potencia ajena.

El otro factor de separación e incomunicación entre la gran superpotencia y el resto del mundo es el intento constante de sus líderes de exportar los «valores e ideales» norteamericanos a todas partes, como si ellos hubiesen descubierto la mejor manera de vivir y estuvieran en posesión de la verdad universal. El régimen estadounidense actual es muy religioso. Profesa profundas creencias cristianas baptistas, arraigadas en los estados del sur del país, donde es común la creencia de que la guerra es la mejor respuesta a los conflictos. Cualquier sociedad convencida de que su forma de hacer las cosas es la mejor o la única, se encuentra en el camino del conflicto con las demás. Si queremos seguir un determinado estilo de vida, podemos hacerlo, pero también deberíamos pensar en maneras de mejorar nuestras formas de comportamiento. Exportar nuestras ideas y hábitos está bien sólo cuando los demás quieren aceptarlos. No todo el mundo aspira a ser el más grande, el más rico o el más fuerte. Las ideologías y los patrones de comportamiento son muy diferentes en Estados Unidos y en el resto del mundo. Se insiste mucho en ser educado y amable, especialmente en las tiendas y los restaurantes, pero nunca en ser sincero. Por eso los ciudadanos se comportan como robots que repiten «que pase un buen día», aunque les traiga sin cuidado que el destinatario de la frase goce o no de una jornada buena o mala. En Europa, si preguntas a alguien cómo está, la mayoría de las veces te explicará de verdad cómo se siente. No es malo sincerarse y poder decir de vez en cuando que uno no está bien. En Estados Unidos, la gente siempre está poniendo buena cara. Nunca sabes cómo se sienten realmente, porque todo está «bien» siempre. La primera vez que viajé a Estados Unidos un empleado me preguntó en una tienda: «¿Cómo se encuentra hoy?». Yo ignoraba que sólo podías contestar «bien», y tampoco sabía que tienen órdenes de preguntarlo. Cuando respondí, noté que realmente le importaba un pimiento lo que le contaba. Sólo estaba haciendo su trabajo como se lo habían indicado. Y, como muchos europeos, también descubrí que es el cliente quien, además de pagar por la comida o el servicio, también tiene que pagar los sueldos del camarero o el dependiente de la tienda. Si no lo haces, te encontrarás con una persona agresiva que, en lugar de decirte «que tenga un buen día», te perseguirá por la calle para que le pagues su 20 por ciento de propina.

Sonreír no significa que nos sintamos bien por dentro. En Estados Unidos es costumbre que todo el mundo sonría aunque se encuentre mal. Contra lo que algunos piensan, esto no significa ser positivo, porque el positivismo se origina en un auténtico sentimiento interno de satisfacción y no en un acto externo y superficial como es poner buena cara. No hay más que ver esos anuncios protagonizados siempre por gente feliz, en los que nunca encontramos a personas tristes, preocupadas o mínimamente vulnerables. No es preciso pasarse la vida sonriendo para demostrar que somos felices. Puede que estemos contentos aunque no sonriamos. No comprender algo tan simple ha hecho que los estadounidenses no entiendan que el resto del mundo posee su propia cultura, y quiere compartir lo que tiene; pero no a costa de convertirse en norteamericano. Los antepasados de los estadounidenses fueron colonos europeos que implantaron en América el estilo de vida de Europa, adaptándolo a las condiciones del nuevo continente. Algunos de nuestros rasgos culturales son, por ello, similares; pero los modos de vida han acabado siendo muy distintos. Eso es bueno. La diferencia nos enriquece si sabemos comunicarnos y convivir en armonía.

En gran parte del sur y el medio oeste de Estados Unidos hay una fuerte separación racial y cultural, cosa que ya no ocurre en Europa. A medida que los europeos aprenden más sobre sus vecinos, sus costumbres y tradiciones, también aprenden los diferentes idiomas y ello facilita enormemente la comunicación. Dejando a un lado la comunidad latinoamericana, en Estados Unidos muy poca gente habla otro idioma distinto del inglés, lo que hace que la mayoría se sienta muy insegura a la hora de visitar otros países.

Hay otras muchas causas de que los gobiernos no representen a quienes los eligen. Por ejemplo, la presión de los *lobbies*, o la regulación de precios para el control de las exportaciones, lo que llamamos comercio injusto. Los países ricos otorgan subsidios a muchos de los sectores productivos, como la agricultura. Se les da un dinero extra para que no produzcan más de lo que pueden exportar. Estos subsidios crean un mercado injusto, en el que no pueden competir los países más pobres. Éstos carecen de gobiernos poderosos que les paguen por los productos que no se consumirán.

En cuanto a los *lobbies*, son organizaciones de potentes sectores que donan dinero al gobierno con la intención última de que el Congreso aprueba leyes que les favorecen. Dos de los *lobbies* más poderosos de Estados Unidos son el judío y la ANR (Asociación Nacional del Rifle). Hay muchos más, muy influyentes, pero estos dos son especialmente poderosos y controlan por completo al gobierno de turno porque en él siempre hay miembros de ambas organizaciones. El *lobby* judío se cuida de los asuntos de Israel, asegurándose de que Estados Unidos siempre apoye al gobierno de ese país, incluso cuando está equivocado. Sea justo o no, sólo les preocupa lo que creen que es mejor para ellos y el pueblo judío. El conflicto entre israelíes y palestinos se reduce a la disputa de un territorio, una cuestión de dinero y control, en la que ambas partes desean que el enemigo sufra la pérdida de vidas humanas. Cada uno dice que la culpa es del otro y, aunque es verdad que uno de los contendientes es mucho más poderoso en términos militares y económicos, la culpa siempre es de ambos bandos. Resulta curioso verlos acusarse mutuamente de la situación al tiempo que unos y otros tratan de convencer al mundo de que ellos son los chicos buenos. Pero los chicos buenos no existen en ningún conflicto. Existen las culpas, aunque nadie quiera asumir sus responsabilidades.

El objetivo básico de la Asociación Nacional del Rifle es asegurarse de que toda persona que quiera comprarse un arma pueda hacerlo. Eso, obviamente, representa un negocio de miles de millones de dólares. Su portavoz, el actor Charlton Heston, afirma que es un derecho constitucional que la gente se proteja a sí misma con un arma. La compra de un arma implica que existe miedo. Su utilización, que siempre será para causar daño a otra persona, tendrá sus consecuencias kármicas, por mucho que la ley diga que está bien que uno se proteja. Al poseer un arma sólo conseguiremos atraer la violencia, en lugar de librarnos de ella. En nuestros pensamientos, conscientes o subconscientes, estamos reconociendo, arma en mano, que el miedo nos controla y que no confiamos en que nosotros ni nuestro prójimo vayamos a comportarnos correctamente.

Estamos prohibiendo que se fume en un montón de lugares públicos, con la intención de salvar vidas, pero no hay ningún problema en permitir que cualquiera lleve un arma a cualquier parte por si hay que «freír» a alguien. Creo que prefiero el humo del tabaco al de los cañones de los rifles. No tenemos derecho a elegir si queremos usar un cinturón de seguridad o un casco de bicicleta, algo que solamente afecta a nuestra propia seguridad, pero podemos tener un arma en casa y dispararle a cualquiera que consideremos una amenaza. Hablamos de todos estos aspectos de la sociedad y de los estilos de vida que hemos elegido para mostrar las barreras que tenemos que derribar si queremos ser espirituales. A veces olvidamos los defectos que tenemos que superar porque nos decimos a nosotros mismos que la vida, al fin y al cabo, no es tan mala, o incluso que está mejorando. Debemos ver a los demás, aunque estén equivocados, como nos vemos a nosotros mismos, sin por ello compartir las decisiones que ellos toman. Cuando observamos a gobernantes como Bush o Aznar, debemos considerarles parte de nosotros mismos y no personas irrecuperables, muy diferentes de nosotros. Es verdad que hacen cosas incorrectas y deshonestas a escala internacional; pero verles como si fuesen entes extraños, ajenos a nosotros, sólo sirve para eludir nuestra parte de responsabilidad o incluso la culpa que puede correspondernos por no ser capaces de hacer que todo vaya mejor. Cuando somos capaces de ver lo que nos asemeja en lugar de lo que nos diferencia, podemos cambiarnos a nosotros mismos y transformar el mundo que nos rodea. ¿Cómo? Dando ejemplo a familiares, amigos y compañeros de trabajo. En lugar de señalar con el dedo a los «chicos malos», deberíamos impulsar el cambio positivo en todo el mundo. No todo es culpa del gobierno. Nosotros lo elegimos y le damos demasiado poder para que actúe a sus anchas.

Tenemos que empezar a cambiar nuestro pensamiento y a ver a los demás como a nosotros mismos, a tratarles como iguales y a entender que entre ellos y nosotros no hay ninguna diferencia. Nos hemos separado, hemos colocado vallas delante de nuestras casas, nuestras granjas, nuestras iglesias, nuestras fronteras. Hemos depositado nuestra confianza, no en el prójimo, sino en el aislamiento, en las alarmas, los muros, la policía, el FBI, Scotland Yard, bancos, cajas de seguridad, ejércitos, bombas, prisiones. La seguridad es un estado mental, no una forma de vivir. No importa lo que podamos hacer, nunca estaremos completamente a salvo de todos los peligros, se trate de un atentado terrorista o de un accidente de circulación. No encontraremos auténtica seguridad en el exterior de nosotros mismos. Armas y muros tienen relación con un falso sentido de la seguridad, promovido por nuestros miedos. Tratamos de encontrar una manera de protegernos sin dedicar ningún esfuerzo a entender de verdad de dónde proviene el peligro. La auténtica seguridad se origina en el espíritu que guía cada paso que damos en la vida. La espiritualidad comienza cuando uno se reúne con los demás para derribar los muros, para liberar así el espíritu y ser capaces de sentir amor por toda la humanidad. El amor no es verdadero si sólo lo sentimos por las personas que creemos que lo merecen, porque el amor no discrimina. El amor crece a partir de todo lo que compartimos con los demás, todos los demás. El amor no es exclusivo, se cultiva para compartirlo con todos. Esa actitud alimenta el alma, el núcleo de cada ser humano.

Incluso en el mundo de la caridad hay política. Caridad es la virtud de entregar sin esperar a cambio nada que no sea la satisfacción de ver que algo bueno le ha sucedido a otra persona. Ésta es la recompensa de la auténtica caridad. Pero en la actualidad, casi todas las organizaciones dedicadas a la caridad son auténticos negocios, con personas en sus puestos más altos que amasan millones. A menudo, los que participan en empresas caritativas lo hacen para conseguir publicidad. Los informes sobre los salarios que ganan los ejecutivos de estas organizaciones revelan que, sumados, equivalen al capital de 500 empresas, y que sólo entre el 30 y el 50 por ciento de los fondos recaudados se destinan a causas benéficas. Incluso esta simple y noble actividad, que debería servir de ayuda a la gente que tiene necesidades, se ha convertido en un objetivo egoísta del cual se pueden sacar grandes beneficios personales. Lo sé bien porque en el pasado he asistido a muchas funciones de beneficencia sin saber quién las organizaba ni para qué se estaban recaudando fondos. Acudía porque mi agente me decía que lo hiciera. Yo asistía a esos actos simplemente para salir una noche o para que me viesen, es decir, para hacer relaciones públicas. No actuaba con la generosidad que debe guiar a un corazón abierto.

> *Para mí, la espiritualidad es mi relación con Dios y la forma en que mis pensamientos y acciones me afectan a mí y a las personas que me rodean.*
>
> JETT KAIN, treinta y tantos, empresario, cristiano, residente en California.
>
> *Rezar con los ojos abiertos.*
>
> GERRARD TAHU, cuarenta y tantos, no profesa ninguna religión, Nueva Zelanda.

RELIGIÓN

Así como la política divide a la gente desde tiempo inmemorial, la religión probablemente lo ha hecho mucho más, y durante mucho más tiempo del que pueda imaginarse. En la actualidad existen muchas religiones, algunas de las cuales padecen divisiones en su propio seno. En todos los lugares del mundo, las tensiones más graves han sido originadas por la religión. Mucho más incluso que por los intereses económicos. Diferentes creencias trabajan, hacen «negocios» juntas, hasta el momento en que ya no se necesitan mutuamente. Las suyas eran, por tanto, relaciones interesadas. Hasta los enemigos comercian, pues el dinero es el terreno común que encuentran todas las personas, todas las organizaciones.

El panorama religioso del mundo es hoy muy complejo, porque la humanidad disfruta de más capacidad para elegir sus creencias. Ya no es obligatorio creer lo que nuestros padres nos enseñaron. Parte de la gente piensa que la religión está anticuada y no encaja con los modernos estilos de vida, por ser demasiado restrictiva y controladora. Otros creen que es fundamental para sostener las estructuras de la sociedad, porque religión es sinónimo de «vida». Podemos decir, pues, que en este comienzo de milenio la religión se encuentra en una encrucijada. ¿Qué camino hay que seguir? ¿Cuál será la vía que proporcione más equilibrio al individuo? ¿Es necesaria la religión en nuestra vida actual?

Por religión entendemos las creencias de un grupo de personas unidas en los mismos ideales, mitos o estilos de vida. La mayoría de las religiones presentan muchas divisiones dentro de ellas mismas. Entre los cristianos hay católicos, protestantes, metodistas, anglicanos, presbiterianos, y muchos más. En el mundo musulmán existe la gran fractura entre chiítas y sunitas, pero no es, ni mucho menos, la única. Estos fenómenos recuerdan a los países que se fraccionan y dan origen a varias naciones que quieren gobernarse a sí mismas, pero conservando algunas esencias comunes.

En medio de tanta confusión, a la humanidad le resulta difícil elegir sus creencias. Lo más frecuente es que las personas opten por una Iglesia, pero con escaso grado de compromiso dentro de ella. Otros muchos se limitan a decir que son libres, que creen en la Naturaleza o en Dios, sin más, sin ninguna obligación y ningún compromiso. Incluso renuncian a aprender nada nuevo.

La mayor parte de la juventud no considera que la religión sea esencial. Más bien, piensa en ella como algo poco acorde con los tiempos que corren. Por lo general, los jóvenes no creen que la experiencia religiosa vivida en la infancia, en la escuela, fuera positiva. Los niños de países como España, Grecia o Italia han sufrido experiencias desagradables durante su educación en colegios religiosos. No tienen buenos recuerdos de los castigos con que se les amenazaba. Tenían que aprender quién es Dios, pero ese mismo Dios era una permanente amenaza de castigo. El sentimiento de culpa, el temor a lo que pensara Dios de su comportamiento, marcaba todo el período de educación religiosa.

Mi padre es musulmán no practicante y mi madre es cristiana. Cuando era pequeño, me dijeron que ya elegiría yo mismo una fe cuando fuese mayor, si realmente necesitaba tener alguna. Gracias a esa actitud, no tengo especiales conflictos religiosos y puedo reflexionar sobre las múltiples iglesias sin la sensación permanente de que me están limitando o que intentan controlar mi vida. Veo que los niños que se han criado en un ambiente religioso tienden a crearse una armadura mental para protegerse de los ataques de la religión. No olvidan las heridas del pasado. Aunque no es verdad que todas las iglesias o todas las escuelas religiosas ejerzan una mala influencia sobre las personas; lo es cierto que no tienen buena imagen, y que ésta no mejora por sucesos tales como las recientes y abundantes denuncias de abusos cometidos con menores por miembros de la Iglesia católica norteamericana.

No todo el mundo puede ser sacerdote o miembro de una orden religiosa. La fe cristiana viene a decir en sus textos bíblicos que es mejor ser soltero, célibe; pero que la unión matrimonial también es importante (Corintios 1-7). En el celibato, establece, hay más ventajas, porque no existen las distracciones de la vida conyugal, que ocupan el tiempo que podría dedicarse a Dios. La Biblia dice asimismo que Dios ha bendecido el matrimonio para aquellos que lo prefieren, porque los seres humanos tienen libertad de elección. También asegura que no todo el mundo es apto para el sacrificio de la vida célibe y que es mejor estar casado que correr el riesgo de las tentaciones fuera del matrimonio. En esta cuestión residen muchos de los problemas de la Iglesia. Sacerdotes sin auténtica vocación quieren tener relaciones sexuales. Se sienten confundidos porque nunca han tenido relación con el otro sexo. No saben tratar a las mujeres. Atormentados por el instinto, pueden acabar buscando una presa más pequeña y más débil, alguien que no ofrezca ninguna resistencia.

Esto ha ocurrido durante miles de años; pero la Iglesia, con su enorme poder, casi siempre logró echar tierra sobre el asunto. Lo que la mayoría de nosotros olvidamos es que los eclesiásticos también son seres humanos. Tienen, como cualquiera, sus virtudes y sus defectos. De alguna manera pensamos que la gente de Iglesia está en contacto directo con Dios. Y no es así. No son más que seres humanos, muchos de ellos, es verdad, agraciados con diferentes dones para poder ayudar a los demás. Sacerdotes, obispos, arzobispos, son simples personas elegidas por otras personas para representar a la Iglesia. No son mejores ni peores que los demás. Lo dice la propia Biblia cuando afirma que «Dios no tiene favoritos».

La Biblia está considerada como un libro espiritual incluso entre los no cristianos. Sobre todo las enseñanzas de Cristo están ampliamente aceptadas como palabras fundamentales y maravillosas, de gran utilidad para todos los humanos. Sus textos han sido interpretados de muchas maneras diferentes. Es difícil seguir la Biblia como si fuese la única palabra de Dios. La mayoría la ve como un montón de buenas palabras. Son muchos los convencidos de que sólo deben tomar de las escrituras aquello que consideran útil y olvidarse del resto. Es cierto que las interpretaciones son muy variadas, pero tal diversidad se debe más a las intenciones de quien hace cada lectura que a las propias palabras contenidas en la Biblia. Si nuestra intención es limpia, si queremos seguir las enseñanzas espirituales, eliminando las limitaciones humanas, y preguntarle a Dios en nuestras plegarias qué está bien y qué está mal, Dios, que conoce nuestro corazón, nos colocará en el camino correcto. Si, por el contrario, la intención es adaptar las palabras de la Biblia a nuestros intereses y nuestro estilo de vida, se producirán conflictos. Según a quién escuchemos o decidamos unirnos, según a qué iglesia o qué secta nos apuntemos, adoptaremos una u otra interpretación de la Biblia, porque ésta ha sido manipulada de mil maneras, mil veces adaptada a las aspiraciones de grupos y personas. ¿Por qué existen, por ejemplo, los Testigos de Jehová o el Opus Dei, que siguen las enseñanzas de la Biblia, pero las interpretan de formas tan diferentes para que coincidan con los propósitos de su organización?

La Iglesia católica también tiene mucho que explicar. Por ejemplo, algo debería contar después del descubrimiento de los manuscritos del Mar Muerto, en los que se dice que Jesucristo y María Magdalena eran pareja. También debería dar explicaciones sobre cómo el emperador Constantino unió a paganos y cristianos bajo una sola religión para eliminar astutamente determinados riesgos políticos. El papel de la mujer en la Biblia es otro asunto controvertido; porque Jesús hablaba del mismo modo para todos, sin distinción de sexo; pero los textos escritos por los discípulos no hacen lo mismo. Si divulgaban las enseñanzas de Jesús, ¿por qué no escribían sobre la mujer las mismas cosas que el maestro? Hay gran desequilibrio en las enseñanzas occidentales, en los libros que describen a la mujer como un ser más débil que el hombre y dominado por él. Lo lógico sería que Cristo, hijo de Dios, mostrase la forma de existencia ideal, la que no deja al margen a la mitad del género humano. Muy llamativo es el reparto de poder en el Vaticano, donde a las mujeres no se les permite ejercer un poder ni remotamente parecido al de los hombres. Si no existe igualdad de hombre y mujer, no hay equilibrio en ningún otro aspecto de la vida.

¿Acaso podemos vivir solamente con el Sol o con la Luna? Todo tiene su sitio en este mundo y nada puede funcionar de un modo equilibrado si no están compensados los binomios hombre / mujer, dar / recibir, amar / ser amado, etc.

Otro aspecto polémico de la Biblia es el gran peso que en ella tiene la coacción, el miedo. Si no seguimos sus enseñanzas, iremos a parar a un lugar horrible llamado Infierno. Este asunto divide a los cristianos y a la propia Iglesia. Jesús sólo habla de amor entre los seres humanos. No amenaza a nadie con el «Juicio Final» que encontramos en las enseñanzas posteriores de sus discípulos. Sabemos que el amor de Dios no es una recompensa y que no se obtiene a través de las buenas acciones, sino mediante la gracia y la aceptación de Cristo y de su mensaje. Dios ama a todos por igual, aun cuando no le amen, porque ésa es la naturaleza del verdadero amor, sin expectativas ni condicionamientos. En Juan 4, 18 se dice que el amor expulsa el miedo y que gracias al amor que Dios nos profesa desde la creación, albergamos amor en nosotros mismos, amor para compartir con los demás. Jesús, en sus enseñanzas, se dirigía a todos. También a los pecadores, como la mujer a la que los líderes religiosos querían lapidar. Cristo les dijo que aquel que estuviese libre de pecado arrojase la primera piedra. Jesús utilizaba el amor para transmitir las buenas nuevas a la gente. A cualquier persona de otra religión le resultaría difícil no compartir ese comportamiento, pues incluye a todos. El miedo, la condenación, el Infierno, aparecen en escena cuando toman la palabra los seguidores del maestro, no cuando habla el propio maestro. Entonces el amor se convierte en una recompensa; ya no es el estado natural de la existencia para ser uno con nuestro creador.

Es interesante que la Biblia diga que la Iglesia debería permanecer unida, ya que Dios no puede dividirse en pedazos. Pues bien, lo que está ocurriendo contradice el mandato bíblico. Muchas de las divisiones, de las confusiones actuales, sólo pueden ser resueltas mediante una comunicación abierta con los demás y la lectura atenta del propio texto sagrado. La Biblia, como otros escritos espirituales, debe ser estudiada en profundidad. Nuestra comprensión de los textos que estudiamos se hace mucho más profunda con el paso del tiempo.

Ese creciente entendimiento se convierte en parte de nosotros. Ya no se trata de creencias impuestas o heredadas. Lo que está ocurriendo hoy con la Biblia y con otros textos sagrados o espirituales es que la mayoría de la gente no los estudia. Así de simple. Nos limitamos a escuchar cómo los leen otros en los actos religiosos o, si acaso, a echarles esporádicos y superficiales vistazos. La mayoría acude a la iglesia por inercia, costumbre o tradición; pero nunca coge de verdad la Biblia u otros libros para discutir sobre su contenido y profundizar en su auténtico significado. He aquí una enorme lacra espiritual: jamás leemos o estudiamos para descubrir la verdad, preguntándonos si lo que los demás enseñan es correcto.

Lo primero es lo primero. Para comentar la Biblia, hay que empezar por leerla. Podemos imaginar cómo es un combate de boxeo; pero hasta que no entramos al cuadrilátero y nos enfrentamos a un rival que quiere ponernos fuera de combate no sabemos lo que significa verdaderamente ser boxeador. Lo mismo sucede con todas las facetas de la vida. Primero tenemos la experiencia y luego explicamos lo que ocurrió; pero incluso entonces lo estamos explicando con nuestras propias palabras, que nunca bastan para contar toda la historia. Por supuesto, hay experiencias que no es necesario tener personalmente, pues otros nos pueden hablar de ellas. No es necesario que pongamos los dedos en el fuego para saber que nos quemaremos. La inteligencia nos permite discernir lo positivo de lo negativo. La Biblia dice que Dios sólo nos da lo que podemos manejar en cada momento, ni más ni menos, porque conoce nuestra capacidad y nuestros límites. «El maestro llegará cuando el alumno esté preparado», nos cuenta un dicho oriental. El conocimiento llega cuando estamos preparados para usarlo.

La Biblia es el principal libro espiritual de la cultura occidental, pero hay gran cantidad de gente que no quiere saber nada de ella. Muchos bucean en otras culturas, en busca de nuevas creencias. El mal sabor de boca que dejan los negocios poco claros de la Iglesia y el desprestigio de los colegios religiosos han hecho que muchas personas ni siquiera sientan deseos de abrir la Biblia una vez más. Todo el dolor, las tragedias del pasado, dejaron a mucha gente preguntándose por qué Dios la abandonaba de aquella manera. Pero

Dios no es la religión, no fue Dios quien les atropelló. Lo hicieron otros seres humanos que, utilizando el nombre de Dios, se aprovecharon de la ignorancia general. El escritor ruso León Tolstoi escribió en una ocasión: «No debéis juzgar las leyes perfectas de Dios por mi incapacidad para cumplirlas». Nuestra incapacidad para seguir las reglas no altera su valor. Tampoco cambian porque las ignoremos. Para entender la Biblia o cualquier otro libro espiritual, la lectura debe ir acompañada del estudio. Hasta que eso no ocurra, el individuo no será capaz de entender nada.

Las enseñanzas de Cristo y de otros maestros dicen que Dios sabe qué intenciones anidan en el corazón de cada persona y que, cuando el corazón es puro, Dios responde. También afirman que Dios busca establecer relación con los seres humanos para compartir el amor con cada uno de nosotros. Quien quiera comprender ha de ir directamente a la fuente del amor: Dios. Como Dios no es una religión ni una Iglesia, sino el creador del Universo, cualquiera puede acudir a él en busca de la luz que ilumine su sendero. No queramos limitar a Dios colocándole etiquetas que digan que pertenece a los cristianos o a los judíos, a los musulmanes o a los budistas. Dios no tiene límites, somos nosotros los que se los ponemos para que nuestras mentes, éstas sí, limitadas, piensen que todo está bajo control. Uno de nuestros autoengaños más grandes consiste en pensar que somos nosotros, y no Dios, quienes controlamos la existencia. Los seres humanos, especialmente los occidentales, estamos demasiado ocupados tratando de encontrar una creencia o una religión que se adapte a nuestros gustos e intereses, en lugar de comprender que todos tenemos la responsabilidad personal de preguntarnos, con el corazón abierto, qué hemos de hacer para propiciar nuestro crecimiento espiritual.

Durante el siglo pasado surgieron muchas religiones y sectas que proporcionaron a la gente variadas posibilidades de elección. Nuevas ideas combinadas con antiguas filosofías han dado lugar a innumerables organizaciones predicadoras de nuevas creencias. Es fácil confundir a cualquiera y aprovecharse de él si no posee suficiente preparación; es decir, si no ha estudiado y leído en profundidad. Los progresos del Opus Dei, de la Iglesia de la Cienciología, de los masones, son algunos ejemplos de ello. Digamos antes que nada que en esas organizaciones hay gente muy valiosa que está convencida de que practica el bien. En cada asociación, en cada empresa, en cada familia, hay personas positivas y negativas. El problema está en algunas de las cosas que se hacen en nombre del bien. No necesitaríamos ninguna organización si todos permaneciésemos unidos. Al aceptar nuestros miedos, nosotros mismos provocamos la división y creamos organizaciones. Éstas no son más que signos de la división humana.

Las organizaciones tienen motivaciones y propósitos diferentes. Las bases de la mayoría son de naturaleza política, económica y, sobre todo, religiosa. Algunos grupos, como el Opus Dei, son cristianos; otros, como los cabalistas y los sionistas, son judíos. Todos ellos comenzaron a ser conocidos por sus valores y sus rituales. Más tarde su fama aumentó debido al prestigio de sus miembros. La Cábala, por ejemplo, se ha convertido en una creencia de moda porque Madonna y otras celebridades de Hollywood, desencantadas de su propia fe, han escogido la práctica de esta rama del misticismo judío. ¿Enseñan la verdad estas organizaciones? Habría que investigar, leer y escuchar en qué se basan sus creencias para encontrar la respuesta a esa pregunta. La Cábala especula sobre la naturaleza de la divinidad, la creación, el origen del alma y el papel de los seres humanos en el mundo actual. En algún punto, la Torá y la Cábala convergen para desvelar los secretos de las enseñanzas divinas. Sin embargo, al contemplar a quienes siguen esta doctrina, pensamos que si una fe o puede ser cambiada o manipulada para adaptarla al estilo de vida de una persona, sin que haya necesidad de cumplir todas sus reglas, ya no puede seguir llamándose fe. La fe lleva ese nombre porque no tenemos ningún control sobre ella y porque nos hace creer en algo sin más prueba visible que el empeño de nuestro corazón en su existencia.

Los masones han tenido en sus filas prácticamente a todos los presidentes de Estados Unidos. Son una organización secreta, interesada por la religión y el poder. Los sionistas son un grupo de gran influencia política en Estados Unidos. Cuidan de los intereses de Israel y de la comunidad judía repartida por todo el mundo. El Opus

Dei, una organización fundada en España en 1928, es un grupo católico cuyos valores se basan en una interpretación muy cerrada y estricta de la Biblia. La Iglesia de la Cienciología es un grupo relativamente nuevo, creado por L. Ron Hubbard, un escritor de ciencia ficción que, en la década de 1950, decidió fundar una religión basada en un método de psicoterapia que denominó Dianética. Dos de sus miembros más famosos, Tom Cruise y John Travolta, venden al público este producto espiritual desde hace algunos años. Lo que todas estas organizaciones tienen en común es que en sus filas no hay gente sin hogar. Por lo general, sus miembros son ricos y poderosos.

La confusión aumenta cuando las organizaciones y sus miembros incumplen sus propias leyes y no predican con el ejemplo. Nadie es perfecto. Nadie puede ser justo en sus pensamientos y acciones las 24 horas del día; pero cuando un líder de un grupo espiritual alardea de su comportamiento correcto y es sorprendido haciendo justamente lo contrario, sus seguidores quedan indefensos, confusos, aunque los farsantes sean relevados de sus cargos o se deshagan en disculpas. Estos hechos dejan a la gente completamente desconcertada, siembran dudas en cuanto a lo que es correcto o incorrecto, verdadero o falso. Por ejemplo, cuando la gente descubrió que el papa Pío XII no condenó abiertamente la persecución nazi contra los judíos durante la segunda guerra mundial, ¿qué podía pensar de la Iglesia católica? Cuando el hoy presidente Bush era gobernador de Texas, firmó las ejecuciones de 89 condenados a muerte, sin conceder el perdón a ninguno de ellos. En la Biblia, un texto sagrado que él cita con mucha frecuencia, uno de los Diez Mandamientos dice: «No matarás». ¿Qué puede pensar la gente de un hombre así?

Libros espirituales como la Biblia o la Torá avisan de que el mundo puede empeorar a causa del egoísmo del ser humano, y anuncian la llegada de dirigentes corruptos, amantes del dinero y sedientos de poder. Algunos de los seguidores de la Biblia, como el presidente Bush o el primer ministro británico Blair, que son cristianos, o algunos líderes judíos, devotos de sus textos sagrados, tal vez deberían reconocer que esos augurios podrían referirse a ellos. Bueno sería que pensaran en lo que puede suceder cuando el dinero y el poder se vuelven más importantes que Dios.

Dios no tiene nada que ver con la religión, porque él no excluye a nadie y la religión sí. Dios lo creó todo por amor y no por necesidad. Dios creó todo, incluidos nosotros, a su imagen y semejanza. Somos nosotros quienes hemos elegido llevar una vida alejada del camino que trazó el Señor. No podemos culparle de nada. Él está dispuesto a escucharnos y guiarnos cada vez que se lo pidamos. Pero hemos de elegir pedírselo. Fue él quien nos dio el don de la libertad de escoger camino.

En el mundo hay miles de grupos diferentes que venden religión, ideología y misticismo. Nos resultará difícil la elección de nuestro camino a menos que tengamos una relación de amor con Dios a través de la oración o la meditación. Necesitamos un corazón sincero, pasión por aprender, para que nuestro hacedor nos escuche y nos guíe hacia la verdad.

> *La espiritualidad comienza cuando comprendemos que somos más que un trozo de carne y que tenemos un alma que nos une con el principio y el fin del universo, con algo que ha estado allí siempre. La relación se volverá más clara hasta convertirse en una amistad entre los Alfa y Omega desconocidos —Dios— y nosotros. Esto es la espiritualidad para mí.*
>
> ÁNGEL MARTÍN, cuarenta y tantos, experto en finanzas de KPMG, cristiano, Madrid.

DIOS

Dios es omnipresente y omnipotente, está en todas las cosas y todos los seres. Dios no es religión. Para la mayoría de la gente, Dios es el creador de todo el universo. Luego, dependiendo de las creencias de cada cual, tiene tal nombre o tal forma. Imaginarlo de una u otra manera no cambia lo sustancial. Lo que importa es cómo concebimos a Dios individualmente, cuál es nuestro sentimiento hacia él. Por eso es fundamental el conocimiento de la verdad a través de la búsqueda. No podemos conformarnos con la idea de Dios que nos transmitan quienes nos rodean.

Las religiones son cuerpos doctrinales creados, y por eso Dios no es la religión. Dios es el creador de todas las cosas, no puede formar parte de la Creación. Para mucha gente, la religión se ha convertido en un negocio y no tiene nada que ver con el conocimiento de Dios. Deseamos creer en un Dios todopoderoso, pero no queremos tener nada que ver con la Iglesia. La Iglesia, según nos cuenta la Biblia, es el resultado de la unión de las personas para hablar de Dios. Bastan dos seres humanos para que haya Iglesia. Ésta, por tanto, puede hacerse presente en el jardín, en la casa, en la discoteca... Sin embargo, la Iglesia actual no tiene nada que ver con ese concepto bíblico.

A menudo nos hacemos la gran pregunta: ¿qué es Dios exactamente? A los seres humanos nos gusta tener respuestas para todo, incluso aunque no sean las correctas. Nos gusta aparentar que estamos informados, que lo sabemos todo. Designamos a Dios de muchas maneras, pero no acertamos a describirlo, porque pensamos que es demasiado grande, nos abruma, creemos que está más allá de nuestra capacidad intelectual, lejos de nuestro entendimiento.

¿Cómo sabemos, entonces, que Dios existe? ¿Cómo podemos entrar en contacto con él?

Hay hechos de los que nada sabemos, incluso de los que ni siquiera hemos oído hablar; y sin embargo sentimos que existen, que son reales. ¿Cómo es posible esto? ¿Se trata de la intuición, quizás del famoso «sexto sentido»? ¿De qué hablamos en realidad? Hay diferentes explicaciones y opiniones sobre esta materia, pero los libros espirituales afirman que estas inspiraciones proceden del contacto con la Naturaleza, el Espíritu, el Alma, Dios, o como queramos llamarlo. Es prueba de la conexión de nuestro espíritu con el Creador.

Aunque se nos escape su descripción, el conocimiento de Dios es nuestra obligación, nuestro compromiso con la búsqueda de la verdad. Si tratamos de encontrar a Dios con un corazón abierto y humilde, Dios se nos revelará de la manera más apta para nuestra particular capacidad de entendimiento. Algunos necesitan que se produzca un gran acontecimiento y a otros les basta un pequeño suceso para que su espíritu abra los ojos. Dios solo responde a nuestra búsqueda, a nuestra voluntad de hallarle. Una buena acción, por ejemplo ayudar a una anciana a cruzar la calle, no contribuye a que veamos más claro ni nos ayuda a ser más espirituales. Es un tipo de comportamiento que debería ser normal, no un suceso excepcional que nos hace ganar puntos ante el Creador. Él conoce perfectamente nuestros corazones y nuestras intenciones, antes incluso de que éstas se conviertan en actos. No podemos mentirle ni ocultarle la verdad. Nos engañamos al pensar que en la vida tenemos encuentros casuales. Las cosas sólo suceden cuando las estamos buscando. Cuestión distinta es con qué intención lo hacemos. Si lo que queremos es encontrar una respuesta cualquiera, lo más probable es que no hallemos la verdad, sino una explicación que nos satisfaga temporalmente. Si aspiramos a la verdad, quizás no tengamos que esperar mucho para obtener la respuesta. Nada limita a Dios. Ni siquiera el escaso tiempo de que dispone el hombre.

Lo que nos acerca a Dios es la intensidad con que lo buscamos. Algunas personas piensan que nos lanzamos al encuentro de algo más elevado porque somos débiles. Otras creen lo contrario. ¿De dónde nace ese anhelo de conocer algo más? Si todo tiene un principio,

¿dónde está el nuestro? ¿Quién nos creó y por qué lo hizo? Ni los que vivieron con la idea de la existencia de un poder superior, ni los que pasaron por este mundo sin esa creencia, fueron capaces de avanzar hacia la armonía universal. Todos seguimos buscándola.

Tratamos de hallar una relación entre Dios y nosotros, sin intermediarios, sin nadie más. Experimentamos el deseo sincero de responder a lo que se nos pide. Escuchamos atentamente para ver si nos llegan señales a través de nosotros mismos, o Dios las transmite por medio de otras personas. Podemos decir esto o lo otro, pero hasta que no hayamos intentado realmente la aproximación a Dios no tendremos una opinión sólida, basada en la experiencia. Pero tampoco la simple opinión, aunque esté consolidada por largas vivencias, equivale a la verdad. Sólo la experiencia acumulada con el tiempo nos permite explicarnos lo inexplicable. Dios no necesita defensores ni propagandistas. Apenas pide que recemos y le demos gracias por todo lo que hace por nosotros en todo momento. Se puede afirmar que el conocimiento de Dios es el resultado de la disciplina, la devoción y la disposición a aceptar lo desconocido. Si saturamos de actividad nuestra jornada y siempre estamos pensando en el trabajo, en la familia, el dinero, las propiedades, las diversiones, etc., terminamos por no dejar sitio a Dios en nuestras vidas. Hemos de preguntarnos a nosotros mismos si Dios es importante y, si lo es, cuándo pensamos entablar relación con él.

Hay personas que no se ocupan de Dios porque no creen en él. Otras se desentienden con la excusa de que es todopoderoso y no nos necesita para nada. Quizás sea verdad que Dios no nos necesita; pero tenemos que pensar que debió de crearnos por alguna razón. ¿Nos creó sólo para que trabajásemos, fundásemos una familia, durmiésemos, comiésemos y todo lo demás? Es difícil creer que el todopoderoso creador de la Tierra, de los animales, la naturaleza, los seres humanos, el agua, el aire, el fuego, el espacio; el responsable de que todo ello funcione de una manera tan eficaz y compleja, haya querido que vivamos como lo hacemos. No tiene ningún sentido. Nuestra inteligencia no puede estar destinada solamente a hacer dinero, ver la televisión y pensar en las riquezas. Tenemos un cerebro para pensar, poseemos la capacidad de analizar nuestro comportamiento; pero solemos usar la mente para mirar al exterior en lugar de hacerlo dentro de nosotros mismos. Pocas personas asumen el reto de la exploración interior. La equivocación está en ver a Dios como algo externo, un ser que no forma parte de nosotros. Es significativo que incluso personas que no creen en la existencia de Dios sientan «algo». No lo llaman Dios, sino «Naturaleza», «Trascendencia», «Conexión», pero podemos preguntarnos si el nombre tiene importancia. Lo que importa es buscar y convertir esa búsqueda en una parte de nuestras vidas.

Dios nos ha concedido la inteligencia y con ella la facultad de elegir. Ese don es una seria responsabilidad. Debemos elegir a Dios. Él nos eligió al crearnos, y lo hizo por amor. Para nosotros Dios es una elección, no una obligación. El Creador no nos presiona para que le encontremos o le sigamos. Nos fue concedido el poder de elegir. Por todo ello sabemos que no es lo mismo decir Dios que decir religión.

Es un hecho que incluso quienes no creen en Dios o lo ponen en un segundo plano de sus vidas se vuelven hacia él, invocan su nombre, cuando llegan las horas difíciles. Dios forma parte de nuestras expresiones coloquiales: «En el nombre de Dios», «¡Dios mío!», «¡Santo Dios!»; pero no solemos dirigirnos a él en serio. ¿Por qué llamarle sólo cuando hay problemas? No tenemos en cuenta a Dios hasta que no le necesitamos.

Hemos de pensar si estamos haciendo lo que Dios quiere que hagamos o simplemente lo que deseamos, lo que elegimos. Si nunca le hemos pedido que nos guíe, ¿cómo sabemos que es él quien nos lleva a hacer lo que estamos haciendo? Tendemos a darle gracias cuando las cosas salen como nosotros queremos, y no, como sería debido, en todo momento. Las cosas buenas que nos ocurren quizás proceden de Dios. ¿De quién proceden las malas, esas que llamamos «problemas»? No le damos gracias a Dios por las dificultades, pues pensamos que sólo nos da lo que queremos y que los problemas tienen otro origen. Sin embargo, deberíamos agradecerle todas las cosas que recibimos, pues todas, buenas o malas, sirven para ampliar nuestra experiencia en la vida. También hay que dar gracias por los problemas derivados de nuestras elecciones. Dios siempre está con nosotros, sólo tenemos que buscarle.

Tom Cruise, durante una entrevista en *Parkinson*, un programa de la televisión inglesa, afirmó que se sentía «bendecido» por poder hacer lo que le gusta y ganar mucho dinero con ello. Estar «bendecido» significa estar favorecido por la divinidad, es decir, recibir la atención favorable de Dios. Cruise estaba diciendo que Dios le otorgó el favor divino de ser actor. Nos preguntamos si hay favoritos de Dios. ¿Nuestro éxito es fruto de la voluntad divina o de la casualidad? ¿Sólo porque los demás nos vean como triunfadores hemos de pensar que Dios escogió para nosotros el camino que hemos seguido? Y si no hubiese tenido éxito, ¿Cruise también estaría bendecido, o acaso sería un maldito? Cuando un actor que es consciente de su popularidad protagoniza películas llenas de disparos, asesinatos, explosiones, drogas y sexo, ¿piensa que Dios le ayudó a conseguirlo o sabe que él mismo ha elegido este tipo de éxito?

Si Dios nos ha creado iguales y nos ama a todos por igual, no puede tener favoritos. Nosotros somos los que procuramos convertirnos en los «favoritos». Queremos ser especiales, diferentes. Nos devora el anhelo de sobresalir. Dios no tiene nada que ver en esa obsesión por dejar claro que somos superiores a los demás en la vida personal y profesional.

En cuanto a las coincidencias, el azar o la suerte, su existencia significaría que Dios no juega ningún papel en la creación y la vida del Universo. El Dios que creó el infinito mundo de un modo tan perfecto no pudo haber dejado nada librado al azar. La suerte tal como la entendemos no existe, porque incluso el azar es una parte de Dios.

La gente desea cada vez más tenerlo todo bajo control. Eso hace a Dios menos visible. Más arriba hemos hablado largamente de la búsqueda de Dios; pero es hora de señalar que, en sentido estricto, no tenemos necesidad de buscarle o encontrarle, porque forma parte de nosotros. El espíritu, el alma, es la parte de Dios que habita en nosotros. Hacia ella debemos volvernos, para reconocerla como parte de lo que somos. Dios nos creó para que tengamos relación con él, del mismo modo que tenemos vínculos de amor y respeto mutuos con los miembros de la familia. Nos ha provisto de cerebro para que seamos capaces de actuar racionalmente, con profundidad. Nuestra relación con Dios debe ser auténtica, comprometida, intensa y permanente. Hemos de invocarle tanto en los malos tiempos como en los buenos. Probablemente, no tendríamos problemas si, antes de tomar decisiones, nos acercáramos a Dios para compartir con él nuestros pensamientos. La relación con Dios necesita práctica. En eso no se diferencia de las demás actividades humanas. Todo esto no son más que buenas palabras, hermosos propósitos. Dejan de ser vaciedades cuando convertimos tal forma de pensar en nuestro sistema de vida. Somos hijos de Dios. Él nos creó por amor, porque es amor en sí mismo. Nos ama, pero, como cualquier padre amante, tiene que dejarnos aprender nuestras lecciones cuando elegimos un camino equivocado. Para un padre resulta doloroso ver que su hijo vive una experiencia difícil, pero sabe que su hijo necesita enriquecerse con esa experiencia para el futuro. Del mismo modo, Dios sufre por nosotros al ver que tropezamos constantemente, sin saber qué hacer en la vida, cometiendo los mismos errores todo el tiempo. Él espera la oportunidad de ayudarnos y guiarnos.

La vida es muy difícil para la mayor parte de los humanos. En los países subdesarrollados hay gente que carece de lo más elemental para sobrevivir, mientras que en el mundo rico la mayoría vive sumida en el exceso y el derroche. Que alguien tenga mucho o poco dinero no supone ninguna diferencia para su calidad de vida, porque ésta no tiene nada que ver con los restaurantes de cinco estrellas o los billetes de primera clase en los aviones. Los lujos pueden facilitar la existencia, pero la vida de calidad es la que se orienta a desarrollar la paz y la armonía dentro de nosotros. La paz interior se deriva del conocimiento de Dios, porque sólo él es el creador de todo, paz incluida. La armonía sólo existe cuando la relación con los demás excluye el egoísmo.

Dios es el origen del amor. Cuando decimos que buscamos el amor en nuestra vida, lo que estamos diciendo en realidad es que tratamos de hallar a Dios. Siempre perseguimos el amor en otra persona, fuera de nosotros mismos. Parecemos ignorar que el amor habita en los demás tanto como en nosotros mismos. Dios existe en cada uno de nosotros en forma de amor, y no en forma de sexo, atención o compañía. Al faltarnos el amor echamos de menos a Dios. Todos hemos experimentado alguna vez una inexplicable sensación de vacío, el sentimiento de que nos falta algo que no puede ser reemplazado por nada, y menos aún por bienes materiales.

La mayor parte del mundo se encuentra inmersa en una maraña de relaciones insatisfactorias. Neurosis, depresiones, angustias, divorcios, separaciones. Las estadísticas prueban que algo no funciona en la vida de las gentes. Muchas no están satisfechas con sus relaciones, pues no cumplen con sus expectativas. La gente cree que encontrará satisfacción buscando el amor en otra persona. Digamos, en primer lugar, que esperar algo del otro no es correcto. Nadie puede satisfacer los esquemas ideales de otra persona. Pensemos, en segundo lugar, que no necesitamos encontrar el amor fuera de nosotros mismos. Lo que nos hace falta es compartirlo. Encontrar el amor en los demás es nuestra forma de decir que queremos ver a Dios en el prójimo y en nosotros. Estaremos satisfechos con una pareja, con una relación, cuando antepongamos esa visión del amor a la simple búsqueda de la satisfacción sexual o la posesión enfermiza de otra persona.

Los problemas del mundo se producen en muchos casos por falta de amor. Los grandes desequilibrios relacionados con el dinero y el poder tienen su origen profundo en la ausencia de reconocimiento del amor en nuestro interior. Cuando todo va bien en nuestra vida y nos sentimos felices y en paz, tenemos una sensación interior de ligereza, un agradable impulso de compartir la dicha con los demás; algo inexplicable. Bien, imaginemos que tuviéramos esa sensación permanentemente y que todos la experimentan al mismo tiempo, y de forma continua. Si todos estuviésemos concentrados en este amor, nadie tendría la tentación de ser egoísta, porque no habría ningún motivo para vivir de esa manera. ¿Qué ambiciones necesitaríamos colmar? ¿Podríamos sentirnos mejor de lo que en ese estado nos encontraríamos?

Sería bello imaginar un mundo en el que el dinero, las joyas, las mansiones, no tuviesen valor; en el que todos los bienes básicos de la existencia fuesen gratuitos. Un mundo sin enfermedades, en el que todos fuéramos miembros de una gran familia. Una vida donde todos se buscaran y todos reconocieran el bien en los demás, en lugar de verlos como seres distintos y lejanos. Un enorme país sin puertas, sin paredes, sin barreras ni límites fronterizos, en el que cupieran todos y todos fueran bienvenidos. Los mares, los ríos, los bosques y el cielo estarían limpios. Nadie temería nada, ni siquiera los animales, que no serían encerrados ni manipulados con fines egoístas. Una vida sin violencia, sin insultos, en la que habrían desaparecido los egos, en la que no existiría el orgullo. Como no tendría sentido el beneficio económico, nuestro trabajo consistiría en dedicar nuestro tiempo a los demás. Cada uno pensaría siempre en los otros y no habría lugar para las muestras de egoísmo, ni por tanto para las divisiones. Todos estaríamos «enamorados» de nuestro Creador, lo que a su vez significaría que podríamos mantener relaciones equilibradas y duraderas con todo el mundo a todos los niveles. Cuando llegara el momento de abandonar la Tierra, no nos invadiría la tristeza, pues tendríamos la más completa comprensión del gran plan de Dios. No existirían pequeños planes personales de los que despedirse con amargura.

Este gran sueño suena como un cuento de hadas, porque nuestros corazones se han alejado de lo único que puede liberarnos de nuestros temores. Así podría ser nuestro mundo en el futuro si sólo nos volviésemos hacia el amor / Dios.

Necesitamos milagros y Dios nos los puede proporcionar cuando más los necesitemos. La visión que tenemos de los milagros procede sobre todo de las metáforas religiosas, los cuentos y las historias que nos relatan los demás. Pero en cuanto empecemos a ver el mundo con amor y humildad nos daremos cuenta de que los milagros se producen constantemente y en múltiples formas a nuestro alrededor. Los prodigios se dan cada minuto de nuestra vida, pero no los reconocemos porque en nuestras mentes tenemos una imagen cinematográfica, limitada, de lo que significa un milagro. Incluso cuando se presentan en esa forma tópica que siempre hemos imaginado, nos negamos a admitirlos, no creemos en ellos. Si pensamos en lo complicado que resulta vivir en este mundo, en cuántas veces podría habernos sucedido algo negativo, en lo complejas que son las funciones internas del cuerpo y el cerebro, siempre trabajando armónicamente para mantener la salud, descubriremos que hay infinitos milagros a nuestro alrededor. Es preciso abrir los ojos del espíritu para verlos como milagros y no como acontecimientos normales, que suceden porque es natural que sucedan.

Cuando mi abuela sufrió un ataque tenía casi setenta años. La madre de mi madre era una mujer a la que le encantaba hablar. Se pasaba las horas contando historias y, como es habitual en la gente mayor, se refería mucho al pasado. Era muy activa y enérgica. Tras la muerte de mi abuelo se deprimió y sufrió el ataque. La gente que la visitaba lo pasaba mal al comprobar que no podía valerse por sí misma ni hablar de forma clara y fluida. Como no había dejado de hablar y moverse un segundo en toda su vida, quizás Dios había permitido que sufriese ese ataque antes de morir para que al fin disfrutase de cierta quietud, una oportunidad de contemplar serenamente las cosas importantes de la vida. Un ataque de estas características es algo terrible, por supuesto, pero le dio a mi abuela la oportunidad de tranquilizarse y enfrentarse a sus miedos como nunca lo había hecho. Cuando sucede algo que nos priva de nuestra «libertad», consideramos que es malo, porque siempre queremos hacer lo que nos viene en gana. Si somos capaces de mirar un poco más allá, descubriremos que hay algo bueno en todo lo que nos ocurre, incluso en lo que consideramos negativo. Dios nos envía ayuda continuamente, de diferentes maneras. Nosotros somos incapaces de reconocer esa ayuda como tal.

Los incesantes pensamientos que reclama la vida actual mantienen las mentes demasiado ocupadas como para reconocer que Dios está cerca. En nuestro estilo de vida no hay tiempo para pensar en Dios, porque la existencia está demasiado llena de compromisos, actividades, preocupaciones. El trabajo domina el pensamiento occidental la mayor parte del tiempo. La familia y las relaciones afectivas van en segundo lugar. ¿Dónde queda Dios? Con tantas distracciones no dejamos mucho espacio para él.

Existe una hermosa fábula acerca de Dios que dice lo siguiente: un hombre fue a la peluquería a que le cortasen el pelo y le arreglasen la barba. Mientras el peluquero trabajaba, charlaba con su cliente de diferentes temas. Cuando comenzaron a tratar la cuestión de Dios, el peluquero dijo que no creía en su existencia. El cliente le preguntó por qué y el peluquero se lo explicó: «No tiene más que darse una vuelta por la calle para saber que Dios no existe. ¿Acaso permitiría Dios que hubiese tanta gente enferma y tantos niños abandonados? Si hubiese Dios no habría tanto sufrimiento y dolor». El cliente, que no quería iniciar una discusión, dejó que el peluquero acabara su trabajo, le pagó, y se marchó. Cuando caminaba por la acera, reparó en un hombre que llevaba una larga barba y una descomunal melena. Su aspecto general era desgreñado y sucio, de completo desaliño. El cliente regresó a la peluquería y le dijo al peluquero: «¿Sabe una cosa? Los peluqueros no existen». El hombre se quedó muy sorprendido y respondió: «¿Cómo puede decir semejante cosa? Yo estoy aquí, soy peluquero y acabo de atenderle». «¡No!», replicó el cliente, «los peluqueros no existen porque, si existieran, no habría ninguna persona como el hombre que acabo de ver en la calle, con el pelo y la barba largos y descuidados». «Ah, los peluqueros existimos», explicó el barbero, «lo que pasa es que alguna gente no nos busca ni viene a vernos». «¡Exacto!», exclamó el cliente. «¡De eso se trata precisamente! Dios también existe, pero la gente no le busca ni acude a él. Por eso hay tanto dolor y sufrimiento en el mundo.»

Dios nunca ha apartado su mirada de nosotros. No podemos culparle de nada, y menos si no creemos en él o no nos esforzamos por comunicarnos con él. Tenemos que pedir y ser pacientes, cederle el control a él, y entonces veremos que la verdad se dibuja ante nosotros, llena de equilibrio y amor.

En el mundo que hemos construido por propia elección unos tienen poder sobre los otros. El que Dios quería para nosotros es diferente. En él todos viven como uno solo, sin que nadie tenga poder sobre los demás. La búsqueda del espíritu es el propósito de nuestro viaje en la vida. El fin es conocer a nuestro Creador. He aquí el verdadero significado de la espiritualidad.

La espiritualidad es percibir sin ver, sin sentir, sin tocar; es elevarse sin despegar los pies de la tierra, paz sin conciencia, sin creencia, sin certeza; es confianza más allá de todo control.

WENDY HINTON, treinta y tantos, escritora, no profesa ninguna religión, Australia.

SEXO

Éste es el tema favorito de la sociedad occidental. No importa de qué estemos hablando ni qué estemos haciendo: al final siempre aparece el sexo.

Hombre	+	mujer	=	sexo			
Hombre	+	hombre	=	sexo			
Hombre	+	mujer	+	hombre	=	sexo	
Mujer	+	mujer	=	sexo			
Vender & comprar	=	sexo					
Hablar	+	beber	=	sexo			
Contacto visual	+	hormonas	=	sexo			
Pensamientos	+	imaginación	=	sexo			
Desnudez	+	cualquier cosa	=	sexo			
Intenciones	+	determinación	=	sexo			
Producto	+	consumidor	=	sexo			
Pornografía	+	cualquier cosa	=	sexo			
Entretenimiento	+	placer	=	sexo			
Chocolate	+	excitación	=	sexo			

Sea cual sea la ecuación, el resultado será sexo, práctica sexual o pensamiento sexual. Los seres humanos utilizamos el sexo como una forma de placer, de liberación o de alivio. El cuerpo, sus formas, sus cualidades, han sido objeto de adoración durante miles de años. Nuestra época no es una excepción. El sexo es un don maravilloso que se utiliza para el placer y para la procreación. Sobre estas afirmaciones la sociedad está, en general, de acuerdo. La cuestión es hasta qué punto es sano y espiritual entregarse al sexo.

Somos una sociedad en extremo indulgente. También, claro está, cuando se trata del sexo. Está en todas partes. En la oficina, donde el jefe flirtea con las empleadas, en la publicidad de los perfumes o de los automóviles, en las fiestas, en la música, en la playa... Se diría que el sexo es nuestro punto débil, el flanco descubierto que nos hace rendirnos y nos obliga a comprar lo que no necesitamos. No hemos aprendido a encontrar un equilibrio en nuestras vidas y eso es muy claro en lo que se refiere al sexo. Muchos libros, películas, folletos, revistas y cintas de vídeo hablan de cómo, cuándo y dónde es mejor practicar el sexo. Este aluvión informativo o publicitario sólo consigue que la gente, sobre todo la más joven, se sienta frustrada y cada vez más confusa.

Nuestra sociedad vive muchos conflictos relacionados con el sexo por culpa de la presión que sienten los jóvenes. Cuando alcanzan la madurez, trasladan sus inseguridades a las relaciones afectivas. Los hombres suelen tener muchos problemas con el sexo por su idea preconcebida sobre el comportamiento ante las mujeres. Tanto sin son demasiado «femeninos» en su conducta como si su comportamiento es el de típicos «machos», no suelen alcanzar el punto justo de las relaciones equilibradas con el otro sexo. Las mujeres parecen tener más dominio de sus facetas femeninas y masculinas y, desde luego, del trato con las personas, tenga o no un componente sexual. Los hombres, debido a que son más fuertes, normalmente confían en el control físico, mientras que las mujeres se vuelcan más hacia el dominio intelectual y sentimental de las situaciones. La mayor parte de los líderes del mundo son hombres. Podemos decir que las guerras y los conflictos son provocados por hombres. La fuerza física se ha convertido en el talón de Aquiles de la población masculina, porque hemos abandonado nuestras facultades mentales para desarrollar casi exclusivamente lo físico. El hombre está acostumbrado a afrontar los problemas con la autoridad, los músculos, los puños o las armas. Es posible que la mujer tampoco sea especialmente pacífica, pero lo cierto es que no suele anteponer el karma de la violencia física. Los hombres parecen metidos en un círculo vicioso: recurren al poder físico cuando se sienten desafiados más allá de su capacidad mental; ésta se va reduciendo porque nunca consigue escapar al patrón violento, y el consiguiente bloqueo impide aprender a usar la inteligencia con plenitud. En el fondo, ocurre lo mismo que en tantos otros aspectos de la vida: con nuestra práctica, buena o mala, acabamos formando un patrón de comportamiento del que no nos resultará fácil desprendernos en el futuro.

En el origen de estos problemas se encuentra la sensación de no ser lo bastante buenos. Esta suerte de complejo de inferioridad nace habitualmente en el hogar, por influencia de un padre dominante, una madre muy protectora o cualesquiera otros desequilibrios familiares. Los padres demasiado exigentes o en exceso autoritarios mandan a sus hijos señales negativas y hacen que éstos nunca acudan a ellos en busca de ayuda, jamás preguntan. Les paraliza el temor a no estar a la altura de las circunstancias. El problema se hace aún mayor en la escuela, donde el temor a preguntar se multiplica. Sabido es que los jóvenes pueden ser crueles en sus burlas. El acomplejado sufre en las aulas más, incluso, que en casa. Si el chico no tiene a nadie a quien preguntar y, por supuesto, carece de experiencia en el terreno sexual, queda expuesto a cualquier influencia externa e incontrolada. Años más tarde, la sociedad ya tiene otro adulto dañado mental y emocionalmente.

Las mujeres tienen mejor relación con sus cuerpos y sus sentimientos. No temen el contacto físico con otras mujeres. A menudo, se cogen de las manos o se sientan muy juntas cuando hablan. Los hombres no hacen nada semejante. Al no estar cómodos con su propia sexualidad, les parece una conducta inapropiada. Creen, erróneamente, que son comportamientos homosexuales, cuando la verdad es que la demostración de afecto es una acción positiva entre las personas de cualquier condición y tendencia. Los hombres también sienten que exhibir sus verdaderos sentimientos es signo de debilidad. No quieren que nadie pueda ver cuáles son sus puntos débiles. ¿Por qué existen estas diferencias de sensibilidad? El carácter abierto de las mujeres puede estar relacionado con la maternidad, con la manera en que ésta las acerca a la naturaleza.

Las revistas están llenas de artículos que hablan de cómo combatir los problemas sexuales que se presentan en tu vida. Todo el mundo cree conocer el «secreto» para disfrutar de una vida sexual sana y excitante, ya sea una de las posiciones del *Kama-sutra* o el sofisticado consejo de algún sexólogo que se sabe mil trucos, entre los que, por cierto, no suele figurar el más simple, el amor. La búsqueda de relaciones sexuales se ha convertido en el juego del gato y el ratón. Tras gastar un montón de energías «persiguiendo la presa», llega el momento de la actuación.

Cada sociedad tiene diferentes ritos y liturgias sexuales para «atrapar al otro». Oriente y Occidente son muy distintos en esta materia. El ritual es mucho más apresurado en Occidente, porque el tiempo tiene una importancia capital. Cuanto más al este viajamos, más reservadas tienen que ser las mujeres y más «viriles» los hombres, que son los «cabezas de la familia». En Oriente las sociedades están mucho más dominadas por los hombres, y las mujeres tienen que resignarse a encajar en los esquemas masculinos. En estas sociedades, para un hombre es muy difícil saber si tiene carencias en el ámbito sexual o si está satisfaciendo a las mujeres, porque éstas no pueden decir la verdad. Siempre temen ofender al hombre. Hablar de cuestiones eróticas no forma parte de su cultura, como sucede en el mundo occidental, donde las mujeres tienen voz y se harán oír si el hombre no las satisface sexualmente.

La cultura oriental extrema la reserva en cuestiones sexuales, y eso favorece la confusión e impide que se aborden y solucionen los problemas. Pero en Occidente también practicamos el extremismo al incluir el sexo en todas las facetas de la sociedad. Nuestros problemas se derivan del hecho de que no sabemos dónde están los límites. El enorme caudal de información y datos que recibimos en materia de sexo hace que ya casi no sepamos discernir hasta dónde podemos llegar en este terreno.

Sentirse querido o satisfecho es cosa de uno mismo y de nadie más. Nuestra satisfacción y nuestro amor no pueden depender de los otros. Pensar eso es caer en una ilusión. Tenemos que profundizar en nosotros hasta ver que no podemos esperar muchas cosas de los demás cuando ellos no tienen la menor idea de lo que queremos.

Lo más común en Occidente es pensar que el sexo es sólo sexo. Hemos perdido el respeto por la idea de dos personas que deciden convivir por amor y que, como consecuencia de ello, practican la unión sexual. No debería considerarse una idea anticuada, aunque lo parezca en el frenesí de la vida que llevamos hoy. Somos seres orgánicos y parte de una naturaleza que busca cierto equilibrio. Podemos preguntarnos qué relación existe entre el erotismo y el equilibrio de la naturaleza. La respuesta tiene que ver con nuestras intenciones. Si usamos a alguien sin el propósito de compartir nuestras acciones, nuestros sentimientos, de una manera amorosa, nada útil resultará del encuentro. Por el contrario, estaremos provocando reacciones negativas en nosotros y la otra persona. Vivimos en una sociedad que nos empuja a usar a todo el mundo y todas las cosas que nos rodean, sin pensar demasiado en las consecuencias de nuestros actos. En nuestro mundo se acepta que uno se acueste con quien le apetezca, pero lo que es socialmente aceptable no es necesariamente correcto al nivel espiritual más profundo. La práctica del sexo sólo como una forma de liberación o alivio no produce una buena reacción para nosotros ni para las otras personas. La única ecuación que traerá buenas consecuencias es amor + sexo = unión amorosa.

Sexo no es amor, aunque a la práctica sexual se la llame «hacer el amor». Podemos denominarlo como queramos, pero eso no alterará su esencia.

Sexo tampoco es sinónimo de relación, porque ésta es un compromiso mucho más complejo que cualquier encuentro sexual que podamos tener.

El sexo no mantendrá juntas a dos personas, porque no tiene ni la profundidad ni la fuerza para perdurar que tiene el amor.

Muchas personas tienen dificultades sexuales derivadas de ideas preconcebidas sobre su comportamiento en la práctica amorosa. Los jóvenes y los adultos quieren ser considerados especialmente «buenos» en la práctica del sexo. Nunca admitirán que les digan que no lo han sido. ¿Pero qué es lo que hace que alguien sea un patán o un genio en esa materia? Depende de la visión que cada cual tenga del sexo, empezando por las diferentes ideas de hombres y mujeres sobre el particular. La mayoría de los hombres conciben el sexo como «acción, pasión, acrobacia, búsqueda del alivio final y... a dormir». La mayoría de las mujeres quieren amor, caricias, un par de orgasmos y luego, en lugar de dormir, abrazos, charla, comunicación. La diferencia es grande. Es el deseo de satisfacción individual frente al anhelo de compartir sentimientos. El hombre tiene una perspectiva absolutamente diferente a la de la mujer. La mujer puede hacerlo a la manera del hombre, pero en algunas ocasiones también quiere que el hombre lo haga a la manera de ella. Esto, al hombre le resulta más complicado. El hombre piensa que es buen amante sólo si hace el amor a su modo, y esta idea equivocada impide que sea capaz de entender el lenguaje corporal de la mujer; es decir, no le permite saber lo que ella realmente desea, el mayor deseo de intimidad de la mujer puede estar relacionado con el hecho de que tenga que recibir al compañero en su seno. Los genitales masculinos son externos, los femeninos, internos. Ellas perciben la relación de forma mucho más íntima y personal.

Los hombres querrán practicar el sexo aunque estén enfadados, tensos o frustrados, o sea, aunque «no estén de humor». La mujer, por lo general, carecerá de ánimos para mantener un contacto sexual si tiene alguna preocupación. Los hombres se cansarán finalmente de ver la misma cara y el mismo cuerpo todos los días, porque se sienten menos comprometidos emocionalmente con la otra persona. Llegará un momento, al enésimo encuentro, en que la persona se sienta sola e insatisfecha. No debemos tener dudas: aburrirse del otro es aburrirse de uno mismo.

Volvamos al asunto de la «calidad» del comportamiento sexual. Nadie es buen o mal amante por sí mismo, en solitario. Sólo lo será en el contexto de su relación con otra persona. Tal persona podrá comportarse en la cama magistralmente con el amante A, y fatal con el amante B. ¿Quién es el experto en este caso? ¿A, B o el amante de ambas personas? No hay maestros del sexo, hay relaciones buenas y menos buenas.

La sociedad emite gran cantidad de mensajes erróneos. Los padres pueden decir cosas equivocadas a sus hijos adolescentes, para que se abstengan de mantener relaciones sexuales y evitar así las explicaciones «engorrosas». De esta forma, los jóvenes crecen debatiéndose entre el impulso hormonal y el miedo al sexo. La Iglesia dice a los fieles que el sexo sólo se practica legítimamente para la procreación y que las relaciones fuera del matrimonio llevan, como el aborto, directamente al Infierno. Creemos que la Iglesia podría usar un lenguaje más amable y compasivo. Dentro de la fe cristiana se dice que Dios ha bendecido el matrimonio y que dos personas deben casarse antes de mantener relaciones sexuales. Si nuestras intenciones no son solamente eróticas, sino que también tratamos de compartir algo más profundo e importante, crecen nuestras posibilidades de encontrar la pareja de nuestra vida, fuera y dentro del matrimonio. Con ella, cómo no, disfrutaremos las relaciones sexuales intensamente. De ese modo, el sexo es consecuencia del amor y no a la inversa.

Pornografía y prostitución son dos grandes negocios que también lanzan mensajes equivocados. Resulta desconcertante ver a seres humanos tratando asuntos tan íntimos como si se tratara de una compraventa cualquiera. Las connotaciones espirituales del mundo de la prostitución y la pornografía son muy perniciosas. En este sentido, el espiritual, no importa qué arrastre a alguien a esa vida. Una vez que la mente acepta que esta acción tenga lugar y que una persona use el cuerpo de otra como una simple mercancía, están sucediendo muchas cosas que mantienen a esas personas en un nivel inferior de conciencia. Metidos en estos círculos, es muy difícil salir de ellos. En una entrevista a Jenna Jameson, famosa estrella del porno, ella y el entrevistador hablaban de los premios que había recibido en los Adult Film Awards. Jenna comentó: «Nací para hacer esto, es mi vocación». Entonces el entrevistador le preguntó si permitiría que su hija ingresara en ese negocio. Tras un rotundo no, ella explicó que «en este negocio los hombres te usan, es una forma muy dura de ganarse la vida».

Esta mujer era víctima de una gran angustia, y trataba de ocultarla. Cualquier persona que crea que su vocación en la vida es que abusen de ella necesita pensar un poco más profundamente. Meditando sobre este caso, se nos ocurre una importante pregunta: ¿fue ella quien buscó ese trabajo o, por el contrario, esa forma de vida acabó atrapándola? Decir que era su vocación es como afirmar que Dios creó ese trabajo especialmente para ella y otras personas como ella, y eso es imposible. Sabemos que Dios creó la naturaleza y que ésta opera de una manera armoniosa, con generosidad y compasión. Dios no encamina a nadie hacia la senda del abuso. Podemos concluir que esa mujer se encuentra en un estado de gran confusión.

En medio del trato y los abusos que se padecen en estos negocios, la mente y la conciencia tienden a ocultarse donde nadie puede encontrarlas. Se erigen defensas tan altas, muros tan enormes que las personas acaban no sabiendo quiénes son realmente. Pierden la noción de sí mismas. Quienes conocen el yoga y otras prácticas espirituales saben muy bien que la conciencia del hombre está cada vez más hundida, más oculta. Nuestro desarrollo se vuelve más difícil, a medida que dependemos cada vez más del plano físico y material.

Negocios como la revista *Playboy* sólo pueden sobrevivir en un mundo de pensamiento cada vez más pobre. Estas publicaciones abordan el sexo como un negocio, como un producto de consumo, y no como un asunto trascendente, sagrado. Hugh Heffner y otros han comercializado el sexo para obtener un beneficio, sin pararse a pensar que la explotación del sexo ha tenido un efecto muy negativo en el mundo. No han sido sólo los adultos, sino también los niños, quienes se han visto afectados por este fenómeno. La pornografía y la prostitución infantiles no han dejado de aumentar en todo el planeta. La mente ha perdido el contacto con toda espiritualidad interior en una sociedad que acepta como algo normal acudir a los *sex shops* o ver pornografía como forma de entretenimiento. La gente contrata a mujeres que practican *striptease* en sus fiestas o a gigolos que proporcionan diversiones «especiales». La lujuria no es saludable en el camino de la espiritualidad. Se puede argumentar que estas cosas han estado sucediendo desde la noche de los tiempos, y es verdad, pero eso no las convierte en correctas. No hay más que echar un vistazo al mundo para ver la confusión en que estamos sumidos.

¿Y qué podemos pensar de la orientación sexual y de lo que se percibe como una vida sexual «normal»? La orientación sexual empieza a establecerse cuando somos pequeños. Algunas personas creen que nacemos de una manera o de otra y que antes de llegar al mundo ya está decidido lo que seremos en la vida. Hay religiones que creen en predeterminaciones como ésta. A través de nuestra experiencia con personas de diferentes razas y orientaciones sexuales en todo el mundo, pudimos comprobar que se trata de una idea equivocada. En realidad, es todo aquello a lo que estamos expuestos desde que somos concebidos lo que conforma a nuestras orientaciones y preferencias en material sexual. Todos somos productos de nuestros padres y del ambiente que nos rodea en nuestra infancia. Una enorme cadena de pensamientos que se transforman en acciones y consecuencias acaba convirtiéndonos en las personas que somos. Ser heterosexual se considera como lo normal en el mundo occidental y por eso estas cuestiones sólo se plantean en relación con los homosexuales. Nadie se para a pensar por qué los heterosexuales han llegado a serlo.

Desde nuestra infancia, como consecuencia de las relaciones desequilibradas que establecemos con los adultos, las enseñanzas y el trato que recibimos, tomamos un camino u otro en busca de la atención y la seguridad que tanto anhelamos. En la sociedad actual, las formas de llamar la atención pueden ser muy variadas. Si profundizamos en nuestra vida podemos encontrar los hechos que nos condujeron hasta nuestra realidad presente. La actitud de una madre hacia su hija, cómo actuaba el padre hacia su mujer y sus hijos, son factores que tienen gran influencia en la forma en que finalmente tratamos a la gente, en cómo nos comportemos en las relaciones de pareja y en cada parcela de nuestras vidas. Las relaciones dominantes, agresivas o crueles entre nuestros padres, o de nuestros padres con nosotros, pueden hacer que busquemos la atención o la seguridad que necesitamos en los brazos de otras personas. Esta reacción quizás no sea correcta, pero es nuestra única tabla de salvación en un momento semejante. La atención que nos brinde otra persona marcará en gran medida nuestra vida futura. Cuando fallan nuestros padres, no es lo mismo refugiarse en los brazos de unos cariñosos abuelos que acabar a la sombra de familiares o amigos desequilibrados e inestables, que pueden contagiarnos sus inseguridades mientras nos cuidan. Sea quien sea la persona que nos cría, bueno será que tenga equilibradas sus facetas femenina y masculina, porque eso nos ayudará a crecer armónicamente, sin que uno de los lados pese más que el otro. Por ejemplo, un padre muy «macho» y controlador o una madre inestable e hipersensible no criarán a hijos equilibrados, pues no dispondrán de buenos ejemplos para desarrollar sus propios aspectos masculinos y femeninos. Éste es un factor clave en nuestro desarrollo y en la búsqueda de nuestras preferencias sexuales. También determina el tipo de relación que acabaremos estableciendo con los demás. Alcanzamos una personalidad equilibrada cuando no hay un aspecto que predomina hasta el punto de solapar a los otros. Si poseemos en exceso una de esas facetas se produce un desequilibrio que afecta a todo lo que hacemos; especialmente, si la descompensación se produce a temprana edad. En ese caso, se convierte en un hábito que nos resulta imposible cambiar. Por eso pensamos que hemos nacido predestinados, aunque no sea cierto.

No existe ninguna diferencia esencial entre nosotros, porque todos formamos parte de la gran familia de los seres humanos. Los rasgos distintivos hunden sus raíces en nuestro tránsito de la niñez a la edad adulta, porque es entonces cuando nos convertimos en heterosexuales, homosexuales, travestidos, transexuales... Si tenemos problemas, dudas, si buscamos respuestas, no nos queda más remedio que bucear en nuestra infancia. Así llegaremos a saber si estamos conformes o no con nuestra condición.

El sexo se utiliza para inducirnos a comprar y consumir moda, alimentos, coches, productos financieros, casas. Las empresas vendedoras saben que el consumidor está obsesionado con el sexo y se aprovechan de esta circunstancia para meternos por los ojos, envuelta en celofán sexual, cualquier cosa. El lema de Occidente es «el sexo vende». Nos arreglamos de una manera sexy para resultar más interesantes ante el sexo opuesto y el propio. Creemos que si nos vestimos de una manera más seductora o nos comportamos de un modo más provocativo conseguiremos atraer la atención de los demás en mayor medida. Y es verdad, no hay duda de que llamaremos más la atención; pero quizás se trate de un tipo de atención distinto del que buscamos. En otras palabras, los demás no nos apreciarán por nosotros mismos, sino por lo que podemos hacer sexualmente por ellos. Nuestras intenciones determinan la percepción que los demás tienen de nosotros.

Muchas veces exhibimos nuestras intenciones al utilizar nuestros cuerpos o nuestros hábitos sexuales para obtener lo que deseamos. Flirtear con el vigilante de una discoteca para que nos permita la entrada, coquetear con la jefa para que nos dé un día libre, vestirnos mostrando nuestros encantos, caminar moviendo las caderas... todo esto pone al descubierto nuestras motivaciones. No debe extrañarnos, pues, que cuando quieran vendernos algo empleen el mismo método con nosotros. ¿Acaso no vemos cómo habla a la cámara y lame el yogur la chica del anuncio? Es como si estuviese practicando el sexo o fuese a practicarlo de inmediato con nosotros. ¿O cómo el chico de la carretilla engulle un espárrago «cojonudo»? Y qué decir de la chica que está en la ducha y se lava el pelo con champú de hierbas. Champú, yogur y espárragos ¿Son en realidad productos sexy o somos nosotros los que vemos el sexo en cualquier parte?

A esto se le llama manipulación subconsciente de los sentidos. Los fabricantes saben muy bien lo importante que es el sexo para vender un producto y explotan esta circunstancia hasta sus últimas consecuencias.

En nuestro viaje espiritual, el sexo sólo es importante cuando está acompañado del amor. Sin amor sólo es sexo y tarde o temprano nos dejará con una sensación de vacío y soledad. Usarnos unos a otros como simples objetos de placer nos dejará un hueco en el corazón que nos resultará muy difícil llenar en el futuro. El amor que compartimos con otro ser humano hace que el sexo se convierta en un placer duradero. Por el contrario, el sexo no consigue que el amor se prolongue ni un segundo más. Una vez que hemos tenido la experiencia del sexo con amor, es imposible que encontremos algo más estimulante para los sentidos, más cercano al placer infinito. ¿Por qué conformarse con el sexo a secas cuando podemos disfrutar de algo más duradero y hermoso?

La espiritualidad para mí significa estar en armonía conmigo mismo y con aquello a lo que dedicas tu vida.

SANTIAGO LAMEIRO, treinta y tantos, director de comunicación, católico, España.

LOS MEDIOS DE COMUNICACIÓN

Por el uso que hacemos de ellos y el crédito que les damos, los medios de comunicación se han convertido en el mayor foco de influencia exterior en nuestras vidas. Son para nosotros, los occidentales, la principal fuente de información y entretenimiento. Están presentes en todos los aspectos de la existencia. No es de extrañar, pues pasamos cada vez más tiempo delante del televisor, escuchando la radio, leyendo periódicos o jugando con el ordenador.

Primero con la expansión universal de la televisión y ahora con Internet, el entretenimiento y la información, sean buenos o malos, están disponibles para nosotros las 24 horas del día todos los días del año. Tiempo atrás había momentos de descanso. Teníamos un respiro cuando se terminaban las emisiones televisivas o cuando las familias se reunían a comer alrededor de la mesa. Ahora las emisiones no cesan y las familias no hablan. Con sólo pulsar un botón podemos ver cualquier cosa. Internet ha abierto una puerta que será imposible cerrar. El ciberespacio se vuelve cada vez más grande. Se trata, es verdad, de una maravillosa herramienta que nos facilita el estudio o el trabajo y que nos permite hablar con amigos que viven en el otro extremo del mundo. Pero también propicia que la gente esté cada vez más aislada, con los ojos fijos en la pantalla, sin tener contacto con nadie. Muchas personas permanecen horas navegando por Internet. Los que participan en un foro, un chat, realmente no conversan, sino que se limitan a compartir información. ¿Qué clase de comunicación es ésa?

La llegada del ordenador personal dio pie a muchos cambios en la vida de todo el mundo, especialmente de las personas que vivían y trabajaban en las grandes ciudades. La información y la comunicación son fundamentales, pero el ordenador no tiene por qué ser un bien en sí mismo. Como hace con todos sus inventos, el hombre primero pensó en su uso y luego en sus consecuencias. La mayoría de los inventos occidentales se hacen sin tener en cuenta factores tales como su repercusión en la salud o el medio ambiente. Se supone que un invento es útil si no trae consecuencias negativas, y el ordenador no es una excepción. Pensemos en cómo nos sentimos después de usarlo un rato largo. Tenemos dolor de cabeza, la vista irritada y una sensación de rigidez general. Eso no puede ser bueno. El ordenador no fue un invento de ecologistas ni de pacifistas. Tampoco de personas preocupadas por la salud general.

Similar es el caso del teléfono móvil, del que ahora nadie puede prescindir. Ni siquiera recordamos cómo era la vida sin él. Cuando no existía se suponía que muchos de nosotros vagábamos sin rumbo tratando de averiguar dónde estaban almorzando nuestros amigos, o llegábamos tarde a todas nuestras reuniones... ¿Qué hacíamos en aquella época si alguien se retrasaba unos minutos en su cita con nosotros? ¿Es que ahora ya no ocurre? El teléfono móvil está permanentemente pegado a la oreja de las personas, sin que éstas sepan exactamente el daño que puede provocarles en el cerebro. Son inventos destinados, sobre todo, a hacer negocios. A quien inventó esos aparatos no le preocupó que sus ondas puedan o no afectar a largo plazo a los tejidos cerebrales. Sin duda, quedó muy satisfecho con su artilugio y consigo mismo. El teléfono móvil recibe sus señales de satélites que envían las llamadas a antenas situadas en lo alto de edificios o en las cimas de colinas. Las ondas electromagnéticas que nos llegan, no sólo desde teléfonos móviles, sino también desde el ordenador, el televisor, el microondas y los cables de electricidad, afectan a nuestro sistema nervioso. Lo mismo ocurre con otras ondas contaminantes como los rayos X y los rayos gamma. El teléfono móvil es especialmente pernicioso porque lo mantenemos mucho tiempo pegado a un órgano, el oído, que se comunica directamente con el cerebro. El cuerpo vibra en sintonía con el universo y la naturaleza, y cuando ese equilibrio se altera a causa de una multitud de vibraciones artificiales, somos perturbados y desequilibrados. Esto es lo que sucede cuando estamos hablando a través de un teléfono móvil.

Facilitar la vida, hacerla más cómoda hasta extremos obsesivos no es bueno. El exceso de comodidades nos está volviendo indolentes, porque hace que ya no tengamos que esforzarnos. Otros tendrán que trabajar con más dureza durante más tiempo y serán víctimas del estrés y la ansiedad; pero en eso nunca pensamos. La persona que se explora a sí misma sabe que hay que ser prudente ante los inventos «prodigiosos». No se deja «enganchar» por unas máquinas, con las que procura implicarse lo menos posible. Demasiada gente ve complicarse su existencia por aparatos y actividades teóricamente destinados a facilitarla. En lugar de prestar ayuda, se convierten en una carga.

Los medios de comunicación se apoderan de nuestro tiempo. Nos informamos leyendo los periódicos, viendo la televisión o escuchando la radio. Ver las noticias en la «tele», por ejemplo, se ha convertido en una costumbre para la mayoría de nosotros, sin que nos preguntemos por qué dedicamos tanto tiempo a semejante actividad. Casi siempre nos hablan de tragedias y conflictos. ¿Por qué les prestamos tanta atención? ¿Sentimos placer recibiendo tantas malas noticias? Habiendo, como hay, tantas cosas en la televisión y en la vida, ¿por qué nos sentimos atraídos sobre todo por las noticias? Podríamos argumentar que necesitamos estar informados de lo que ocurre en el mundo. Sin embargo, puede que la televisión no esté cubriendo esa necesidad. Dada su creciente carga de sensacionalismo, los informativos empiezan a parecerse a los programas de entretenimiento. Ya no se trata exactamente de información. Queremos que nos distraigan; así que los informadores en países como Estados Unidos, incluso cuando muestran asuntos graves, que se supone que no son divertidos, adoptan una forma muy peculiar de hablar y mostrar las imágenes. Procuran brindarnos espectáculo, para que nos quedemos paralizados ante la pantalla, sin aliento, esperando a ver qué sucede a continuación. Utilizan el lenguaje cinematográfico para mantener la atención de los espectadores. La ropa, el peinado y el maquillaje de los presentadores, su lenguaje corporal y su discurso están destinados a seducirnos. Incluso las sintonías, las ráfagas de fondo, con su tono dramático, preparan para la «gran» información que nos darán a continuación.

La mayor parte de las cosas que ocurren en el mundo suceden a miles de kilómetros de distancia. Aunque quisiéramos, no podríamos hacer nada para influir en ellas. Asistimos desde casa a las muertes en Afganistán e Irak, a las violaciones y torturas en las cárceles de esos y otros países; vemos a los chicos morir acribillados a balazos en Gaza. El aparato nos satura de imágenes terribles. ¿Qué sacamos en limpio de la contemplación pasiva de tantos dramas? La repetición de imágenes trágicas nos vuelve insensibles, acaba minando nuestra capacidad de compasión. Finalmente, casi sin darnos cuenta, las vemos como quien ve una película. El espectáculo del dolor y la muerte no es más que una sucesión irreal de fotogramas. Nos levantamos por la mañana, nos duchamos, preparamos el desayuno y leemos el periódico o ponemos la televisión. Luego dejamos el periódico o apagamos el televisor, y se acabó. Nuestro compromiso con la realidad ha terminado. Los sentimientos por lo que acabamos de ver o leer, si los hay, quedan sepultados por las urgencias de la vida que llevamos. Muchas personas ni siquiera son conscientes de esta pérdida de sensibilidad. Si preguntamos a la gente qué siente al ver las imágenes de tragedias tan gigantescas como las recientes inundaciones del Pacífico, que nos mostraban cómo morían ahogadas muchas personas, ¿cuál es su reacción? Por supuesto, la mayoría dirá que es algo terrible, ¿pero esa visión será lo bastante perturbadora como para que dejen de acudir a una fiesta o una comida? ¿Les hará perder el sueño? Probablemente no. Nuestra perspectiva de la vida está absolutamente trastocada. Nos preocupamos demasiado del «yo» y muy poco del «ellos». Lo lejano, por terrible que sea, no nos afecta. En nuestro camino de espiritualidad, el pensamiento es una herramienta muy poderosa. Si lo usáramos más y con más generosidad, veríamos que puede hacer milagros.

Lo que escuchamos o vemos no siempre es la verdad. Si la aceptamos como tal, puede convertirse en nuestra «falsa» verdad durante mucho tiempo. De esta forma, es posible que nunca lleguemos a conocer la verdad auténtica. Sabido es que la prensa tiene la obligación de informar, pero también es cosa conocida que cada vez está más contaminada por el fenómeno del sensacionalismo. Cuando nos cuenta una historia, se esfuerza por hacerla parecer aún más llamativa de lo que ya es de por sí. El comunicador sensacionalista fija nuestra atención, pero a la larga consigue que sea una atención acrítica. Acabamos siguiendo las noticias más con los sentidos que con la inteligencia. En países como Estados Unidos o Inglaterra esta tendencia es muy acusada. Los informadores, los presentadores, llevan tanto maquillaje que parecen caricaturas en lugar de personas de carne y hueso. Al dar las noticias parece que revelan secretos que hasta ese momento sólo ellos conocían. Cuando empiezan a contar lo que realmente sucedió, nos dejan con la miel en los labios: llega la pausa publicitaria. Nos atan al televisor poniéndonos el cebo de la guerra que ha estallado o el volcán que ha entrado en erupción, para hacernos ver publicidad de cereales, agencias de viajes, automóviles o perfumes. Diez minutos después, como si fuera lo más natural del mundo, el comunicador reanuda el relato de los dramas mundiales. Cómo no nos vamos a volver insensibles con esta manera de informar.

El entretenimiento tiene un impacto importante en nuestras vidas. La sociedad actual concede gran importancia al placer y la diversión. Vivimos en la civilización de los buscadores de placer. Para encontrarlo, no desaprovechamos la más mínima oportunidad que se presente. Ya hay quien considera que lanzarse en paracaídas desde un avión es una actividad aburrida, porque hay diversiones aún más «emocionantes». Saltar desde un rascacielos le parece más arriesgado porque está más de moda en este momento. El hombre conquista por «deporte» montañas, ríos y mares. Es capaz de cruzar los océanos en un bote de remos, para poder decir luego que fue el primero en conseguir esa hazaña. Ya no basta con esquiar simplemente, hay que saltar desde los picos más altos, deslizándose sobre tablas, haciendo toda clase de acrobacias. Los surfistas desafían a la Madre Naturaleza buscando la «gran ola» durante la marejada. También bajo el mar se persigue el placer del riesgo. Una pareja batió no hace mucho el récord mundial de inmersión a pulmón libre. En el libro *En el abismo azul*, podemos leer como una mujer descendió a una profundidad excesiva y murió. El marido quedó destrozado. Y todo ¿para qué, para luego poder decir que habían conseguido una plusmarca? Ponemos un precio muy bajo a la vida en estos tiempos. ¿Hasta dónde se puede forzar a un cuerpo frágil, concebido para soportar la vida normal, sometiéndolo a continuos excesos sin más propósito que batir marcas o realizar hazañas de todo tipo?

La mayor parte de los placeres y entretenimientos de la sociedad occidental son poco saludables y no aportan nada positivo a nuestras vidas. Durante años fumar fue considerado una actividad gratificante y ahora la gente huye del tabaco, consciente de que mata. Muchos luchan contra la adicción. Otros no abandonan el hábito, pese a que quizás les provoque graves enfermedades, pues también les produce placer. ¿Por qué se convirtió en una moda aspirar nicotina y monóxido de carbono?

La socialización también ha tomado otro rumbo con el nacimiento del nuevo siglo y la revolución tecnológica. Acudir a un bar, un club nocturno o una discoteca es la actividad preferida de los jóvenes; pero en estos ambientes la socialización es falsa, apenas consiste en mirarse los unos a los otros, otear en busca de compañía para pasar la noche, subasta silenciosa entre el estruendo de la música. Al observar esta forma de placer desde una óptica espiritual, comprobamos que «divertirse» en lugares en los que imperan el alcohol y las drogas y el ruido impide la comunicación tiene efectos sobre nuestras mentes. Que este entretenimiento sea muy popular, que parezca gustar a todo el mundo, no quiere decir que sea bueno para nuestro espíritu.

Beber es otro de los placeres que tiende a llevarnos por el camino equivocado. El alcohol es una sustancia estimulante que nos hace perder el control de los sentidos. Beber hasta aturdirnos no nos ayudará en nuestra vida. El cuerpo no necesita la ingesta de alcohol, la mente tampoco. ¿Por qué encontramos placer en él si el cuerpo lo rechaza en cuanto entra en el sistema circulatorio? Quizás sea un aburrimiento vital, una búsqueda de estímulos artificiales, lo que nos arrastra a estas formas nocivas de entretenimiento, sin comprender el efecto que realmente tienen en el interior del cuerpo. Si fuésemos capaces de ver lo que nos estamos haciendo por dentro, nos echaríamos a llorar. Nada más ingerir el alcohol, el cuerpo se ve forzado a filtrar todo el líquido. Es verdad que una o dos copas no emborrachan y hacen pasar un rato agradable, pero obligan al organismo a realizar esfuerzos indebidos. ¿Por qué no inventamos productos destinados al placer que sean más saludables?, ¿por qué parece gustarnos más las sustancias insanas? ¿Proporcionan más placer que las inofensivas?

La asistencia a salas de *striptease*, a locales de ocio «sexual», es otra forma de entretenimiento que denota un nivel espiritual muy bajo. Usar, para divertirse, a otro ser humano de forma degradante no es pasatiempo, sino abuso. Cuando un hombre paga a una chica para «pasar un rato», habría que preguntarle si encontraría vejatorio que eso le sucediera a su hermana o su madre. No vemos a los otros como parte de la familia humana.

La televisión sabe cómo engancharnos porque conoce nuestras debilidades. Las cadenas realizan estudios, tienen en nómina a especialistas en los hábitos y deseos, que no necesidades, del telespectador. Examinemos, por ejemplo, el caso del márketing. El hecho de que existan encargados de encontrar la mejor manera de vendernos las cosas resulta perturbador. Si necesitamos algo, lo compramos. ¿Por qué hace falta que otros nos digan lo que tenemos que adquirir? Un ejército de expertos se lanza sobre el consumidor para venderle cualquier cosa, desde un tomate hasta un coche. El márketing busca los sectores de población a los que puede vender esto o lo otro más fácilmente. Se estudian con detenimiento los hábitos de las personas, hasta saber en qué prefieren gastar su dinero para procurarse una vida más fácil o más placentera. Una vez realizado el estudio, se saca al mercado el producto que seducirá a ese grupo social. En cierto sentido, nos espían en busca de nuestros puntos débiles. Quieren neutralizar nuestras defensas contra el consumismo, y lo logran. Por eso una empresa como Marlboro saca al mercado el producto Marlboro Médium. Ya tenía las variedades Marlboro Red y Marlboro Light, pero le faltaba algo para aquellos que detestan los productos *light*, porque consideran que son para gente débil, pero ya no tienen los pulmones aptos para soportar el tabaco normal. Los magos del márketing nunca pierden un cliente, porque están atentos a nuestra forma de ser y pensar. Hace algunos años, cuando acababan de aparecer en el mercado los Marlboro Médium, la modelo Linda Evangelista me comentó: «Es una lástima que haya dejado de fumar porque los Médium habrían sido perfectos para mí». Acababa de tener graves problemas en uno de sus pulmones, pero, incluso en su estado, añoraba el cigarrillo que consideraba «perfecto» para ella. Naturalmente, la venta de alcohol y tabaco es un negocio como los demás. Tiene límites que no se ponen a otros productos. Nunca leeremos «come patatas fritas con moderación» o «el helado puede hacer que te crezca el culo». Quizás deberíamos exigir que también los productos considerados inocuos llevaran leyendas avisando de sus peligros. En cualquier caso, somos nosotros los que debemos usar el sentido común, sabiendo que cualquier exceso produce desequilibrios de salud, y que, por el contrario, comer y beber de forma moderada contribuye a la armonía de nuestro organismo. No queremos decir que todo sea malo en la publicidad o el márketing, sino que debemos ser conscientes de que no necesitamos comprar tanto como compramos, y desde luego no hemos de considerar bueno un producto simplemente porque nos lo diga quien lo vende.

Las empresas tienen analistas y estrategas cuya misión consiste en descubrir las pautas de comportamiento del consumidor, investigando sus hábitos. La economía actual depende de que no dejemos de gastar. Consumiendo, mantenemos vivo el mercado. Vivimos sometidos a la presión de numerosas fuerzas que se lanzan sobre nosotros para decirnos cómo habrá de cambiar nuestra vida si compramos mil productos distintos. Debemos ser fuertes. La capacidad de decir «no» es de gran ayuda en el camino de la espiritualidad, «no» a tantas cosas innecesarias, «no» a todo aquello que perturba nuestra paz. Swami Satchidananda, en la traducción de los *Sutras del yoga* (texto considerado como la Biblia de esta práctica espiritual), nos recomienda que no entreguemos nuestra paz, suceda lo que suceda. La paz siempre debe ser nuestro centro de gravedad, independientemente de lo que ocurra a nuestro alrededor. Fiestas como la Navidad, según la creencia cristiana, se instituyeron para la reunión, el recogimiento y el agradecimiento a Dios por su bondad y generosidad. Éstos son los valores con los que se supone que deben crecer y educarse los niños en esta sociedad occidental. Sin embargo, la Navidad es en realidad la época menos recogida y más consumista de todo el año.

Los especialistas en las tendencias del mercado siempre encuentran la manera de hacernos consumir más. Son capaces hasta de bombear oxígeno en las salas de juego para que la gente se mantenga despierta y pueda seguir gastando. Pero no podemos culparles a ellos de nuestra propia indolencia. En el fondo, son como todos nosotros. Nuestra obligación no es acusarles, sino aprender a decir no. En la cultura occidental, el «no» tiene una connotación psicológica negativa, es una palabra que suele poner en guardia a la gente. Los creativos de publicidad no la emplean, porque se prohíben a sí mismos cualquier mensaje que no tenga una carga plenamente positiva. Pero en muchas ocasiones es bueno decir que no, sobre todo cuando lo contrario significaría poner más presión sobre nosotros mismos, simplemente para emular a los demás. Si observamos nuestro interior, comprendiendo que somos débiles y que nuestras decisiones o elecciones se originan en nuestras inseguridades, dejaremos de buscar compulsivamente consuelos materiales externos.

En la civilización occidental el entretenimiento procede fundamentalmente de la televisión, el cine, Internet y la industria musical. En esas fuentes obtiene la mayoría sus momentos de diversión. Hay estudios que indican, por ejemplo, que en Estados Unidos el 98,5 por ciento de la población tiene televisión y que el 90 por ciento posee dos televisores en su casa. El promedio de horas semanales que el norteamericano pasa delante de la pantalla asciende a 51. Cuando un chico alcanza la mayoría de edad habrá presenciado en la televisión 200.000 actos violentos y 16.000 asesinatos. Al mismo tiempo, habrá visto 360.000 anuncios. Cada mañana de sábado, por ejemplo, habrá sido bombardeado con 200 spots de comida basura. Una encuesta realizada entre los ejecutivos de Hollywood muestra que el 80 por ciento de ellos cree que la violencia en la televisión promueve la violencia en el mundo real. Pese a ello, siguen haciendo los mismos productos eufemísticamente llamados «de acción». A la vista de todos estos datos no es arriesgado augurar que nuestros futuros adultos tienen y continuarán teniendo muchos desórdenes, desequilibrios e inseguridades.

Todas estas formas de ocupar el tiempo libre se consideran «entretenimiento pasivo». Nos limitamos a sentarnos delante de la pantalla, inactivos y sin más obligación que procurar que nuestros ojos sigan las imágenes y nuestros oídos capten las palabras y las músicas. Practicado en exceso, el entretenimiento pasivo nos acarrea muchos problemas de salud. Al realizar estas «actividades» no necesitamos pensar demasiado. Todo nos lo dan hecho. Las imágenes hacen innecesario el vuelo de nuestra imaginación, las voces opinan por nosotros. Ocurre lo contrario que al leer un libro, pintar un cuadro o dar un simple paseo, entretenimientos todos ellos que requieren cierto grado de actividad. No es de extrañar que los niños presenten problemas de atención y concentración cuando dedican mucho tiempo a los videojuegos. La programación de las televisiones occidentales no es un modelo de equilibrio espiritual, no proporciona paz y serenidad a la persona que está sentada delante del televisor.

Una de las formas más bajas de entretenimiento surgidas en los últimos años son los llamados *reality shows*. Estos programas se han convertido en un pasatiempo que degrada y perturba a las personas. Se critica y se insulta a cualquiera. Se desmenuza, para someterlo a juicio, el modo de vida de la gente. Es un espectáculo negativo para todos los que intervienen: el entrevistador, el entrevistado y la misma audiencia que lo está viendo. Un puñado de personas actúa como si fuese superior a otros individuos. Tratan de hacernos creer que saben cuál es la forma correcta de actuar y que ese don les da derecho a criticar a los demás. En realidad, todos son igualmente malos, pues critican a otros por comportarse de la misma forma en que ellos se comportan. En estos programas cobran todos: los que despellejan y los que son despellejados. ¿De verdad nos entretienen estos espectáculos? ¿Por qué resulta atractivo para la audiencia este despliegue de abyección? Nuestra forma errónea de pensar nos ha llevado a un punto en el que nos divierten la miseria y los defectos de los demás. Y para colmo, somos hipócritas, pues padecemos muchas de las lacras que nos parecen tan llamativas en los protagonistas del *reality* de turno. Nos reímos de la gente, la ridiculizamos, porque hacen las mismas cosas que nosotros. No estamos ante un entretenimiento placentero, sino ante un desahogo o, mejor dicho, una vía de escape. Es la búsqueda de una víctima propiciatoria a quien señalar para eludir nuestra responsabilidad, proclamando que «el malo» es el de la pantalla, y no uno mismo. No podemos ser espirituales y, a la vez, entretenernos con el espectáculo de las faltas ajenas. El hecho de que los demás ocupen el centro del escenario y se encuentren en una situación vulnerable, obligados a reconocer sus fallos, no hace que desaparezcan los nuestros.

Otro producto negativo que parece fascinarnos es el crimen. Toda forma de crimen, desde el asesinato hasta la violación, la estafa o el robo, se ha apoderado de la programación. La mayoría de los espacios televisivos tiene este contenido, aunque se disimula rebautizándolos, haciéndonos creer que vemos un «drama», un telefilme «de suspense» o una serie «de acción». El éxito de este tipo de emisiones muestra el estado de nuestro espíritu, tanto en el terreno individual como en el colectivo. Los programas protagonizados por el crimen y los criminales gustan porque vivimos en un mundo lleno de amenazas, alarmas y angustia. Como en los informativos, en estos productos televisivos siempre hay alguien que mata, muere, miente, engaña, roba o desaparece. No existe ninguna diferencia de fondo con los noticiarios. Unos siguen el ejemplo de los otros, recreando las tramas. Cuando vemos las noticias y nos enteramos de que ha muerto un montón de gente, no queremos mostrarnos insensibles. Simulamos estar muy afectados, no reconocemos que a través de la televisión somos incapaces de identificarnos con todas esas lejanas víctimas. Los chicos trastornados del instituto de Columbine, que entraron armados en el centro y mataron e hirieron a otros alumnos y a varios profesores, porque estaban enfadados, ignoraban la repercusión que sus acciones tendrían en tanta gente. Nos contaron que los dos se dedicaban a escuchar música heavy y ver películas saturadas de matanzas y asesinatos. Los dos jóvenes acabaron suicidándose después de asesinar a varias personas. Esta historia nos trae a la mente nuevas preguntas, por ejemplo, ¿qué sentido tienen las películas violentas? Es probable que muchos otros chicos hayan tenido la misma idea que los dos muchachos de Columbine, aunque finalmente no la llevaron a la práctica. Los adolescentes deben enfrentarse a muchos desafíos en su casa y en la escuela. Frecuentemente están confusos, sufren déficit de atención, porque se les deja que vean y escuchen, casi siempre solos, un montón de cosas para las que todavía no están preparados. Como padres o tutores, les estamos haciendo mucho mal al no indicarles el camino correcto y permitir que reciban toda clase de estímulos, sin ofrecerles demasiadas explicaciones sobre ellos.

Sigamos haciéndonos preguntas. ¿Por qué encontramos entretenido el hecho de ver cómo se asesina o se maltrata a otro ser humano? ¿Por qué no aceptamos estas situaciones cuando son reales? ¿Por qué las buscamos en el ámbito de la ficción? Podríamos decir que son los cineastas quienes hacen las películas; pero en seguida se nos puede replicar que ellos hacen lo que la gente demanda. Nuestra sociedad acepta estas cosas como normales, pero no lo son en absoluto. En realidad, estamos echando una carga muy pesada sobre los hombros de las generaciones futuras. Nos demos cuenta de ello o no, nuestra psique, la parte más profunda de la conciencia, está absorbiendo toda esta carga negativa y procesándola para su uso futuro. La violencia no se exterioriza necesariamente en el momento en que la experimentamos, sino que puede permanecer latente, enraizada en la conciencia, hasta que una situación determinada hace que se libere. El disparo de nuestra violencia contenida traerá graves problemas.

Los Soprano y *Sexo en Nueva York* son las series que más éxito han tenido en Estados Unidos y en varios países europeos en los últimos tiempos. Contaron con millones de espectadores. La primera trata de un grupo de mafiosos que disparan contra todo lo que se mueve, y la segunda habla de las relaciones que no funcionan, y viene a decirnos que el sexo es lo más importante en la vida. He aquí dos ejemplos de programas que engendran violencia o confusión, especialmente en jóvenes impresionables que aún no conocen cuáles son sus límites en la vida. Si los adultos también siguen estos programas, el mensaje que se envía a esos jóvenes es el siguiente: puedes actuar de este modo cuando seas mayor, pero no ahora, porque es un privilegio de los adultos. Los padres ven y permiten ver a sus hijos las series, y al mismo tiempo les enseñan que la violencia es mala y que no deben pelear en la escuela. Entonces el niño se confunde, se pregunta por qué el adulto mira encandilado estos programas violentos y, al mismo tiempo, le dice que esas cosas no se deben hacer. Desconcertante.

Claro síntoma del tipo de mentalidad que estamos creando es que vemos películas cuyo argumento conocemos de sobra, porque en el fondo todas las películas son iguales, son productos de serie. Hollywood no produce películas para hacernos pensar, sino para que nos sentemos en la butaca y nos comportemos como vegetales. Ya sabemos que el bueno ganará o conquistará a la chica, saldrá victorioso de la batalla o salvará al mundo. ¿Por qué queremos ver lo que tenemos visto un millón de veces?, ¿por qué los estudios producen estos filmes tan obvios? Porque en nuestra cultura predomina la preocupación por tenerlo todo controlado. Nos da miedo que algo se salga de lo previsto. El tráiler de una película no es más que una forma de engaño, o quizás de autoengaño. Son imágenes excitantes, las mejores escenas del filme, reunidas para dejarnos con el deseo de saber más. Y sin embargo, sabemos cómo acaba la película sin necesidad de haberla visto.

La entrega de premios cinematográficos y audiovisuales se ha convertido en un fenómeno asombroso. Hay tantas ceremonias iguales que todas han perdido su significado. El hecho de que se concedan premios es bastante extraño, porque establece más división entre las personas. Son competiciones destinadas a que la gente diga o muestre lo maravillosa y diferente que es con respecto a cualquier otra persona del mundo. La valoración positiva de tu trabajo por los otros es algo maravilloso, pero el autobombo, la adulación cuando se premia a alguien, no hacen sino alimentar el ego y dejar vacío el corazón. ¿Por qué sólo se premia a unos pocos, si en todo gremio la mayoría hace bien su trabajo? ¿Por qué sólo hay premios en las profesiones a las que se dedican los «famosos», los que tienen «glamour»? Se premia a unos cuantos actores por algo que les encanta hacer; pero los conserjes que detestan limpiar la suciedad de los demás no son considerados dignos de homenaje. ¿Por qué hay profesiones que nos resultan «especiales» y ocupaciones que nos parecen desdeñables? Los maestros y profesores que nos enseñan, las doctoras y enfermeros que nos salvan la vida o los conductores de autobús y los ferroviarios que trabajan toda la noche para brindarnos un buen servicio, siempre a cambio de sueldos modestos, ¿por qué no merecen ser premiados? Habría que galardonar a la madre soltera que crió sola a sus hijos, o a los abuelos que han permanecido juntos durante cincuenta años. Premiamos a la gente por hacer su trabajo, o sea, por cumplir con su obligación, pero no recompensamos al auténtico héroe ni a las personas de talento que, sin esperar nunca nada a cambio, ayudan a los demás y muchas veces dan su vida para salvar la nuestra. Es mucho más difícil llevar una vida de amor, entrega y generosidad con todo el mundo que aprender a caminar por una pasarela o a chutar un balón. Pero se premia lo segundo, no lo primero. No deberíamos esperar palmaditas en la espalda por hacer lo que es debido. La gratificación debería ser la simple conciencia del trabajo bien hecho. Y también tendría que satisfacernos y estimularnos la buena labor de los otros, realizada sin el estímulo de los premios. Nuestra motivación debería ser el servicio a los demás y no a nosotros mismos.

Estimulan nuestros sentidos para inducirnos a ver lo que quieren que veamos. Somos esclavos de todo lo que oímos, tocamos, olemos, saboreamos y contemplamos. Nos hemos vuelto insaciables, nunca creemos tener el entretenimiento suficiente. Por eso resulta tan sencillo controlarnos, traernos y llevarnos como si fuéramos ovejas que no saben, ni les importa, lo que realmente está ocurriendo. Siempre caemos en la cuenta de que nos manipulan cuando ya es tarde. Permitimos que nos manejen a través de uno de nuestros sentidos, igual que se engaña a un burro con una zanahoria. En su libro *El arte de la felicidad*, el Dalai Lama nos dice que cada vez que deseemos hacer algo, lo mismo da que se trate de asistir a una cena, preparar un bocadillo o simplemente dormir a pierna suelta, tenemos que preguntarnos si eso aumentará o no nuestra felicidad. Si queremos comprar más, comer más, tener más relaciones sexuales, jugar más, trabajar más, ganar más o dar más, siempre debemos preguntarnos si eso nos hará felices. Ninguno de nosotros goza de equilibrio todo el tiempo en la vida, de modo que no es fácil entender qué nos traerá la felicidad que todos estamos buscando. Pero podemos saber que hay algunas cosas que, obviamente, no nos harán felices. Por tanto, podemos empezar por eliminarlas de nuestra vida. Luego, a medida que hagamos buenas elecciones, otras acciones y consecuencias positivas se irán presentando en nuestro camino. No hay duda de que si seguimos acumulando tanta carga negativa en nombre del entretenimiento, llegará un día en el que no seremos capaces de ver que se trataba de actividades banales. Deberíamos organizar nuestros entretenimientos y lo que llamamos «placer» de una manera positiva, si queremos ser capaces de salir adelante en todas las facetas de nuestra vida. El único final feliz que importa es el de nuestra existencia. A su logro hemos de encaminar nuestros pensamientos y nuestras acciones.

Para mí la espiritualidad es pureza, felicidad y paz.

YOLANDA SACRISTÁN, treinta y tantos, directora de *Vogue,* residente en Madrid.

RELACIONES

En este punto llegamos a lo que probablemente sea el aspecto más complejo de la vida de todos los seres humanos. Las relaciones han sido y siguen siendo muy difíciles de entender, quizás por culpa de nuestras propias actitudes. Nosotros mismos somos los responsables de que las cosas se enreden dentro de una relación. La razón siempre es la misma: el egoísmo, el defecto que hace que siempre deseemos hacer las cosas a nuestra manera. Una relación no es otra cosa que dos personas que deciden unirse para compartir su tiempo. En sí misma no es nada, sólo existe en la medida en que hay dos personas, dos voluntades. No tiene sentido preguntar a alguien si su vida cambió cuando tuvo un hijo, porque la vida en sí no cambia, lo que se transforma es la gente según varían las circunstancias. Las relaciones más delicadas son las que se entablan entre personas emocional y sexualmente unidas. Algo menos complejas, aunque frágiles también, son las que unen a los seres humanos a través de la comunicación. Pero no debemos perder de vista que el resto de nuestras relaciones, las laborales, las amistosas, las de vecindad, afectan a la relación central, la que tenemos con nuestra pareja. Por eso es fundamental que prestemos atención a todas por igual. Si consideramos que sólo tiene importancia la pareja y descuidamos las demás relaciones, nos encaminamos hacia la decepción. Pensamos que nuestra pareja es especial, pero un día hace algo «inesperado» y ese carácter «especial» desaparece. Nuestra pareja se convierte en una persona como otra cualquiera, que además nos ha decepcionado. Pero no nos engañemos: no fue la pareja quien se subió al pedestal, fuimos nosotros quienes, en nuestros pensamientos, la subimos a él.

Mantener una relación es difícil por muchas razones. Todo lo bueno y todo lo malo que nos ocurrió en la infancia empezó a moldear la forma en que tratamos a los demás, y por tanto también nuestra manera de afrontar las relaciones amorosas. Todos somos producto de aquellos pensamientos y actos de nuestros mayores que marcaron el principio de nuestro conocimiento de la vida. Ésa es nuestra base común, pero luego crecimos y hemos llegado al presente tratando de encontrar nuestro camino, una tarea difícil si estamos solos, complejísima cuando se realiza en el seno de una pareja.

Pasar de la dinámica individual a la que se establece entre dos personas es el gran desafío de la relación amorosa. Ya no nos vemos sólo a nosotros en el espejo cada mañana. Ahora hay otra persona. Nos cuesta explorarnos, conocernos de verdad a nosotros mismos. Es difícil, incluso cuando practicamos la búsqueda en el propio corazón. Por si no fuera bastante, ahora hay que conocer a la otra persona, y aún más, indagar en ese tercer elemento que es la unión de ambos. Hemos buscado a otra persona que pueda amoldarse a nuestro carácter, nuestra manera de ser y pensar. Parece una tarea de titanes, pero finalmente la encontramos. Su búsqueda no es el problema; la cuestión es si somos capaces de establecer un contacto armónico. En general, tenemos un estilo de vida egoísta. En todas partes escuchamos que tenemos que creer en «nosotros mismos» y luchar para llegar a ser «alguien» en la vida. Se alimenta de tal manera nuestro ego que no es difícil que perdamos el norte y acabemos convencidos de que somos muy importantes. El objetivo de «ser alguien», es decir, ser rico, o como poco acomodado, lo anteponemos al de la felicidad y el amor. Así, cuando tenemos la oportunidad de conocer a una persona, habitualmente nos encontramos con otro egoísta, un pasajero que viaja en el mismo barco, por el mismo mar y tratando de llegar al mismo puerto que nosotros. Ya tenemos a dos buscadores de éxito, en lugar de uno. La gente, por lo común, no se esfuerza en tener una mayor comprensión de su propio yo antes de comprometerse en una relación con alguien que quizás tampoco se entienda a sí mismo. Si en el pasado no hemos realizado ninguna búsqueda, las esperanzas de encontrar la felicidad junto a otra persona son escasas. Puede que encontremos una pareja que nos dure años, pero hemos de preguntarnos si se trata de una relación equilibrada, sustentada en el amor y la compasión. La felicidad es un camino espiritual que encontraremos cuando hayamos realizado nuestra «exploración del alma». Hemos de prepararnos para alcanzar la felicidad.

Si somos capaces de superar el egoísmo que nos caracterizaba cuando estábamos solos y aceptar a otra persona en nuestra vida, habremos iniciado un viaje que, por una parte, es hermoso y, por otra, está lleno de peligros. Se trata de saber si estamos preparados para llevar a cabo el «trabajo» físico y emocional que requiere la nueva convivencia. Más aún, quizás haya que establecer primero si es necesario hacer esfuerzo alguno al respecto. Si buscamos a la «persona perfecta» y no estamos dispuestos a cambiar ninguno de nuestros viejos pensamientos, opiniones o ideas, la relación sobrevivirá apenas unos días. Si somos capaces de prescindir de la noción del «compañero perfecto», quizás exista la posibilidad de que la relación crezca hasta volverse hermosa. El mito de la persona perfecta pertenece al reino de la fantasía y las expectativas imposibles.

Desechada la idea de que pueda existir la pareja perfecta, es hora de hacer frente a la dinámica que se crea en la sociedad actual cuando se unen dos personas. Nos encontramos con un dilema que está presente en la vida humana desde hace miles y miles de años: el reparto de papeles entre el hombre y la mujer. La mujer, tenida por la parte más débil de la especie, se las ha visto con el hombre, que ha empleado la fuerza física para imponer su ley, su forma de vida. Innumerables veces, la historia y la literatura han descrito a la mujer como un ser inferior que sólo es capaz de llevar a cabo determinadas tareas, principalmente encaminadas a satisfacer las necesidades del otro sexo. Al perpetuarse esta situación durante tanto tiempo, la mujer buscó defenderse afinando la sensibilidad y la inteligencia, y se volvió mentalmente más poderosa. Imperceptiblemente, el hombre perdió de forma gradual el control de la situación. El macho iba a la guerra, ajustaba cuentas con la espada o la pistola, mientras la mujer preparaba su liberación enriqueciéndose mentalmente. El hombre nunca comprendió lo que pensaba y experimentaba la mujer, porque no estaba en contacto con ella y tampoco con su pensamiento.

Habituado a utilizar más los músculos que el cerebro, el hombre practicaba la conquista en lugar de la seducción. Cuando empezó a notar que la mujer le había superado en inteligencia y poder de comprensión, se sintió incómodo. Tras derramar su sangre durante generaciones, luchando contra otros clanes, otras tribus, otras naciones, era incapaz de enfrentarse a su compañera en el terreno humano, pues ella había alcanzado la superioridad espiritual. En casa, en estrecho contacto con la vida auténtica, criando a los hijos, moldeando el hogar, aprendió muchas más cosas que el hombre.

En nuestra época, la mujer occidental ha experimentado una creciente liberación del mundo y las aspiraciones del hombre. El fenómeno es tan reciente, y aún tan incompleto, que necesita tiempo para adaptarse a esta nueva vida por la que ha luchado tan arduamente. La mujer trata de ajustar su comportamiento, por ejemplo, al mundo laboral, que sigue siendo masculino. Busca su propio papel, ya no se conforma con el de simple esposa y ama de casa. En el ámbito de la política y de las grandes empresas, todavía no ha conquistado la igualdad con el hombre. Podemos decir que esa aspiración está siendo combatida intensamente por aquellos varones que sólo aciertan a ver en la mujer una creciente amenaza. Los hombres que se resisten viven un serio conflicto interno. Tratan de aparentar que son mejores políticos o líderes económicos que ellas; pero a la vez temen que, si les dan la oportunidad de ocupar esos cargos, las mujeres acaben demostrando que lo hacen igual o mejor.

La mujer, recién liberada, se enfrenta al reto de su nueva condición. Hombres y mujeres difieren en su naturaleza y su personalidad. Incluso el hombre moderno sigue aferrado al papel que percibe como natural, vieja idea perpetuada por la familia y los medios de comunicación. El hombre aún siente que debe ser dominante y «macho», porque cree que de otro modo no sería un hombre. Muchos varones siguen defendiendo los intereses masculinos, y ese empeño moldea su personalidad. Frente a los machistas extremos han aparecido los llamados hombres «metrosexuales», que se sienten capaces de utilizar su lado femenino. En medio hay varias generaciones de hombres que se han quedado a la mitad del camino, indecisos a la hora de elegir entre las nuevas ideas o los viejos prejuicios. Estos últimos provienen de la infancia. Los padres, habitualmente, les dicen a sus hijos una cosa, mientras que las madres les dicen otra completamente distinta. De ahí que tantos hombres sigan dudando sobre lo que es o no es correcto. En Occidente los hombres viven con ideas del pasado y las mujeres con ideas del presente, lo cual no facilita las relaciones.

Los cambios en las relaciones de pareja se hacen visibles en los comportamientos que se tienen hacia el matrimonio en los diversos países. En España, por ejemplo, las jóvenes se casan y tienen hijos más tarde que sus madres. Las estadísticas indican que la mayoría lo hace pasados los treinta años, mucho después, por ejemplo, que las inglesas, quienes tienden a formar su familia a edad más temprana. Las mujeres estadounidenses, por su parte, especialmente en las regiones que conforman el llamado «cinturón de la Biblia», han sido criadas y educadas para buscar marido y tener hijos, una casa con jardín, un coche, un perro. La condición de ama de casa tradicional se considera ideal. Al menos eso es lo que se desprende de tantas y tantas películas y series de televisión, concebidas, en verdad, por hombres.

La crisis desatada en las relaciones por la revolución femenina no afecta sólo a Occidente. Los informes que llegan de Japón muestran que en las principales ciudades del país existen los mismos problemas. Hay un elevado índice de divorcios y un creciente número de jóvenes que deciden vivir solos. Una serie de entrevistas hechas a jóvenes japoneses mostró que sus padres les habían educado al viejo estilo y que eso no les facilitaba las cosas. La moderna mujer japonesa tampoco quiere ser prisionera en su propia casa. Los hombres jóvenes decían que no podían encontrar a nadie menor de 45 años que pudiese ser su futura esposa, pues ninguna joven respondía al patrón tradicional. Las chicas, por su parte, decían que preferían quedarse solteras y trabajar a ser esclavas de las viejas costumbres del hombre. La modernización trae los vientos del cambio muy deprisa y no tarda en dejar atrás, sumidas en el aislamiento y la nostalgia, las antiguas ideas. En Turquía se está colocando en primer plano la cuestión de los derechos humanos, y eso incluye, claro está, las reivindicaciones de igualdad femenina. La generación veterana afirma que se vive peor que antes, porque la mujer ahora tiene que trabajar y no se ocupa del hogar y las personas mayores, como lo hacía antaño. El hombre no entiende que la mujer ha sido desde hace mucho tiempo un ave prisionera, siempre dispuesta a escapar de la jaula que él había construido para ella. En la actualidad, la mujer india quiere decidir por sí misma con quién habrá de casarse. Ya no admite que sean sus progenitores, especialmente su padre, quienes se encarguen de elegir a quién debe amar. Saben que los miedos y las tradiciones las obligan a realizar elecciones fundadas en el bienestar material y no en el amor. ¿No es terriblemente egoísta este comportamiento paterno? Si preguntamos a un padre indio por esta cuestión, siempre responderá que sólo está pensando en su hija, que él sabe lo que es mejor para ella.

La comunicación es una de las llaves que abren el corazón para comprender y amar a otro ser humano. La comunicación entre ambos sexos se ha roto porque el hombre no quiere desprenderse del control, de los viejos hábitos, y la mujer no está dispuesta a renunciar a lo que anhela, a que el hombre cambie. Vivir según los patrones, ideales o expectativas de otra persona supone echarse encima una enorme carga. Y eso es lo que la mujer está haciendo, presionar al hombre con la exigencia de que cambie sus pautas de comportamiento. Aunque el hombre esté equivocado, no es bueno insistir en que varíe sus hábitos si no quiere hacerlo, o si no ve que exista necesidad de ello. Puede que el mejor recurso para conseguir el cambio no siempre sean las palabras. Tal vez resulte más útil la práctica diaria, convertirse en un ejemplo para él, de modo que sea capaz de ver por sí mismo cuál debería ser su comportamiento. El ejemplo tiene una ventaja sobre las palabras: no es recibido por el otro como una crítica, un reproche o un juicio injusto. Dar ejemplo, en fin, nos fortalece, pues nos permite poner en práctica lo que consideramos el camino correcto. No podemos pensar que, nada más conocer a alguien, éste va a cambiar en el sentido que

Postura meditativa o de oración.

Ardha Matsyendrasana: flexibilidad de la columna, purificación del hígado y mejor digestión.

Virabadhrasana II: postura que proporciona fuerza a las piernas y ayuda a la flexibilidad de espalda y piernas.

Nadi Sudhi: práctica respiratoria que equilibra la mente, calma y alivia el estrés y la ansiedad: bloquear el conducto derecho de la nariz y expirar e inspirar por el izquierdo, a continuación hacer lo mismo con el otro conducto e ir alternando. Este ejercicio debe realizarse durante unos minutos al principio hasta que se tenga práctica.

Vrksasana: estabilidad y equilibrio.

Virabadhrasana I: postura que proporciona fuerza y equilibrio.

Tadasana: pararse con los ojos cerrados ayuda a equilibrar la mente.

Bhujangasana: ayuda a la circulación en el área digestiva y mejora la flexibilidad lumbar.

Salabhasana: buena para la digestión y los problemas gástricos. Alivia la región lumbar y entona el área de la próstata.

Paschimotanasana: relajante y calmante. Buena para los brazos y la espalda.

Balasana: calma, rejuvenece y es muy relajante y placentero para la mente.

Sukhasana: postura correcta y sencilla para sentarse.

Padahasana: entona el abdomen y estira la espalda y los brazos.

deseamos. Desde el principio tenemos que aceptar al otro como es, sin albergar la intención de cambiarlo. Amamos a la otra persona, no lo que podría llegar a ser la otra persona.

Llegará un día en que el amor nos diga cuál es nuestra pareja adecuada; pero entre tanto debemos empezar a cambiar nuestros aspectos negativos por otros positivos, pues así será más fácil que un día se cruce con nosotros otro ser humano que recorra el mismo camino y tenga el mismo patrón de pensamiento. Hemos de cambiar en nuestro interior antes de pedir que se opere un cambio en otras personas. No es bueno pensar que nuestra forma de ser es la mejor y que los demás tienen que encajar en nuestros deseos. Si queremos una transformación positiva y permanente en nuestra vida y aspiramos a una relación sana, tendremos que ser los primeros en cambiar. La gente que no ve ninguna necesidad de cambio es la que acaba recibiendo las más duras lecciones de la vida.

El hombre ya no necesita sentirse como el caballero de brillante armadura que llega a rescatar a la mujer de su miserable vida. Ésa es una manera de pensar anticuada. Para «ligar», para entablar relación, ya no es necesario deslumbrar a la otra persona, engañarnos los unos a los otros aparentando una perfección que está muy lejos de existir. La relación tiene que desprenderse, desde el principio, de las apariencias. Es bueno querer gustar, pero para atraer no es necesario mentir. Nada tiene de malo mostrar nuestros encantos, si el cortejo va acompañado por la sinceridad; pero en algún momento tendremos que dejar de «causar buena impresión» para emprender el camino que hemos de recorrer juntos. Cuando dos personas se sienten atraídas mutuamente, se ponen sus mejores ropas y muestran su mejor comportamiento, sus mejores modales y su mejor carácter. Así, aunque sea con la mejor intención, ocultan su auténtica personalidad. Temen decepcionar al otro. La pequeña farsa puede dar resultado durante las primeras semanas, pero, por debajo de la fachada que hemos construido, pronto afloran nuestros verdaderos colores. No somos quienes aparentábamos, y vemos que la otra persona tampoco es como creíamos. Si los dos montamos un «show» al inicio de la relación, las posibilidades de que prospere son mínimas. Sólo la salvaremos buscando la verdadera identidad de esa persona y mostrando nuestro auténtico ser. Es mejor mostrarnos tal como somos desde el principio, en lugar de permitir que los demás sufran una decepción cuando descubran que estamos hechos de carne y hueso, como todos los mortales.

En la sociedad occidental, las relaciones no comienzan, por regla general, con una sencilla amistad. Y eso es lo que deberíamos procurar, hacernos amigos antes de que se precipiten las cosas en el terreno romántico. Si empezamos por conocer a la otra persona, con el tiempo, la amistad florecerá y sentará los cimientos de cualquier otro tipo de relación. Pero lo hacemos exactamente al revés. Primero nos metemos en la cama y luego ya veremos qué ocurre. Hemos cedido el control de nuestras acciones a la líbido y a las hormonas. Esta forma de comenzar una relación exige mucho más esfuerzo y tiene menos posibilidades de progresar hacia el amor y la felicidad.

El inicio de una relación mediante el diálogo y el intercambio de ideas y pensamientos contribuye a construir un futuro sin engaños. La gente, en general, tiene miedo de comprometerse por culpa de su propio egoísmo. A veces, el temor nace de las heridas que abrieron otras personas que no cumplieron sus promesas. La amistad ayuda a forjar un vínculo genuino que no se romperá cuando lleguen los malos tiempos. La otra persona debería ser nuestra mejor amiga. Hemos de compartir con la pareja todas nuestras preocupaciones y nuestros momentos de dicha. Y también deberíamos mostrarle todas nuestras debilidades, para que no haya malentendidos. Si, después de haber cultivado una amistad, vemos que no nos sentimos atraídos por la otra persona como al principio, al menos habremos ganado un amigo auténtico, duradero. La amistad, el compañerismo, y finalmente el amor, forman parte de nuestra búsqueda espiritual. Nos ayudan a ser mejores y entregar más de nosotros mismos.

La amistad es el vínculo más sólido que se puede construir entre los seres humanos. Forma parte de nuestra naturaleza el impulso de hacernos amigos del prójimo, pero los miedos y los prejuicios hacen que lo natural resulte difícil. Cada persona posee una personalidad diferente, sometida a diversos cambios a medida que pasa el tiempo. A causa de nuestro trabajo, nuestra vida familiar y nuestras relaciones amorosas o amistosas, vamos añadiendo unos rasgos y quitando otros a la personalidad. Esto resulta más evidente en los habitantes de las grandes ciudades. En ellas, las gentes corren de un lado para otro, obsesionadas por conseguir más en menos tiempo. A menudo, sus personalidades cambian sin que siquiera sean conscientes de que ocurre tal cosa. Si no nos percatamos de estos cambios, no seremos capaces de entender las reacciones de los demás hacia nosotros. Por ejemplo, si en el trabajo nos ascienden, y hemos deseado ese ascenso durante largo tiempo, nuestra actitud puede cambiar. Cumplida nuestra expectativa, empezamos a comportarnos como creemos que es adecuado en el desempeño de las nuevas funciones. Quizás nos volvamos más adustos, tal vez soberbios. El nuevo cargo viene acompañado de una nueva actitud que altera nuestra personalidad. Del mismo modo, cuando dos personas están esperando un hijo, ambas comienzan a cambiar sus ideas y sus prioridades, y, sin que apenas lo noten, varían sus personalidades. Es importante mantenerse atento a uno mismo. Bueno será que nos vigilemos para entender mejor en quién nos estamos convirtiendo.

Los amigos, las compañías, son buenos indicadores de nuestra auténtica manera de ser. La personalidad de la gente que nos rodea es un reflejo de quiénes somos y en quiénes nos estamos convirtiendo. Si miramos a los amigos y a la clase de amigos con los que ellos pasan la mayor parte del tiempo, seremos capaces de descubrir en ellos rasgos positivos y negativos que también se encuentran en nosotros. Solemos tener a nuestro alrededor a personas que reflejan nuestro estado de ánimo. Los afines nos reunimos de forma automática, sin pensarlo. Las mentes organizadas atraen a otras personas de mentes organizadas, los adictos a la droga atraen a otros adictos. Lo que tenemos en común acaba por acercarnos unos a otros. Si queremos vernos a nosotros mismos con mayor claridad, no tenemos más que mirar a nuestro alrededor. Observando a quienes nos acompañan, su actitud general hacia la vida y hacia los demás, aprendemos mucho de nuestra propia personalidad. Del mismo modo en que nos resulta fácil ver los fallos en los demás, para ellos es sencillo descubrirlos en nosotros. Ser honesto es la única manera de crecer en la vida. Reconozcámonos, no seamos indulgentes con nuestros errores.

Hay dos grandes maneras de afrontar la vida. Cada una de ellas influye de manera diferente en nuestra personalidad y nuestros comportamientos. Podemos vivir con arreglo a esquemas ordenados, haciendo las cosas de una manera organizada, o comportarnos como los superhéroes o los vagabundos de las películas, que van de un lugar a otro sin mirar nunca atrás. La mayoría de las personas vive de forma muy organizada, sin correr demasiados riesgos. Otras, por el contrario, avanzan paso a paso, día a día, sin saber exactamente lo que les ocurrirá mañana. «El héroe» nunca mira atrás para ver quién le sigue. Está lleno de seguridad, no necesita tener un ejército a su espalda cuando entra en combate. Simplemente avanza. Quien quiera seguirle, que lo haga. «Los héroes» no ven la existencia como las demás personas, y quizás por eso le admira la gente de vida organizada. Les encantaría abandonar la rutina, dejar atrás todo lo que han construido y correr sin volver la vista atrás. La personalidad estructurada piensa que vive como vive porque no tiene otra alternativa. «El héroe» sabe que existe otro camino, y lo elige. Es la senda que tiene más riesgo.

Y llega un día, entrado ya en la edad madura, en que el individuo de personalidad organizada descubre que ha estado construyendo su propia prisión sin darse cuenta y que ya no puede romper sus limitaciones, los barrotes que le mantienen en la celda. Por su parte, «el héroe» se da cuenta ahora de que no se ha asegurado el porvenir. Ve, no sin pesar, que no ha sabido encontrar sus limitaciones y que ha llevado una vida caracterizada por el exceso. Los dos, que nunca se entendieron, comprenden que cada uno debería haber vivido con algunas de las cualidades del otro. No debemos cerrarnos al aprendizaje. Hemos de aprender lo positivo de cualquier persona, aunque no la consideremos un ejemplo.

En la sociedad occidental enfocamos la vida con una actitud muy competitiva. Es un gran error. La competencia nos separa de los demás, levanta barreras en lugar de construir puentes. Cuando vemos a los demás como rivales ya no podemos pensar en ellos como verdaderos amigos, porque en cualquier forma de competición siempre hay ganadores y perdedores. En el trabajo, en el deporte, incluso en las relaciones personales, la gente trata continuamente de vencer a los demás mediante la mentira y el engaño. Si, como dicen algunos lemas bienintencionados, lo importante fuera participar, compartir, más que de competición estaríamos hablando de juego amistoso. La competición se presenta en todas las relaciones de la vida, desde la matrimonial hasta la profesional. El adulto enseña a sus hijos desde muy temprana edad que deben ser competitivos, en lugar de dejarles crecer libres de la horrible carga de tener que ser los mejores. En la oficina, los empleados compiten ferozmente por un puesto mejor; en los deportes, hasta los compañeros de equipo compiten por el favor del entrenador. La competitividad es un valor en alza, y otro lastre más para el espíritu.

Lo mejor para mantener una relación sana y equilibrada es no tener deseos o expectativas con respecto a nuestra pareja. Si de todos modos queremos que el otro cambie, nosotros mismos debemos convertirnos, antes de nada, en un ejemplo de cambio positivo. De este modo demostraremos que la transformación es posible. Esto resulta especialmente cierto cuando se trata con niños. Éstos casi nunca escuchan lo que les decimos, sino que están más atentos a lo que ocurre fuera. Es en el exterior donde adquieren todos sus hábitos. Los niños, que no hacen caso de nuestras palabras, se sienten muy influidos por nuestros comportamientos y nuestros actos. Por eso, si queremos que se comporten de un modo diferente, primero deberemos cambiar nosotros. Ésa será la mejor manera de propiciar en ellos la forma correcta de comportamiento. Hay una hermosa historia que habla de un sabio que visitó a una madre. Ésta le había pedido que hablase con su hijo para convencerle de que no comiese más dulces. El sabio dijo a la madre que le llevase a su hijo de nuevo dos semanas más tarde. La mujer se marchó sin preguntarle por qué había que esperar ese tiempo. Pasaron las dos semanas y la madre regresó, acompañada por su hijo. El sabio habló con el niño y le aconsejó que no comiese tantos dulces porque, con el tiempo, eso sería malo para su salud. Antes de marcharse, y vencida por la curiosidad, ella le preguntó al sabio por qué le había dicho que regresara en dos semanas. El gurú le contestó: «Cuando usted me trajo a su hijo por primera vez yo también estaba comiendo dulces y sólo podía decirle a su hijo que lo dejara después de hacerlo yo».

Antes de exponer nuestro punto de vista, tenemos que esforzarnos por comprender el del otro. Así evitaremos tensiones y posibles agravios. Si prestamos atención a la otra persona y nos concentramos en lo que está diciendo, la ansiedad por expresar nuestro punto de vista será menor y podremos calibrar lo que dice con más objetividad. Cuando la otra persona ha acabado de expresar su punto de vista, quizás nos demos cuenta de que no es necesario que digamos todo lo que teníamos pensado. Tal vez notemos también que nuestro punto de vista puede haber cambiado. Sabiendo escuchar podemos aprender.

Pero no es fácil aprender a escuchar. Requiere esfuerzo, práctica cotidiana. La atención a lo que dicen los demás es un ejercicio mental de pensamiento positivo y generoso. Si queremos recibir amor, primero debemos cultivar un ambiente en el que el amor pueda existir. Luego podremos compartir todo el amor que experimentamos. El amor sólo puede existir y multiplicarse si es compartido.

> *La espiritualidad es lo que me ayuda a encontrar sentido a mi vida.*
>
> AMALIA ENRÍQUEZ, cuarenta y tantos, periodista, cristiana, Madrid.

> *La espiritualidad para mí es conocer a Dios.*
>
> THERESA ALBORZIAN, sesenta y tantos, no profesa ninguna religión, inglesa.

MUNDO INTERIOR

PENSAMIENTOS

Lo que pensamos en el pasado es lo que somos hoy. Lo que pensamos hoy es lo que seremos en el futuro. Los pensamientos fluyen continuamente, ya sea durante el día, cuando estamos despiertos, o de noche, mientras dormimos. Elegimos unos cuantos entre todos ellos para desarrollarlos, y esos pensamientos serán los que nos ayuden o nos pongan trabas en nuestro crecimiento como seres humanos. Si pensamos cómo podemos cambiar de modo positivo y descubrimos aspectos de nuestro carácter que necesitan atención, podemos empezar a trabajar en esos cambios. Cuanto más tiempo llevemos arrastrando los rasgos negativos de nuestro modo de ser, más nos costará modificarlos. Los pensamientos llegan a nuestra mente y si la conciencia los acepta, quedan guardados. Normalmente consideramos que son «la verdad», pero podemos equivocarnos. Muchas de estas ideas que nuestra conciencia aceptó como «verdad» son el sustento de los malos hábitos que descubrimos al explorar el interior de nosotros mismos. Cuando empezamos a salir, beber y conocer gente, por ejemplo, realizamos una acción que necesitó un pensamiento previo. Primero tuvimos la idea de llevar a cabo ese acto social. Luego la pusimos en práctica. Probablemente decidimos divertirnos aquella vez por muchas razones: por no estar solos, porque queríamos probar algo nuevo, porque deseábamos distinguirnos de los demás... Pero no fuimos los únicos que tuvimos el pensamiento de salir en aquel momento. Seguro que otros diez amigos o conocidos lo tuvieron. Puede que también se sintieran solos. Pero uno prefería ir a un club nocturno, otro a un bar de *striptease*, otro al teatro, aquél a la biblioteca, el de más allá a dar un paseo... Nosotros y ellos, todos, tuvimos los mismos pensamientos y motivaciones, pero dieron lugar a distintas acciones. Si lo pasamos bien aquella primera vez, si resultó que nuestra elección de tomar unas copas fue ocasionalmente acertada, es posible que la conciencia almacenase nuestra idea de combatir la soledad saliendo a beber y a partir de entonces adquiriésemos un hábito negativo: combatir la soledad saliendo «de marcha». Nuestros pensamientos son incesantes. Normalmente sólo duran unos segundos, pero hay algunos a los que otorgamos una importancia especial y que nos acompañan muchos años, cuando no toda la vida.

Todo empieza en la mente. Antes de que las cosas ocurran y se nos manifiesten en forma de acción o realidad, tiene que haberse producido un pensamiento, ya sea en el pasado inmediato o en un lejano ayer. El karma no opera en la misma dimensión temporal que nosotros. La acción y la reacción tienen lugar con arreglo a las perfectas leyes de la naturaleza; no se atienen a los esquemas que los humanos creamos para intentar controlar lo indomable. El karma no entiende de calendarios o relojes. Tarde o temprano toda acción tiene su reacción. Un pensamiento que tuvimos veinte años atrás puede estar acechando en alguna parte de nuestro subconsciente, dispuesto a entrar en acción en cualquier momento. La mente está siempre ocupada, sin un segundo de descanso; pero la mayoría de la gente no recuerda lo que ha pensado cinco minutos antes. Este desinterés por nuestras ideas, esta ausencia de reflexión de nuestros propios pensamientos nos conduce a la incomunicación y el error. Dicho de otra manera, nos lleva de cabeza a los caminos equivocados.

Todo en la vida, ya sea una enfermedad como el cáncer o un simple dolor de cabeza, un éxito o un fracaso, es consecuencia de los pensamientos que hemos llevado con nosotros durante largo tiempo. Pero muchos de nosotros ni siquiera somos conscientes de las ideas del pasado que están provocando estas reacciones, positivas o negativas, en nuestro cuerpo y nuestra mente. Observar atentamente lo que estamos pensando es la clave para nuestra salud espiritual futura. Nadie puede alcanzar el equilibrio si no practica esta contemplación.

Para cambiar la vida hay que cambiar el pensamiento. Somos nosotros quienes nos hemos conducido a nosotros mismos hasta el punto actual de la vida. Nadie tiene la culpa del lugar de la existencia en el que nos encontramos. Tú y sólo tú eres responsable de dónde estás y en quién te has convertido, te guste o no. Otras personas nos han ayudado en nuestro camino para convertirnos en quienes somos. De igual manera, nosotros hemos contribuido al desarrollo de otros. Pero fuimos nosotros quienes elegimos, de forma consciente o inconsciente, a los que debían ayudarnos. Si queremos que las cosas cambien en nuestra vida, ya sea en el plano personal, familiar o laboral, comencemos por controlar lo que entra en nuestra mente, y luego cambiémoslo por pensamientos más prósperos y amorosos. Todos los pensamientos que dedicamos a nuestra mejora y la de los demás acabarán volviendo a nosotros (karma) muchas veces. Todo esto suena, ciertamente, a cuento de hadas, pero no hay otro modo de alcanzar un estado de existencia más elevado, que contribuya a liberarnos de las limitaciones y los miedos en todos los niveles de pensamiento. Por ejemplo, si queremos conseguir un empleo mejor, hemos de mirar en nuestro interior para saber si esa idea nos inspira miedos o, por el contrario, grandes ilusiones. Si predominan los pensamientos temerosos, no estamos en el camino del cambio. En ese caso, nuestra mente, conservadora, trabaja en realidad para que nos quedemos en el mismo puesto de trabajo. Si, por el contrario, la mayor parte de los pensamientos son positivos, es decir, se centran en cómo mejorar nuestra posición en la vida, sin miedos, estaremos en la buena senda hacia el nuevo trabajo. Los pensamientos positivos o negativos nos pueden venir inconscientemente, pero podemos llegar a dominarlos con la práctica. Llevará algún tiempo, costará grandes esfuerzos, pero finalmente seremos dueños de nuestras ideas.

Buscando un objetivo concreto, por ejemplo el cambio de empleo del que acabamos de hablar, aprendemos a dominar nuestros pensamientos para orientarlos positivamente. Pero, una vez aprendida la «técnica», es preciso que la apliquemos a todas las facetas de la existencia. Si buscamos de manera continua lo que es mejor física y mentalmente, acabaremos superando el egoísmo, el individualismo, y pensaremos más en los otros y en cómo podemos integrarnos en la comunidad espiritual. Las consecuencias pueden ser magníficas: un trabajo armonioso, una relación cariñosa, amistades satisfactorias para todos... ¿Qué sentido tiene hacer un trabajo que sólo produce beneficios a una persona o a muy pocas personas? Nos preguntamos por las causas de la insatisfacción que sufrimos en la sociedad occidental, donde la gente gana grandes cantidades de dinero, pero no es feliz. Muchos llevan una vida de comodidades, pero no les gusta su empleo y son incapaces de encontrar el verdadero amor. La mayoría de la gente hace un trabajo del que sólo le interesa el sueldo que le dan cada mes. Si no estamos satisfechos con nuestra posición en la vida, lo que tenemos que hacer es cambiar nuestro modelo de pensamiento.

Cada persona es el resultado de todas las experiencias acumuladas en su existencia. Nuestro interior es una película que podemos proyectar en sesión continua. Se trata de un largometraje cada vez más largo, más rico, pues cada nueva experiencia le añade escenas, metros y más metros de celuloide. A medida que nos hacemos mayores, la película se vuelve más nítida en algunas partes y más borrosa en otras. Tratamos de recordar los momentos buenos y olvidar los dolorosos. Algunos de nosotros incluso intentaremos borrar partes enteras de nuestra vida, en lugar de aprender de ellas. Podemos negar cosas que han sucedido, pero eso no hará que desaparezcan, sólo servirá para que se desdibujen un poco en la memoria. La película que proyectamos en nuestra cabeza está llena por igual de éxitos y fracasos, triunfos y decepciones. Los actores somos nosotros y la gente que nos rodea. Las escenas, situaciones de nuestra vida real. Si el filme no nos convence, podemos editarlo, es decir, cambiar los pensamientos para contemplar de otra manera las escenas, las situaciones vividas. Así nos gustará más lo que «rodemos» en el futuro.

Los textos espirituales de los grandes maestros, como Buda o Cristo, nos enseñan que debemos permanecer siempre vigilantes de las ideas que lleguen a nuestra mente. Podríamos decir que todos los pensamientos ya existen antes de que los tengamos, pues Dios lo ha creado todo desde el principio de los tiempos. En esta época moderna nos gusta llamarnos «creadores». Decimos que hemos «creado» vestidos o edificios, esculturas o dibujos. Sobre nuestras «creaciones» colocamos logotipos o marcas personales. Pero no es más que una ilusión, puesto que el Creador del Universo ya lo ha hecho todo antes que nosotros. Somos descubridores o inventores, y nada más.

Como todos los pensamientos proceden del Creador, todos están en circulación, disponibles para todo el mundo. No podemos crear nuevas ideas. Lo que hacemos es atraer pensamientos positivos o negativos a través de nuestras elecciones. Pero no debemos olvidar que esos pensamientos no son de nadie, o, mejor dicho, son de todos. Esto resulta obvio, por ejemplo, cuando la gente se reúne durante una manifestación en la calle y habla de sus sentimientos. El hecho de reunirse, de comunicarse, refuerza el pensamiento que les ha llevado a aquel lugar. Dice un refrán que las grandes mentes piensan de la misma manera. Puede que sea cierto, como también lo es que hay mucha gente que tiene los mismos pensamientos. Deberíamos contemplar continuamente los pensamientos que atraemos y preguntarnos por qué nos llegan ideas de ese tipo. Éste es nuestro trabajo cotidiano, nuestra obligación espiritual. Requiere mucha práctica diaria. Tenemos que evitar la compañía de pensamientos no deseados.

Ganar más dinero, más poder y comodidades en la vida es el pensamiento predominante, a veces obsesivo, en la sociedad actual. Menos frecuentes son las prácticas espirituales de amor y compasión, las ideas armoniosas útiles para toda nuestra comunidad. Somos dueños de nuestros pensamientos y aquello que pensamos acabará por manifestarse tarde o temprano. También existen, por supuesto, los planes de Dios, la Naturaleza o el Poder Supremo, da igual cómo lo llamemos. Cuando esos planes se nos revelan hemos de atenernos a ellos, pues favorecen nuestro crecimiento y el de la humanidad. Está en nuestras manos controlar en cada instante lo que entra y sale de nuestro plano consciente. Si sólo pensamos en el trabajo, en la carrera profesional, es probable que alcancemos fama de personas triunfadoras y que atraigamos muchos pensamientos aptos para ganar más y más, pero no nos acercaremos a la comprensión de los dones de la espiritualidad. Más bien al contrario: tomaremos un rumbo equivocado, excesivo, que acabará causándonos quebrantos y problemas.

Antes de admitir esos pensamientos de grandeza y riqueza conviene contemplar si tal cosa nos ayudará en el viaje espiritual. Quizás en este momento semejante viaje no sea importante para nosotros, o no alcancemos a comprender su urgencia, pero llegará un día en el que nuestra vida interior saldrá a la luz, con todas sus exigencias, lo queramos o no. La mayoría de la gente no mira hacia adentro hasta que se queda sola. A medida que nos hacemos mayores resulta cada vez más difícil romper nuestros viejos hábitos y adoptar formas de pensamiento más sanas. Tras cincuenta o sesenta años siendo nuestro propio jefe, pensando y haciendo lo que nos apetecía, algo nos dice que debemos cambiar nuestra forma de vida. Es mucho más duro pensar en los demás después de tantos años de autocomplacencia. Es un error empezar a mirarse a uno mismo a edad tan avanzada; pero más vale tarde que nunca. La vida seguirá dándonos oportunidades para que cambiemos nuestros pensamientos por otros más positivos.

Estas oportunidades adquieren mil formas distintas, de apariencia buena o mala. Por ejemplo, un estado de coma, una silla de ruedas, una pierna rota, la gripe, unas vacaciones, una charla con un desconocido... la naturaleza siempre encuentra la manera de ofrecernos lecciones. En nuestra sociedad percibimos como un desastre todo lo que no se ajusta a nuestro plan ideal. Al sufrir infortunios, deberíamos pensar que en ellos siempre hay un lado positivo. Resulta difícil aceptar que una persona que cae enferma tiene suerte, pero encontrar el lado bueno de cualquier situación y aprender de ella no hará sino elevarnos a los niveles más altos del pensamiento. Recientes películas centradas en el tema de la eutanasia muestran como la gente desea morir porque ha perdido la esperanza de recuperar lo que conocía como una vida normal. Sin embargo, en todo momento hay una razón para seguir viviendo, incluso de esa nueva manera. Si esas personas tuviesen a alguien que les ayudara a ver el sentido de la existencia, que les encaminase a un nuevo autodescubrimiento, recuperarían los deseos de vivir. Se trata de cambiar un pensamiento negativo y limitado por otro positivo, que se expande ilimitadamente y puede ayudar a que el individuo comprenda el sentido de su existencia.

Nuestros pensamientos salen al mundo e influyen sobre los demás intelectualmente y, al cabo, también en el plano físico. Algunos pensamientos tienen una influencia más fuerte y prolongada sobre nosotros, porque son colectivos y eso contribuye a que aumenten su poder y su energía. Veamos un ejemplo. Si alguien te pisa el pie y sigue caminando y tú prefieres dejarlo pasar y no pensar más en el asunto, allí acabará todo; pero si decides protestar, quizás insultarle, estarás contribuyendo a que la tensa situación se prolongue. Tus pensamientos negativos afectarán a la persona que te ha pisado y a la gente que esté cerca y sienta los efectos de tu hostilidad, tu fuerza negativa. Más tarde, el individuo en cuestión proyectará su mal humor, su carga negativa, a otras personas. También es posible que no le digas nada, pero pienses algo malo de él. Esto, más tarde, puede originar fácilmente una acción negativa, cuando te desahogues con un compañero en el trabajo o con un familiar en casa. No relacionamos ambos incidentes, porque no somos conscientes del alcance que pueden llegar a tener todos nuestros pensamientos. La represalia contra quien creemos que nos ha perjudicado suele estar bien vista socialmente, pero no es una buena acción desde el punto de vista espiritual. Los pensamientos armoniosos que alberguemos hacia todo el mundo, especialmente nuestros enemigos y la gente que nos desagrada, nos aliviarán de las limitaciones de la sociedad y nos conducirán a los más altos niveles del pensamiento interno.

Los pensamientos de la misma clase se unen para formar otros más grandes y poderosos, que pueden afectarnos en mayor medida. Examinemos el caso de las elecciones presidenciales de Estados Unidos y la forma en que movilizan a millones de ciudadanos para que voten en un sentido o en otro. Es un ejemplo perfecto de cómo se logra que multitud de personas se comporten de igual forma basándose en ideas comunes, ya sean positivas, por ejemplo el deseo de paz, o negativas, como es el caso del talante belicista. Lo que decidamos votar depende de nuestros pensamientos, y no de las promesas que nos hagan los demás. La gente siempre se está quejando de que su empresa, su jefe o el gobierno no hacen lo que han prometido. Nos sentimos traicionados con mucha facilidad. Pero debemos considerar que nosotros también somos responsables de nuestras acciones, y que al fin y al cabo les votamos y les colocamos en una posición de poder. No debemos preguntarnos por qué mienten, sino por qué creemos lo que nos dicen. Sólo seremos capaces de confiar realmente en algo o en alguien cuando hayamos pensado profundamente y sepamos si nosotros mismos estamos gobernados por la verdad y las buenas intenciones. Esto no significa que haya que cerrar los ojos a las injusticias y no hacer nada. La cuestión es comprender cuáles son nuestros motivos para elegir a un candidato u otro. Estos motivos se derivan del tipo de pensamiento que tenemos, el egoísta, encaminado a nuestro propio beneficio, o el colectivo, orientado hacia el bien común. Si votamos por alguien para que tome decisiones y asuma una posición de poder sobre nosotros, y sólo estamos pensando en qué beneficios nos reportará eso a nosotros o a nuestro grupo, podemos estar seguros de que nos sentiremos decepcionados en el futuro. Debemos contemplar lo que sucede en nuestras mentes para ver si nos encontramos en un plano de pensamiento positivo o negativo, antes de dar poder a los candidatos o a los jefes. Si elegimos mal, de poco servirá culparles. Una vez que hayamos analizado si tenemos pensamientos buenos o malos hacia los demás, podremos tomar una decisión correcta. Ésa es la forma de evitar que el miedo nos lleve a votar por el candidato equivocado. En la sociedad occidental estamos demasiado ocupados tratando de enriquecernos y divertirnos y hemos entregado el poder a otros para que tomen por nosotros decisiones que afectarán nuestra vida futura.

Si tenemos miedo, será fácil que nos vendan cualquier teoría perjudicial para nosotros y los nuestros. Primero tenemos que examinar nuestros pensamientos y luego observar qué tipo de gente nos atrae. Cuando veamos qué personas nos interesan, tendremos idea de quiénes somos, pues ellas son reflejo nuestro. La mayoría de la gente no alcanza a ver sus semejanzas con los demás, porque tiende a descubrir los defectos ajenos y prefiere no verse reflejada, no admitir sus fallos o dañar la imagen que tiene de sí misma. No necesitamos encontrar fallos en los demás, sino cambiar a través de un pensamiento mejor que nos aleje de las cosas negativas.

Una pregunta que aparece con frecuencia durante la observación de nuestros pensamientos es ¿controlo yo mis pensamientos o son ellos los que me controlan a mí? La mayoría de las personas están dominadas por ideas que han ido formando su carácter a lo largo del tiempo. Cuando acaba la jornada y tenemos un momento para reflexionar, debemos preguntarnos si ese día hemos sido nosotros quienes nos hemos señalado el camino, o han sido pensamientos externos los que han dirigido nuestros actos. Si no dedicamos un momento cada día a contemplar lo que hemos pensado, no hay duda de que los pensamientos nos están controlando.

Los pensamientos son energía viva, vibraciones que pueden viajar igual que el viento. Circulan, se distribuyen y se comparten entre todas las personas, sean conscientes de ello o no. Cuando nos encontramos con alguien que ha tenido la misma idea que nosotros pensamos que se trata de una coincidencia, pero no hay tal. Los estímulos para la diversión o el trabajo, las ideas sobre la vida, son comunes, son de todos. Nos llegan a nosotros como pueden llegar a los demás. Somos más capaces de cambiar nuestros pensamientos por otros mejores a medida que nos volvemos más conscientes de aquello en lo que estamos pensando. Si estamos inquietos o irritados resulta más difícil hacerlo, pero podemos lograrlo si no nos dominan las emociones. Si nuestros pensamientos se concentran durante demasiado tiempo en una misma cosa, nos invaden la impaciencia y la frustración. El equilibrio consiste en pensar en sintonía con los demás, sin tensión, sin obsesiones. El objetivo es crear una atmósfera armónica, para que los pensamientos positivos lleguen a nosotros y nos lleven por el camino correcto. Una persona que piensa demasiado en el trabajo o el entretenimiento encontrará escasa satisfacción a largo plazo, porque en algún punto de este proceso aparecerá, inquietante, la pregunta de cuál es el propósito o el significado de su vida. El pensamiento obsesivo provoca una sensación de vacío, el sentimiento de que nuestra existencia tiene poco significado. Si llevamos vidas demasiado ajetreadas es porque no queremos hacer un alto en el camino y pararnos a pensar. Tememos descubrir que dentro de nosotros hay muy poca sustancia. Preferimos no parar. Pero, tarde o temprano, todos nos preguntamos por el sentido de nuestra vida, y eso equivale a una oportunidad de ver hasta dónde hemos llegado en el viaje espiritual. Lamentablemente, la mayoría no aprovecha la ocasión y prefiere apartar la inquietante idea y distraerse con el trabajo o los placeres. Sienten pavor por lo que pueden encontrar si miran dentro de sí mismos. La espiritualidad no madura en nosotros si no dedicamos cada día un rato a la observación y el cambio de aquellos pensamientos que no producen paz y amor para todos. Es terrible despertarse, cuando ya somos mayores, y descubrir que no hemos prestado ninguna atención a nuestro progreso espiritual hasta ese momento. Todo el mundo tiene la posibilidad de mejorar su vida cada día, y la manera de hacerlo es muy sencilla: basta con cambiar el pensamiento A por el pensamiento B.

Cuando los pensamientos son intensos, se funden con los sentimientos. Para que los pensamientos se conviertan en hechos tienen que estar impulsados por sentimientos. Por eso debemos ser muy conscientes de qué ideas estamos incorporando durante nuestro viaje por la vida. La idea no basta para obtener resultados, necesita el respaldo de un sentimiento fuerte. Los sentimientos proporcionan a la idea energía, ímpetu para superar las dificultades que encontraremos a lo largo del camino. Los sentimientos, a su vez, atraen nuevos sentimientos útiles para que la idea se materialice físicamente.

Debemos ser conscientes de nuestros pensamientos para asegurarnos de que no hemos aceptado ninguna idea ajena que pueda contaminar nuestras intenciones con el miedo, la duda u otros elementos negativos. Todos nuestros sentimientos se alimentan directamente de los pensamientos, que son la fuente y el principio de todas las acciones. Para que tenga lugar una acción de cualquier tipo tiene que mediar un pensamiento. Si nos sentimos insatisfechos con nuestra vida, o al menos con alguno de sus aspectos, dediquemos tiempo a contemplar lo que pasa por nuestra cabeza, y eso nos ayudará a alcanzar las metas que nos proponemos. Si resulta difícil identificar la causa de nuestra insatisfacción, tendremos que perseverar en la vigilancia de los pensamientos, pues no hay otro camino. De ese modo, y con paciencia, seremos capaces de reconocer lo que frena nuestro progreso. En este mundo lleno de inseguridad, la gente se aferra a las actividades que domina, que se le dan bien, y busca a personas parecidas, para verse reflejada en ellas, sentirse satisfecha y no encontrarse obligada a cambiar sus pensamientos. Así se crea una falsa sensación de seguridad mental; pero al final la vida nos brindará alguna experiencia que acabe poniendo de manifiesto lo que nos falta, lo que hay que cambiar en nuestra manera de ser.

La mayoría de las personas no da a sus pensamientos positivos tiempo suficiente para que maduren y se conviertan en buenas acciones. Para ser capaces de conseguir lo que deseamos en la vida, es necesario que todos nuestros pensamientos, o al menos los más importantes, pasen del sentimiento a la acción. ¿Cómo lograrlo? Con el ejercicio de la concentración. A veces, estas acciones se producirán incluso antes de que hayamos tenido la oportunidad de practicar la contemplación profunda. Ninguna acción se desarrollará como es debido si no otorgamos a nuestros pensamientos la importancia que merecen. En nuestra vida se producen muchas acciones y reacciones que no deseamos. Igual que las deseadas, tienen lugar según el principio de la sucesión pensamiento-sentimiento-acción. La mente acumula continuamente potenciales acciones futuras, cuyo signo positivo o negativo dependerá de la naturaleza de nuestros pensamientos.

Hay un relato que habla de un maestro de la India que camina por el desierto en compañía de su discípulo. Ambos charlan, y durante la conversación surge el tema del compromiso. El discípulo asegura al maestro que está totalmente concentrado en su vida y en los compromisos necesarios para llegar a ser un maestro. El gurú le dice, por respuesta, que busque un poco de agua porque tiene sed. El muchacho se aleja a través de las dunas y el maestro espera a que regrese. El chico llama a la puerta de la primera casa del primer pueblo que encuentra y le abre una hermosa joven. El discípulo se enamora al instante y le propone matrimonio. Se casan, la pareja tiene hijos y él comienza a trabajar en el pueblo de la chica. Al cabo de unos años se ha convertido en un hombre rico y se enamora de otra mujer, con la que se va a vivir. Esta nueva relación dura algunos años, hasta que se queda sin dinero. Ya es un hombre mayor y su mujer le ha abandonado. Sintiéndose solo y desvalido, vaga por el desierto y se encuentra con su maestro, que aún espera su regreso. «Maestro, ¿aún sigues aquí aguardándome?», le dice, y el maestro le responde: «Te envié en busca de agua, con el compromiso de que volvieras cuando la hallases». Esta historia ilustra lo que significa el compromiso. También pone de manifiesto que los seres humanos nos distraemos fácilmente con nuevos pensamientos y olvidamos cuál era la meta inicial que debíamos alcanzar.

Los pensamientos deben dirigirse hacia el interior para que podamos comenzar a desprendernos de todas las ideas negativas, limitadas y egoístas, que ocultan nuestro verdadero ser. El espíritu vive dentro de nosotros y contiene todas las claves de la existencia espiritual, que es nuestra naturaleza auténtica, pues existimos gracias al espíritu y a través de él regresaremos al lugar del que venimos. Cuando el cuerpo muere, nuestros miembros, nuestros órganos, los músculos, todo queda inerte. Nada funciona, porque se ha marchado lo que lo hacía vivir. El espíritu es lo que debemos buscar en nuestro viaje. Es lo más íntimo de nosotros, pero como nuestros ojos están eternamente dirigidos hacia fuera, no somos capaces de verlo. Los seres humanos hemos establecido una separación tan grande entre nosotros y todo lo demás que ni siquiera podemos reconocer ya el aliento interior que nos permite vivir. Los avances tecnológicos nos proporcionan progreso externo y nos hacen retroceder interiormente. A medida que nos hacemos más dependientes de las distracciones exteriores, buscamos menos nuestra guía interior, la única compañera que puede llevarnos al amor y la felicidad. Nuestros ojos están siempre mirando hacia el exterior, en busca de emociones y placeres fugaces. Si nuestros pensamientos están dirigidos al enriquecimiento o la fama, es probable que, con determinación, consigamos nuestro objetivo; pero eso no nos ayudará en el viaje interior. Tampoco nos servirá de nada comprar la ayuda de una religión, un psiquiatra, un gurú. La vida espiritual sólo es cosa nuestra, sólo puede ser vivida y disfrutada mediante un auténtico deseo de cambio y con grandes dosis de paciencia. Si alcanzar la felicidad fuese una tarea sencilla, todo el mundo sería dichoso. No es fácil, pero está al alcance de todos. Nadie puede comprar o vender la espiritualidad. Sólo buscando y teniendo fe en el espíritu, que lo sabe todo y que puede enseñarnos el camino hacia la auténtica libertad, nos alejaremos de las cosas superfluas de este mundo, y nos acercaremos a la verdad. El espíritu procede de la perfección de nuestro Creador. Su búsqueda es una opción individual. Se trata, simplemente, de preguntar, escuchar la respuesta y seguir el camino, haciendo de esa tarea la parte más importante de nuestra vida.

Mantengamos nuestras ideas en los niveles más elevados, pensando de la manera más clara y limpia. Los buenos pensamientos atraerán otros de igual naturaleza. No podemos alcanzar altos grados espirituales sin conocernos mejor a nosotros mismos y a nuestros pensamientos. Al comprendernos mejor seremos capaces de empezar a controlar las ideas y dejaremos de ser esclavos de los deseos y las pasiones. No debemos buscar el camino fácil y hundirnos en los niveles inferiores del pensamiento. No nos detengamos ante las dificultades, elevemos la capacidad de comprensión para saber qué nos espera si cambiamos a mejor. No podemos transformar el mundo, pero a través de los cambios operados en nosotros mismos contribuimos a la mejora del planeta. Si cada individuo hiciera su parte del trabajo espiritual colectivo, y se encargara de que su conducta fuese honesta, seríamos capaces de construir un mundo natural, equilibrado, armonioso, en constante proceso de cambio.

La historia nos ha enseñado que el hombre se encuentra en continua lucha desde hace millones de años. Sus batallas han sido materiales unas veces, espirituales otras. Aunque hemos de reconocer que en el segundo terreno, el del espíritu, tanta lucha no ha servido para progresar mucho, lo cierto es que el hombre no ha cejado en sus esfuerzos. El amor y la paz que decimos desear sólo son posibles si primero anidan en nuestros pensamientos y luego se convierten en sentimientos. El aprendizaje es una elección personal. De nosotros depende ir más allá de las limitaciones mentales y buscar la verdad sin importar lo que nos cueste. Si observamos nuestros pensamientos y los corregimos de modo que sean beneficiosos para todo el mundo, alcanzaremos una paz interior que sólo puede conducirnos a la comprensión y el verdadero amor.

La espiritualidad es una conexión de cuerpo y mente, que se convierten en uno con el universo.

ADRIANA KAEGI, cuarenta y tantos, diseñadora, no profesa ninguna religión, natural de Suiza.

FE

Fe es la firme creencia en algo de cuya existencia no hay ninguna prueba física. Es una parte fundamental de la vida espiritual, porque ésta se encuentra repleta de elementos inapreciables para los sentidos, comprensibles sólo a un nivel interno más profundo. La existencia de Dios no puede probarse con métodos convencionales. Únicamente a través de la fe sabemos que está presente para ayudarnos y guiarnos en nuestro camino. La fe es una suerte de «camino invisible», que no recorremos sólo con el intelecto, sino también con nuestro corazón abierto y generoso. Cuando confiamos únicamente en nuestros ojos y nuestros oídos, apreciamos y disfrutamos sólo el mundo exterior. El otro, el interior, el invisible, está a disposición de quien quiera visitarlo, participar de sus dones. Pero se precisan paciencia y sacrificios para que se nos abran sus puertas. En el mundo invisible necesitamos la guía del corazón y la fe, pues en él vemos con los ojos espirituales. Si llevamos con nosotros a todas partes las cargas de la vida mundana, con todas sus distracciones, no tendremos ninguna posibilidad de profundizar en el mundo de lo invisible. La gente que carece de noción de la vida interior y que depende solamente de los sentidos vive en confusión.

La fe es uno de los principales apoyos para recorrer el camino de la espiritualidad. Si no tratamos de descubrirlo, si no nos esforzamos en conocer lo desconocido, tendremos muy pocas posibilidades de conseguir la elevación del pensamiento. Los objetos exteriores, materiales, no son tan avanzados como los espirituales, y nos mantienen distraídos, impiden que nuestra vida mejore en un sentido trascendente. La fe ayuda a derribar las barreras del miedo y la incertidumbre que nos impiden explorar el universo interno. Cuando sólo miramos hacia fuera, tendemos a creer sólo lo que vemos, y eso es muy limitado. Sin embargo, un sexto sentido nos guía con frecuencia por el camino correcto, obligándonos a escrutar bajo la superficie, a transitar por los caminos internos.

Pedimos pruebas para poder creer, rechazamos la fe sin experimentarla y, al tiempo, silenciamos la voz interior con el estruendo de las conversaciones, la música, el trabajo, la vida social. Ahogada o no, la voz interior existe en todos nosotros, y todos la hemos escuchado alguna vez en nuestra vida, en momentos de peligro o de gran recogimiento. Con el paso del tiempo, la gente olvida la inquietante experiencia, y se dice a sí misma que no fue nada, o quizás que se trató de una alucinación. Como no tiene nada que ver con el intelecto, carecemos de palabras para describirla. El lenguaje hablado pertenece al mundo exterior, y por tanto es limitado. Cada vez espaciamos más nuestros encuentros con el mundo interior, porque la vida se ha vuelto muy ajetreada. Al llenar nuestras horas de trabajos y diversiones, nos volvemos incapaces de escuchar la voz que nos llama hacia el camino espiritual.

La fe atraviesa las barreras del mundo exterior y forja la personalidad. Nuestro carácter está modelado por todo lo que hemos visto y oído en el pasado. Nuestros sentidos, pues, contribuyen decisivamente a formarlo. Pero el carácter necesita algo más. Si no desarrollamos el otro sentido, el interno, no podremos superar las limitaciones de nuestros órganos sensoriales y nos encontraremos buscando a ciegas la paz, el amor y la felicidad. Tratamos de fingir que controlamos nuestras vidas, cuando interiormente sabemos que las cosas no marchan como deseamos.

Paradójicamente, nos encontramos en la era de Acuario, en teoría la más espiritual de todas. Cada vez son más los seres humanos que hablan de espiritualidad, de lo mucho que anhelan estar en paz con ellos mismos y con los demás. La humanidad sabe que no sigue el rumbo adecuado para conseguir la paz y el amor universal, pero se empeña en obedecer los dictados de sus sentidos corporales y es incapaz de ver más allá, de reconocer el espíritu en los demás.

La fe nos da la fuerza que necesitamos para no depender de las cosas exteriores, las cuales sólo nos proporcionan una falsa sensación de seguridad o felicidad. «Las cosas nunca son lo que parecen», dice el refrán, y no se equivoca. La materia no acaba de resultarnos satisfactoria en el terreno espiritual, porque, al contrario de lo que ocurre con las cosas del mundo interior, es perecedera. Los objetos materiales tienen una vida útil limitada, pero la vida interior astral y psíquica no está encerrada en la cárcel del tiempo. Depositar nuestra fe en los objetos, o incluso en otras personas, sólo nos sirve para llevarnos constantes decepciones. Casas, joyas, dinero, proporcionan una felicidad parcial, engañosa y, a la larga, sombría. La dicha por poseer un objeto no puede durar más que el propio objeto.

Los cambios que nos permiten acceder al mundo interior requieren tiempo, paciencia y esfuerzo. No esperemos resultados inmediatos. Además, se trata de una labor personal. No podemos aspirar a que los demás hagan lo que nosotros deberíamos estar haciendo. Contar con ellos para que nos echen una mano es una cosa, pero hacerse dependiente del esfuerzo ajeno es un error.

El cultivo y desarrollo de la fe no es tarea sencilla. En este mundo todo apunta hacia el exterior, hacia lo material, lo mundano. Si hablamos de fe, la mayoría de la gente piensa en la religión o se imagina un grupo de gurús sentados en círculo, musitando todo el día profundamente. Durante siglos, la fe ha sido asociada con sacerdotes y monjas, con anacoretas, gentes que han renunciado a sus vidas profanas y se han entregado a la experiencia mística. Pero como sabemos ahora, la fe no se limita a la creencia en una doctrina o un libro sagrado, sino que también puede ser la comprensión de lo que no está a la vista. La tarea de alcanzar la fe puede llevarnos mucho tiempo. Costará vislumbrar los primeros progresos espirituales. Para que seamos capaces de crecer en la fe y el amor necesitaremos mucha disciplina y dedicación, y tendremos que distanciarnos de las grandes distracciones del mundo externo: las ambiciones, la mentira, la envidia, la gula, la lujuria... todo lo que nos aparte del sendero espiritual. El tiempo antes dedicado a esas actividades tendremos que ocuparlo con la lectura de textos espirituales, la meditación. Tendremos que sentarnos en silencio y afanarnos en la contemplación, en cambiar los pensamientos improductivos por otros útiles, practicar la filosofía de yoga, ayudar a los demás realizando tareas provechosas.

El mundo interior es ilimitado y accesible para todo el mundo. Está listo para que lo exploremos, dispuesto a traernos el bien por medio de todo lo que compartimos. Pero el hombre sigue obsesionado por alcanzar el mundo exterior, incluidos planetas y galaxias. De las expediciones espaciales apenas sacamos la satisfacción parcial de nuestra curiosidad. De los viajes al mundo interior obtiene grandes beneficios todo el mundo, porque allí sólo nos puede guiar el espíritu, y éste conduce al amor. El mundo exterior está lleno de distracciones materiales que no llevan a parte alguna, excepción hecha de la tumba. El interior está lleno de luz y amor, pero la gente piensa poco en él, porque está en un territorio difícil de alcanzar.

Pocos son, en efecto, los que exploran la vida interior, porque es una tarea de muchos años que, además, no produce ninguna ganancia material. Habitualmente medimos el éxito calibrando lo que alguien ha conseguido en el mundo exterior. Para el explorador espiritual no hay mayor triunfo que el logro de la fe y la comprensión, porque son las herramientas que sirven para edificar la belleza.

La belleza puede iluminar el exterior, pero reside en el interior, en el espíritu. Hoy la gente intenta embellecer su cuerpo, su rostro, sin éxito auténtico. Incluso los que se hacen la cirugía estética cien veces saben que la belleza reside en su interior y que está preparada para liberarse y mostrarle al mundo todo su esplendor. Si en ellos no brilla la verdadera belleza, es porque han preferido coger el camino más corto y se han dejado tentar por el falso sentido de la belleza externa, limitada y material, la que puede ser comprada por quien pueda permitírselo. La verdadera belleza no se compra, hay que ganarla trabajando duramente, meditando, explorando, sintiendo.

En realidad, aunque no nos demos cuenta, la fe está presente en nuestras vidas. Manejamos cierta clase de fe cada vez que esperamos tener éxito en un empeño. Cuando una mujer lleva a un niño en su vientre, tiene fe; un estudiante que quiere obtener mejores notas en los exámenes tiene fe, como la tienen quienes quieren ganar la lotería. El ladrón que espera que le salga bien su golpe, el militar que sueña con que triunfe su ataque, el futbolista que anhela levantar la copa, todos tenemos fe, para lo bueno o para lo malo. Podríamos decir que es una fe de rango inferior, porque, si bien en cierta medida nos encomendamos a lo desconocido, lo hacemos porque no nos queda más remedio. Se trata de una fe forzosa, acaso involuntaria. Cuando llegan los tiempos azarosos, los momentos difíciles, nos volvemos hacia lo desconocido, lo invisible, para que nos ayude. Si estamos en mitad de la tempestad y no podemos hacer otra cosa, recurrimos a la esperanza en el milagro. Pero la fe desaparece en cuanto las aguas vuelven a su cauce.

Existe otra fe, mucho más sutil. Toda la gente cree en la ley de la gravedad o en el principio de Arquímedes, aunque no lo vean o lo toquen, haciendo puros actos de fe. El amor es invisible; pero todo el mundo cree en su existencia. Definitivamente, no falta fe en nuestro mundo; pero, por desgracia, casi siempre se trata de fe involuntaria, inconsciente. La otra fe, la interior, la espiritual, escasea.

Es curioso ver como la gente es capaz de creer en cualquier cosa externa y carecer de fe interior. El profano en temas científicos puede dar por buena, sin entenderla, la ley de la relatividad, y negar el espíritu que anida dentro de él mismo.

Dios es un término general que la mayoría de la gente emplea para designar a un ser superior. Usamos el vocablo aunque no estemos seguros de la existencia del ser designado. Lo más corriente es que tengamos una fe difusa, poco comprometida, y que sólo pensemos seriamente en Dios cuando estamos desesperados. Ahora bien, si sabemos que en nuestro interior vive algo grande, que puede darnos las respuestas a todas las preguntas, ¿a qué viene esa indolencia? ¿Por qué nos negamos a escuchar la voz interior? ¿No queremos aprender a vivir en consonancia con la naturaleza? El hombre ha decidido vivir su vida del modo que cree más adecuado, esté equivocado o no. Ha hecho constantes elecciones que fueron complicando su vida, alejándole del amor real. Finalmente ha llegado al modo de vida actual, situado en las antípodas de lo que nuestro Creador quiso que hiciéramos.

Depositemos nuestra fe en lo invisible, y la vida tomará un rumbo que nunca pudimos imaginar. A medida que desarrollemos la fe aprenderemos a mirar en nuestro interior, que es el fecundo reino del amor, la compasión y el altruismo. Sus posibilidades son infinitas y mucho más atractivas que las del mundo material. Cuando crecemos y los placeres mundanos nos distraen cada vez menos, se abren ante nosotros fenómenos más profundos, que al final nos harán comprender el verdadero significado de la existencia.

Así como el Universo está regido por ciertas leyes que le permiten funcionar armónicamente, nosotros también necesitamos reglas para poder desenvolvernos en la vida colectiva. Si no hay normas se produce el caos. También en el nivel mental, porque nuestros problemas exteriores proceden del pensamiento interno. Hasta el momento el hombre aún no ha creado nada. Sólo puede inventar objetos materiales, casi siempre con la ayuda de la ciencia. Estos hechos demuestran que estaremos limitados a formas de expresión inferiores, a menos que nos volvamos hacia el poder superior a través de la fe. Tal ruptura de límites ha sido realizada, a lo largo de la historia, por numerosos hombres sabios, gurús que miraron hacia el espíritu y fueron capaces de llevar a cabo asombrosos hechos físicos y mentales.

Ya hemos dicho que la vida se está volviendo más angustiosa, deshumanizada, carente de amor. El hombre deposita su fe en la clonación, la cirugía... Pero, como mucho, creará sombras de personas o animales. Perdido en el laberinto de una falsa realidad, en lugar de utilizar las poderosas manos del espíritu para sanar a las personas y eliminar los males espirituales, seguirá dando palos de ciego en su sueño de ciencia ficción.

La polución espiritual es mucho más peligrosa que cualquier contaminación material, porque afecta al alma del hombre. Debemos mantener limpia nuestra existencia exterior para ser capaces de viajar hacia nuestro interior y reflexionar sobre la vida.

> *Cada vez que siento la brisa en mi rostro, siento que en realidad es la espiritualidad, que nos toca de la única manera posible. Para mí, el viento es una manifestación de espiritualidad.*
>
> ROBIN FREDRICKS, treinta y tantos, maquilladora, no profesa ninguna religión, residente en Los Ángeles.

VERDAD

¿Decimos siempre la verdad? ¿No la decimos nunca? ¿Sólo a veces? En nuestra sociedad, estas preguntas no debemos hacérselas a una persona, sino a los amigos de esa persona. Como individuos, no podemos decir con precisión si estamos diciendo toda la verdad, porque, desde los albores de la humanidad, crecemos rodeados de engaños. Las mentiras nos acompañan toda la vida, en el juego, en el trabajo, en el estudio, en la amistad, en el amor. Las falsedades contaminan nuestro trayecto de la cuna al cementerio.

Si echamos un vistazo a nuestro alrededor y vemos cómo hablan nuestros amigos, nuestra familia y nuestros compañeros de trabajo, notaremos con cuánta frecuencia exageran y evitan la verdad. En realidad, dejamos de mentir cuando nos dan miedo las consecuencias que pueda traernos hacerlo. No existe lo que coloquialmente llamamos «tu verdad» o «mi verdad». Sólo existe «la verdad», «aquello que no se puede cambiar». La verdad no es relativa, no depende de mí, ni de ti, ni del otro. No hay verdad subjetiva. Nadie puede cambiar la verdad para que se amolde a sus deseos o necesidades. Cuando nos referimos a «nuestra verdad» aludimos, en realidad, a nuestra opinión sobre un asunto determinado, y no a la verdad en sí. En la sociedad occidental nos hemos acostumbrado al uso de las pequeñas mentiras y las llamadas «mentiras piadosas». Abusamos del eufemismo. Frases hechas como «la verdad es...», o «de verdad te digo...» dejan entrever que normalmente no decimos la verdad y que, de forma excepcional, nos proponemos ser sinceros. Los gobiernos mienten continuamente para protegernos de las crudas verdades que, según ellos, no podemos afrontar. Los padres mienten a los hijos sobre su pasado cuando éstos les preguntan sobre su época juvenil, si bebían, consumían drogas, si eran sexualmente promiscuos. Mienten los bancos acerca de sus políticas, los anunciantes mienten cuando ensalzan las cualidades de sus productos, y hasta las parejas se mienten a propósito de sus sentimientos.

Para ser capaces de recorrer nuestro camino espiritual tendremos que empezar a ser sinceros en todas las áreas de nuestra vida. Se requiere una sinceridad profunda, que no pierda de vista los autoengaños, pues con frecuencia creemos que son verdad falsas historias mil veces repetidas. A veces mentimos sin saberlo. Decir la verdad es una de las tareas más complejas para el explorador espiritual, porque no hay nadie sobre la faz de la Tierra cien por cien sincero. Todo el mundo oculta tras el engaño alguna parte, grande o pequeña, de su personalidad, de su vida. La gente engaña por temor a que los demás puedan descubrir algún secreto del que se avergüenzan. No entendemos muy bien por qué los otros tienen necesidad de ocultar cosas, pero no nos damos cuenta de que nosotros hacemos exactamente lo mismo. Secretos sexuales, secretos económicos, secretos relacionados con los sentimientos. Ocultamos la verdad en el terreno personal y en el colectivo. Hay secretos en los negocios y, por supuesto, secretos de Estado. Impera la mentira, que afecta cada vez más a nuestra existencia.

Mentimos incluso a la hora de poner nombre a la mentira. La hemos designado de tantas maneras que muchas veces ya no nos parece tal. El márketing, la exageración y la negación son las formas de mentir más comunes y aceptadas en la vida moderna. Todas las sociedades fueron construidas sobre la mentira. Los más fuertes siempre encontraron la manera de engañar a los débiles, despojándoles de sus tierras, sus recursos, sus instituciones y organizaciones.

Hay muchas formas de nombrar la verdad, pero sólo existe una verdad. Podemos llamarla como queramos, podemos colorearla, ocultarla o ignorarla por completo, pero nunca cambiaremos su naturaleza. La verdad seguirá siendo siempre la verdad, independientemente de lo que hagamos. Quien intenta cambiar la verdad miente. La sinceridad es uno de los pilares de nuestro crecimiento espiritual; si no decimos la estricta verdad a nuestra mente, si nos engañamos a nosotros mismos, de nuestra boca no tardarán en salir mentiras y más mentiras.

Verdad y mentira son parte de nuestro karma y por tanto tienen repercusiones en el futuro que nos aguarda. A veces la verdad, en un primer momento, no parece útil. Sin embargo, aunque cause molestias iniciales, aunque la cruda verdad duela en el presente, pasado el tiempo dejará ver sus efectos beneficiosos. La verdad es un pensamiento positivo que, tarde o temprano, provoca acciones y reacciones igualmente buenas. Al optar por la verdad, incluso en los momentos difíciles, atraemos más verdad para nosotros y cuantos nos rodean. Así nos liberamos de falsas ataduras, nos sacudimos el miedo, origen a su vez de tantas falsedades. Si seguimos mintiendo, fabricándonos «nuestra verdad», no lograremos comprender la realidad ni seremos capaces de vivir en ella. Es lo que nos ocurre en nuestra actual forma de vivir. Andamos perdidos, buscando, sin encontrar la forma de alcanzar la paz y el amor.

Sin verdad no puede haber comprensión de la realidad, y sin ésta, nuestra vida es una gran mentira. Ausente la verdad, el miedo gobierna un mundo por el que transitamos convencidos de que no nos queda más remedio que recurrir a la mentira para sobrevivir. Mentir al jefe diciéndole que estamos enfermos, para no ir a trabajar; mentir a nuestra esposa sobre dónde hemos estado la noche anterior; mentir a los electores para que nos voten. Mentiras y más mentiras, grandes y pequeñas. Sin apenas darnos cuenta, edificamos nuestra vida sobre mentiras. El miedo a ser descubiertos nos induce a inventar más mentiras, para tapar las anteriores. Finalmente nos cuesta mucho encontrar a nuestro alrededor algo que no sea falso.

El ser humano tiene muchos secretos, y es difícil guardar un secreto si no es recurriendo a la mentira. No queremos que nadie conozca la verdad sobre nosotros, nuestros pensamientos, nuestra vida anterior. También los países guardan secretos. Los espías tratan de desnudar la verdad de la potencia rival, con la intención de ocultar las mentiras del propio país. Si no existiesen secretos de Estado, habría menos conflictos, porque sería más factible la comprensión mutua. Las mentiras alimentan los conflictos, cuando no los provocan. Muchos gobiernos se nutren de los conflictos, y por eso idolatran el secreto, es decir, la mentira.

La espiritualidad depende de que cambiemos la mentira por la verdad. Todos tenemos que librar las mismas batallas en la vida. Nunca debemos pensar que estamos solos. Erradicar la costumbre de mentir y empezar a decir la verdad es difícil, es un gran desafío; pero si queremos crecer espiritualmente tendremos que esforzarnos en ese radical cambio de personalidad. Cuando observamos nuestros pensamientos, hemos de separar el trigo de la paja, escrutar, mirar qué es cierto y qué es falso. En la revolución interior de la sinceridad, las cosas marchan lentamente al principio. Puede que nos impacientemos, pero pasado un tiempo comprenderemos que, casi sin que nos hayamos dado cuenta, muchos aspectos de la vida se han vuelto más positivos. La verdad es tan contagiosa como la mentira, y por eso podemos influir en las personas que nos rodean, aunque nunca lleguen a percatarse del impacto que hemos tenido en sus vidas. Si pensamos la verdad, empezaremos a decir la verdad. Una vez más, todo se reduce a cambiar los viejos pensamientos por otros nuevos.

Decir la verdad y admitir interiormente la mentira no es un proceso fácil. La mayoría de la gente ni siquiera se da cuenta de que está mintiéndose a sí misma, porque la costumbre de repetir mentiras una y otra vez acaba por hacerle olvidar que no son verdades. A menudo nos mentimos a nosotros mismos mediante la autojustificación de nuestras acciones. Disculpar nuestro comportamiento en ciertos asuntos, o con respecto a determinadas personas, suele ser el comienzo de una cadena de mentiras interiores. Somos muy indulgentes con nosotros mismos. No nos cuesta trabajo encontrar razones que justifiquen lo que hacemos, aunque sepamos de sobra que estamos obrando mal. Pero al final la autojustificación, el autoengaño, es el origen de muchos conflictos con los demás. Obcecados en nuestros secretos, no percibimos que otros ven la verdad. La humanidad se encuentra en un estadio infantil de espiritualidad porque no es capaz de decirse la verdad a sí misma. Comenzamos por engañarnos con nuestra propia imagen. Pensamos que somos de una manera, pero los demás nos ven como somos en realidad. Cuando tratamos de explicar a los otros cómo somos, solemos decir en realidad cómo quisiéramos ser. Mentimos sin notar que los otros notan la falsedad. Ellos sí nos ven tal como somos.

Para conocernos a nosotros mismos hemos de comenzar por ser honestos, reconociendo la verdad de nuestro ser y nuestras intenciones. Otras personas sí saben quiénes somos, de modo que es inútil que tratemos de escondernos. De poco sirve que nos construyamos una imagen de persona triunfadora, guapa, generosa, inteligente y atenta. Seremos o no seremos todo eso. Fingirlo equivale a vivir una gran mentira, sin pensar que un día nos despertaremos sintiéndonos tristes y solos, conscientes al fin de que todos los demás ya sabían que no hacíamos más que engañarnos a nosotros mismos.

Preguntemos a nuestra pareja si realmente es feliz viviendo con nosotros. Hagamos que nos diga en qué cree que deberíamos cambiar. Así podremos saber cómo se siente en realidad esa persona, y empezaremos a ver un poco de verdad en nosotros mismos. Procuremos que respondan a nuestras preguntas con honestidad, que eviten las mentiras piadosas a las que tan acostumbrados estamos todos. No nos interesa que nos digan lo que queremos oír. Necesitamos la verdad. Ayudemos a nuestra pareja diciéndole la verdad, y esa verdad nos hará libres a los dos.

Es imposible crecer en nuestros viajes espirituales sin hacer de la búsqueda de la verdad una de nuestras metas principales. La verdad nos libera de las limitaciones provocadas por el miedo a que sean desvelados los secretos tras los que nos escondemos. También nos ayuda a llevar una vida de auténtica prosperidad, pues la verdad conduce a una realidad más plena. A medida que pensemos y digamos la verdad sentiremos que se aligera nuestra carga, pues ya no tendremos necesidad de ocultar nada, de malgastar tiempo y energías tratando de ser lo que no somos. Podemos empezar a ser la persona que soñamos sin el temor a decepcionar a los demás, y sin el miedo a lo que pudieran pensar de nosotros y de nuestra imagen. Liberémonos. Digamos la verdad.

FELICIDAD

En su libro *El arte de la felicidad*, el Dalai Lama dice que el propósito de nuestra existencia es la búsqueda de la felicidad. A continuación explica las diferentes disciplinas que debemos aprender si queremos llegar a ser dichosos. Para alcanzar la felicidad, que es un estado mental, hemos de practicar ejercicios de control y vigilancia de nuestros pensamientos. En muchos textos espirituales se aconseja primero la reflexión, sin la cual nunca podremos desarrollar nuestra capacidad de entendimiento. Sin el silencio y la contemplación serena no existe una verdadera comprensión mental, emocional o espiritual. La contemplación nos proporciona la energía psíquica necesaria para profundizar en los diversos niveles del ser y el pensamiento. El ejercicio contemplativo nos aparta del trabajo intelectual vulgar. Los adultos siempre dicen a los niños que piensen antes de llevar a cabo cualquier tarea. Es un buen consejo, pues el pensamiento entendido como preparación es el fundamento sobre el que deberían levantarse todos los proyectos. La contemplación es la preparación, en el nivel psíquico y astral más profundo, para que primero pensemos y luego comencemos a actuar. A causa de la falta de contemplación y búsqueda mental, los seres humanos estamos atrapados en el plano físico-material y no podemos encontrar la salida porque sólo creemos en lo que vemos con nuestros ojos terrenales. La gente no es feliz porque no halla la manera de escapar de esta forma de existencia. Ha depositado su fe en lo que el dinero es capaz de comprar, y no en lo que el amor puede hacer por ellos y los demás.

El primer paso hacia la felicidad consiste en saber lo que entendemos por una existencia dichosa. Si preguntamos a los occidentales qué es lo que les hace felices, la mayoría contestará que la prosperidad económica, la salud, la seguridad personal y familiar y el amor. La obsesión por el trabajo y el dinero es la causa de que el hombre se haya detenido en los escalones inferiores de la existencia. ¿Cómo puede el dinero traer la felicidad? El dinero en sí mismo no es más que un trozo de papel, pero el poder que le otorgamos, la importancia que le concedemos, rige la mente humana. La gran motivación de nuestro comportamiento es lo que podemos adquirir con él. Acumulamos dinero para amasar riquezas, bienes. Pero cuanto más pensemos en el dinero y en la forma de obtenerlo, más crecerá nuestra sensación de vacío y soledad. Salimos de compras en un vano intento de llenar ese vacío, y tenemos la impresión de lograrlo, al menos durante un rato; pero la soledad permanece latente y tarde o temprano resurge. Pasada la distracción, vemos que nada ha cambiado en realidad. En el fondo, hemos postergado el momento de la contemplación que necesitamos urgentemente. Cuanto más tiempo demoremos la contemplación, más tardarán en llegarnos la paz, la salud y el amor. La mente está para usarla, para reunir pensamientos positivos útiles a todo el mundo, para que nuestra existencia tenga un auténtico significado colectivo. La contemplación es la clave de la vida verdadera.

Dedicar algunos momentos del día a la relajación y el pensamiento profundo nos ayudará a salir del reino material, para elevarnos hacia las regiones luminosas y ligeras de la vida que está más allá de lo que el ojo puede ver. Cuando hayamos comenzado a hacer esto, podremos preguntarnos qué es la felicidad.

La historia nos ha enseñado que hay muchas cosas que nunca han traído ni traerán la auténtica felicidad para nadie. El opaco y complicado mundo material se manifiesta a través de los objetos. Poder y riqueza, bases de la «felicidad» convencional, sólo tienen sentido en el mundo no espiritual. Pero el amor, cimiento de la felicidad verdadera, no tiene nada que ver con la materia.

La lectura de este libro sólo puede cambiar nuestra vida si estamos dispuestos a buscar un pensamiento nuevo y mejor, que haga cambiar nuestras acciones. Los libros no son más que palabras, hasta que el lector decide hacer uso de lo que esas palabras le están sugiriendo. Ningún libro, ni siquiera los espirituales, ofrece respuestas a la gente. Los libros son estímulos para que las personas cambien sus pensamientos y sus acciones.

Es fácil hablar de la felicidad; pero difícil alcanzarla. Muy poca gente sabe cómo permanecer en ese placentero estado mental todos los días. La felicidad se siente en el mundo interior. Es la alegría espiritual de quien siente el genuino placer que proporcionan los pensamientos elevados.

Cuanta más «intimidad» queremos, más nos alejamos unos de otros. Con la separación aumenta el temor, porque crece la sensación de que todos somos muy diferentes. Pensamos que somos inferiores o superiores a los otros, nos aterrorizamos, y acabamos erigiendo empalizadas, muros, fronteras. Para lograr la auténtica felicidad hay que derribar las barreras que nos separan. Debemos convencernos de que compartirlo todo es lo más importante para nuestra existencia colectiva.

Mantener la mente pura, libre del exceso de estímulos, nos ayuda a ver claro, y por tanto a encontrar la forma de alcanzar nuestra meta. La inteligencia espiritual tiene mucho que ver con la forma simple de entender las cosas. Como nuestra mente procesa sin parar imágenes y pensamientos, estamos obligados a seleccionar. Tenemos que identificar las ideas que merecen la pena y las que no nos aportan nada positivo. Si el trabajo, la diversión, el placer, son pensamientos constantes, nos resultará muy difícil elevarnos en nuestro viaje. Estar satisfechos con nuestra vida depende en gran medida de practicar las tres «A». Adaptar-Ajustar-Acomodar, como explica Swami Satchidananda. Sin flexibilidad mental corremos el riesgo de que aumenten las tensiones. Si nos hacemos una idea demasiado rígida de cómo ha de ser nuestra vida laboral o amorosa, y no somos capaces de adaptar esos esquemas previos a las realidades que se vayan presentando, tenemos muchas posibilidades de sufrir decepciones. Necesitamos tener siempre en mente el verbo *adaptar.*

Ajustarnos a las situaciones de la vida significa comprender que las cosas están cambiando continuamente. La naturaleza nunca se comporta de la manera en que pensamos que debería hacerlo. Un día llueve y al siguiente nieva. Si sólo somos capaces de sentirnos bien en los días soleados, estamos poniendo nuestra felicidad en manos del clima. Ajustarnos es tener presentes las otras posibilidades, ir más allá de nuestra limitada visión, no bloquearnos con pensamientos pequeños, incluso mezquinos, acerca de cómo deberían ser las cosas.

Las cosas son como son, no como nos gusta que sean. A esa sencilla realidad hemos de ajustarnos.

La adaptación, el ajuste, nos permiten disfrutar de todos los aspectos de la realidad. El afán de controlar la vida entera nos pone en el camino de la decepción. La capacidad de amoldarse da libertad para disfrutar de las situaciones inesperadas, y facilita la aparición de ideas nuevas, ilimitadas. ¿Por qué debemos ser tan rígidos con nosotros mismos, cuando podemos obtener placer de todas las manifestaciones de la vida? Muchas veces la gente ve oscilar su vida o su carrera de un extremo al otro del péndulo, sin comprender qué ha salido bien o mal. Si percibimos que las cosas «salen bien», quiere decirse que estamos cumpliendo nuestras expectativas; pero la decepción se esconde tras el éxito momentáneo, pues un «triunfo» nos hace esperar que lleguen muchos más, y eso no es posible casi nunca. Cuando sentimos que las cosas «van mal», lo que ocurre en realidad es que no marchan como esperábamos. Pero a lo mejor hay otra forma de que vayan bien, distinta de la que fijó nuestra fértil imaginación convirtiéndolas en oportunidades para aprender otro camino con un final más productivo, no positivo. Podemos imaginar la felicidad, imaginarnos a nosotros mismos siendo felices, pero es muy probable que tales pensamientos estén fuera de toda realidad. Si pensamos en una casa nueva, un coche nuevo, una pareja, un trabajo, etc., estamos renunciando a las esferas decisivas para la auténtica felicidad, como la salud, la paz o la espiritualidad. La adaptación nos liberará de las limitaciones a que nos someten las expectativas irreales. Cuando nos sacudimos la pasión por alcanzar una meta material o competir con los demás, podemos disfrutar de la paz mental, adaptándonos a cualquier experiencia que la naturaleza nos presente. La adaptación mejora nuestra vida.

Acomodarse significa estar en paz con uno mismo, ser capaz de ver las cosas desde todos los ángulos. Conseguidos el ajuste y la adaptación a todas las situaciones, podemos empezar a acomodarnos a nuestra nueva posición. Cuando comprendemos que las ilusiones relativas a nosotros mismos y a los demás son limitadas, y que nunca podremos controlar la naturaleza, se inicia el cambio de nuestra vida. Acomodarse equivale a tener la capacidad de escuchar y no ser demasiado estrictos con nuestros puntos de vista. Es posible que no estemos de acuerdo con los demás, pero prestaremos atención a lo que tengan que decirnos. Así podremos ampliar nuestra propia perspectiva en la vida, así podremos aprender cosas nuevas. Si nos adaptamos, cuando llegan nuevas ideas a través de las experiencias propias y ajenas, no nos sentimos inseguros ni amenazados, y podemos seguir avanzando. Ser capaces de acomodarnos a los cambios del mundo nos permitirá crecer continuamente, sin las ataduras que el miedo nos impone.

Ajustarse, adaptarse y acomodarse. El cumplimiento de estos tres mandatos nos abre la puerta de la generosidad y nos saca de la maraña del egoísmo. Mucha gente piensa en términos competitivos, convencida de que merece la pena buscar la recompensa al final de la carrera. La esperanza de un premio es la motivación de su vida. Ésa es la norma común de la vida actual. Todo el mundo desea ser «el mejor».

Pero el mejor no existe, o no hay manera de saber si existe, porque la competición no es objetiva, sino injusta. No todo el mundo tiene iguales recursos para competir. Y además, este tipo de mentalidad conduce a la separación, al aislamiento, porque los «vencedores» se acabarán sintiendo «especiales», «únicos». ¿Cómo podemos determinar que un cantante, un actor, un banquero es mejor que otro? La mayoría de las personas no alcanza nunca una posición relevante en sus profesiones, ni obtiene premio alguno. Pero no podemos decir que su contribución a la vida no es válida. La competencia sólo sirve para separar y dividir a las personas. No es incluyente, sino exclusiva.

Las competiciones deportivas, por ejemplo, acaban dejando a mucha gente desconcertada en la cima del éxito. Sienten que ya no tienen nada por qué competir, porque lo han ganado todo. Si eres Tiger Woods o Zidane, posees una gran fortuna, puedes comprarte lo que quieras o viajar a cualquier lugar del mundo; pero sólo tienes treinta años. ¿Cómo afrontar la larga vida que hay por delante? Ya es mucho más difícil encontrar motivación para seguir jugando y compitiendo al mismo nivel que antes. El dinero y los títulos se han cruzado en el camino del deporte. Ya no es una diversión, sino algo más.

Veamos el caso de Martin Scorsese, que ha dirigido algunas de las mejores películas de la historia del cine y no ha ganado todavía ningún Oscar. ¿Significa eso que sus películas son mejores o peores? ¿Su creatividad y su valía dependen de la obtención de ese premio? Los galardones no son más que un invento que hemos hecho los seres humanos para dividirnos en nombre de la victoria. La competición lo invade todo. Se desarrolla en los estadios, las salas de reuniones e incluso los dormitorios. Pero ¿qué se consigue compitiendo? La respuesta es sencilla: que una persona se dedique a mirar sus logros del pasado, vea que ya no están a su alcance en el presente, y acabe paralizada, atrapada por un ayer glorioso. El mundo está lleno de ganadores y perdedores, unos y otros sumidos en la decepción.

Todos los premios que se otorgan en el mundo, como los Oscar, los Goya, las leyendas del Salón de la Fama, la Medalla de Honor del Congreso o el Premio Nobel, todos sin excepción, hacen que la gente sólo piense en competir, ganar, llegar «a la cima». Este fenómeno se ha convertido en un retroceso de la condición humana, pues no hace más que fomentar la división y la segregación de los individuos. El abismo ya existente entre ricos y pobres, famosos y olvidados o sanos y enfermos se ha vuelto aún más grande. Se diría que sólo existen las celebridades. Ignoramos a la gente que no sale en las noticias, es decir, a casi toda la humanidad, pues sólo unos pocos aparecen regularmente en las pantallas de televisión. Los premios no proceden del amor de los demás, del deseo de compartir, sino del afán de las gentes por colocar a algunos en un pedestal, a menudo con la morbosa esperanza de verlos caer del mismo en un futuro no muy lejano. Competir y recibir premios es aburrido. Deberíamos reconocer que todo el mundo tiene sus dones y sus méritos, y que no somos los mejores en nada. Nuestra única meta ha de ser la que nos marque el Creador para mejorar la vida colectiva.

El egoísmo lleva a la muerte espiritual. Es una cárcel mental en la que se encierran quienes buscan destacar para recibir el reconocimiento de los demás. Al principio, el egoísmo engaña, parece un sentimiento fabuloso, porque el egoísta consigue todo lo que desea. Pero pasado algún tiempo, un año, dos años, diez años, la realidad golpea con dureza. Cuando el egoísta ha modelado su vida de la forma que quería, ve que otros le están frenando. No es más libre, sino menos. Después de muchos años ocupados construyendo sus carreras como hormiguitas, salen del agujero para respirar y ven que en realidad han estado construyendo su propia prisión.

No necesitamos tener más de lo necesario para vivir. Todo el tiempo que pasamos tratando de ganar más es precisamente lo que nos quita años de vida. Nuestra propia idiosincrasia nos impide crecer y avanzar hacia la felicidad en la vida. Unos quieren triunfar, otros ahorrar más dinero, otros están ávidos de poder, y todos sufren la misma ansiedad, idéntica infelicidad.

El egoísmo hace que el individuo se vuelva menos paciente, más suspicaz frente a los demás. El egoísta siempre piensa que la gente quiere quitarle algo. Esta actitud, finalmente, provocará angustias y depresiones, porque la persona se vuelve incapaz de ver todo lo que no tenga relación consigo mismo y sus intereses. El sistema nervioso del egoísta acaba convertido en una olla a presión, a punto de estallar.

Cuanto más nos concentramos en nosotros mismos, hablando de nuestro magnífico trabajo, de lo interesantes que somos o de los muchos problemas que tenemos, más aislados acabamos, pues los otros terminarán por cansarse del monólogo del egoísta. Al poco, nos veremos solos, buscando a nuevas víctimas a las que venderles nuestras miserias. Si vemos que nos estamos convirtiendo en personas de ese tipo, lo mejor es que cambiemos rápidamente. Los malos hábitos son más difíciles de eliminar cuanto más tiempo llevan en práctica.

El egoísmo es la causa de la ruptura de muchas parejas. También de la infelicidad de parejas que siguen conviviendo de mala manera, en medio de la insatisfacción y el descontento.

Las personas ricas no están satisfechas porque quieren más, y las personas pobres están descontentas porque sienten que no tienen lo suficiente. No importa si tienes demasiado o muy poco, la sensación de descontento e insatisfacción es la misma. Sólo la generosidad abrirá el corazón para que sea capaz de sentir y vivir la felicidad ansiada. Pero ser generoso es muy difícil en nuestro mundo, porque la vida gira alrededor del trabajo y el dinero. La generosidad no tiene nada que ver con la cantidad de bienes que somos capaces de regalar a los demás. Se relaciona más bien con el tiempo que les dedicamos y pensamos en ellos de manera altruista, sin barreras mentales. Dar dinero sin ningún compromiso explícito de cambiar para mejor es la cosa más fácil del mundo. En realidad, solemos dar dinero por motivos egoístas, para poder decir que estamos haciendo algo por el bien general, o para quitarnos de encima al «pesado» del amigo en apuros. Aún más: a veces regalamos cosas de las que no sabemos cómo deshacernos. En esos casos, la otra persona está recibiendo desperdicios, y no el regalo de un corazón abierto.

La generosidad atrae más generosidad. Los comportamientos generosos nos hacen ser aún más espléndidos. Nuestro ejemplo, además, inspira generosidad a los demás. Compartiendo, ayudando a equilibrar las leyes de la prosperidad espiritual frente a la amenaza de la codicia, vivimos más en sintonía con la naturaleza. Nuestra felicidad también depende de que la naturaleza marche, sienta, al unísono con nosotros. Ella es el paradigma de la generosidad. Los abusos que hemos cometido, saqueando y diezmando sus dones, alterando su equilibrio, sólo pueden traernos desventuras y desastres. Si la naturaleza no está en equilibrio por culpa de nuestro comportamiento egoísta, si no siente que estamos viviendo en armonía con ella, no hay esperanza de que seamos felices en el futuro. Los ricos son cada vez más ricos, mientras hay gente que no puede ni alimentarse. Destruimos las selvas, las costas, la atmósfera. Pues bien, a pesar de semejantes desequilibrios, la naturaleza trata de proporcionarnos aire puro y agua fresca cada día. No nos engañemos: la Madre Naturaleza es un organismo vivo, que siente que hay muy poco amor entre las personas, que ve como algunos de sus hijos carecen de lo más elemental y otros se dedican a destrozarla sin más fin que el beneficio material.

La felicidad no es un bien fácil de alcanzar. Para ser capaces de experimentarla debemos tener paciencia, practicar la exploración interior hasta sentir que estamos haciendo algún progreso. Nuestra vida cotidiana tiene que llenarse de prácticas de entrega mental y física, necesarias para abrir nuestros corazones a lo correcto, a lo espiritual. «La vida es lo que te sucede cuando estás ocupado haciendo otros planes.» Esta famosa frase de John Lennon nos invita a ser activos en la búsqueda de la auténtica felicidad. No debemos sentarnos a esperar que nos llegue. No debemos pensar que alguien nos la regalará. Vivamos con generosidad y compasión con todo el mundo, y la naturaleza se encargará de mostrarnos una dicha que nunca pensamos que pudiera existir.

Para mí la espiritualidad es paz interior, contacto con tu yo interno y el mundo espiritual.

MARCUS SCHENKENBERG, treinta y tantos, modelo y presentador, cristiano, residente en Suiza.

Es un continuo estado de búsqueda de respuestas. Es mi camino, el que me lleva a la serenidad y al lado de seres que sienten la misma inquietud que yo, esa inquietud que me hace sentirme necesariamente viva.

ANNE IGARTIBURU, treinta y tantos, presentadora, católica, País Vasco.

INFANCIA

Regresar mentalmente a nuestros orígenes es la única vía para entendernos a nosotros mismos, saber en quiénes nos hemos convertido y por qué somos como somos. Dar un paseo por la memoria es un ejercicio saludable, hermoso, pero también un viaje emocional que muchas personas no desean hacer. A la gente le gusta recordar los buenos tiempos, pero intenta olvidar los que no fueron tan buenos. Teme que regresen las antiguas penas, las miserias olvidadas.

La visita al pasado nos ayuda a liberarnos de las acciones y reacciones que nos frenan hoy en nuestro camino espiritual. Ha de ser un ejercicio de memoria orientado a comprender mejor el presente. No resulta en absoluto útil si se trata de una simple excursión a la nostalgia, si nuestra intención es regodearnos en lo bien que nos fue y lo mal que ahora nos va.

Con el correr de los años hemos ido forjando la personalidad que ahora exhibimos ante los demás. No la que creemos tener, sino la que en realidad tenemos. Nadie nos ve como nos vemos nosotros. La imagen que tenemos de nosotros mismos es muy diferente de la que tienen los demás. Quien posea una autoestima muy baja pensará que los demás sólo ven sus defectos. Los de autoestima alta creerán que sólo son visibles sus virtudes. Los primeros se sentirán inferiores, y superiores los segundos. Pero los dos se equivocan, ignoran cómo les ve realmente el resto de la humanidad. En la mayoría de los casos, la gente tiene mejor concepto de nosotros que nosotros mismos. La falsa idea que nos hacemos de nuestra imagen nos impide ver cómo somos en realidad. Poca gente quiere enfrentarse a sí misma tal como es, porque teme sentirse decepcionada ante lo que vea. Todos queremos ser mejores, más guapos, más ágiles y más grandes de lo que creemos ser. En la relación con los otros, fingimos, actuamos, con la intención de estar a la altura de lo que pensamos que debería ser nuestro «nivel». No nos damos cuenta de que la mayoría de la gente está haciendo exactamente lo mismo. Artificialmente, queremos asemejarnos a modelos que tienen un comportamiento igualmente artificial. Todo el mundo se dedica a interpretar su papel constantemente. La confusión no puede ser mayor.

Cuando la gente habla de su pasado, de sus éxitos o fracasos, y deja de referirse al presente, es muy probable que no esté muy satisfecha con su vida, que la infelicidad presida su existencia actual. Hablar mucho del pasado, y sólo del pasado, es síntoma de pobreza espiritual. Otra cosa es que recurramos a él para aprender acerca de nosotros mismos.

El pasado, fundamentalmente la infancia, es la mejor fuente de información sobre nuestra realidad de hoy. Miremos a nuestros padres y nos veremos, en buena medida, a nosotros. Muchos no se llevan bien con sus padres porque se ven reflejados en ellos, es decir, porque no están conformes consigo mismos. Es normal que cuando somos más impresionables, de niños, los padres nos parezcan dioses y que copiemos y sigamos todo lo que hacen. Al convertirnos en adultos comprendemos que los actos y comportamientos de nuestros padres no siempre supusieron una buena influencia para nosotros. A partir de ese momento empezamos a culparles de nuestras lacras. Reconocemos los rasgos que hemos heredado de ellos, que con frecuencia son hábitos negativos; pero, en lugar de cambiar esas costumbres, buscamos la compañía de personas similares, para, disimulados entre la multitud, parecer «normales». Tenemos la vaga noción de que sería mejor cambiar; pero no sabemos cómo deshacernos de hábitos tan arraigados, practicados durante tanto tiempo. Es mucho más fácil unirse a la gente que tiene los mismos ideales y costumbres que esforzarnos en cambiar los rasgos negativos de nuestra personalidad.

Si queremos cambiar nuestra vida y mejorar en términos espirituales desde hoy mismo, tendremos que mirar profundamente en nuestro interior. Para eso será necesario ir al principio, regresar a la infancia. Los padres son un buen punto de partida. Podemos observarles, buscar en ellos pautas de comportamiento que también podamos tener nosotros. El objetivo no es criticarles, ni siquiera obligarles a mejorar. Se trata de explorarnos a nosotros usándolos como espejo. No es mala idea preguntarles, hablar con ellos sobre nuestra infancia. Hagamos que nos cuenten cómo éramos de niños. Ellos pueden ayudarnos a recordar lo que hacíamos, recuperar algunos momentos perdidos que entonces pudieron ser dolorosos. De este modo, quizás descubramos que habíamos enterrado en el subconsciente muchas más cosas de las que pensábamos.

Los padres no siempre están abiertos a hablar del pasado. Algunos están avergonzados de lo que hicieron. Otros pueden sentirse atacados por nuestras preguntas. En cualquier caso, es importante que repasemos aquellos años. Analicemos cómo nos comportábamos en la escuela. Nuestra relación con los otros chicos, en el colegio y fuera de él, dice mucho sobre la persona que somos hoy. El reconocimiento de nuestras pautas de conducta nos ayuda a desprendernos de los malos hábitos mucho más deprisa; pero si no nos enfrentamos a la verdad de quiénes somos, no hay esperanza alguna de mejora.

Somos producto de nuestra infancia y sus circunstancias, del influjo de nuestros mayores y de la gente que nos rodeaba. El estilo de vida que llevan algunos padres actuales, los dos trabajando por el día y saliendo por la noche, hace que los hijos, siempre cuidados por «canguros», acaben sintiéndose abandonados. De esta forman, crecen chicos inseguros que no se sienten amados por las dos personas de quienes realmente necesitan recibir amor. Además, los padres suelen educar a sus hijos para que sean como ellos, y no para que sean mejores. El mundo está lleno de seres humanos que son una réplica de sus padres y no se sienten muy felices por ello. Seguir los pasos de los padres para hacerles felices hace que los hijos lleguen a ser adultos resentidos. Sienten que les falta algo en la vida, y que ese algo es la posibilidad de elegir su propio destino.

Criar a los hijos para que reflejen nuestra imagen, para que logren lo que nosotros no pudimos lograr, es un rasgo de enorme egoísmo. Además, es peligroso para el futuro del niño, porque acabará repitiendo todos nuestros comportamientos, incluidos los negativos.

La educación es muy compleja. En ella debemos estar atentos a lo más nimio. A veces se nos escapan sutiles mensajes negativos. Por ejemplo, cuando una madre alimenta al hijo desobediente y le premia porque se ha acabado el plato, le está enseñando, sin querer, que para obtener una recompensa antes hay que mostrarse rebelde. Más adelante, los padres se verán obligados a sobornar a sus hijos para que hagan cualquier cosa. Se han acostumbrado a que les alaben y recompensen por acciones absolutamente normales. Cuando esos chicos crecen y tropiezan con la dura realidad, cuando ven que no se les premia por cumplir con su obligación, se sienten rechazados o frustrados. Dar demasiada libertad a los hijos, privándoles de la necesaria guía, o mostrarse sobreprotectores, tratando de criar niños perfectos, son otras maneras de criar futuros adultos desequilibrados.

Hay niños a los que continuamente se les dice que son los peores, que no se portan bien, que son malos estudiantes o malos deportistas. Crecen con complejos de inferioridad, siempre tratando inútilmente de complacer a sus padres. Aunque hagan las cosas bien, se mostrarán inseguros y angustiados.

No le demos más vueltas: el análisis de la infancia es imprescindible. Sin él será imposible llegar a conocernos mejor.

La verdad ha de estar presente en nuestro retorno al pasado; pero también hemos de procurar que nos acompañen el perdón, la compasión y la generosidad. Conservamos muchas emociones del ayer: resentimientos, culpas, envidias, rencillas difíciles de olvidar. Si repasamos nuestro pasado sin la amplitud de corazón suficiente, corremos el riesgo de equivocarnos. Resucitarán los viejos rencores y culparemos a otros de nuestros males de entonces y de ahora. El viaje no servirá para nada. Los humanos tendemos a culparnos los unos a los otros desde el principio de los tiempos. Siempre hacemos responsables a los demás de todas nuestras desdichas. Los palestinos dicen que la culpa es de los judíos, mientras que los judíos culpan a los palestinos. Los niños de esos países crecen culpándose mutuamente. Pero culpar al otro, ya se trate de personas, grupos sociales o países, sólo sirve para impedir que avancemos en la vida. No olvidemos que los primeros responsables de lo que nos ocurre somos nosotros mismos. Para eliminar el hábito de echar la culpa a los demás, hay que empezar por saber ejercer el perdón.

Existe una bella historia acerca de una mujer que encontró en su corazón el verdadero significado del perdón y lo demostró a través de sus acciones. Un día su vida se convirtió bruscamente en una tragedia cuando su hija fue secuestrada y, después de un tiempo, la encontraron muerta. La persona que la había matado no sólo le había quitado la vida, sino que la había torturado y violado. La policía cogió al culpable y fue condenado a cadena perpetua. Aquí es donde comenzó el perdón. En lugar de poner toda su energía en el odio y sentirse miserable durante el resto de su vida, la madre fue a la prisión y comenzó a hablar con el preso. Quería comprender por qué había cometido un crimen tan horrible. Ella entendía que nadie desea quitarle la vida o causarle daño a otro ser humano. ¿Por qué elegiría alguien la ira en lugar de la felicidad, o el miedo en lugar del amor? Tras pasar más tiempo con el hombre que había asesinado a su hija descubrió muchas cosas de su pasado y también un montón de emociones ocultas en su propio interior. La regresión a la infancia del preso fue la clave para descubrir por qué había elegido una vida criminal para poder sobrevivir. El asesino se había criado en un ambiente violento y sin amor que le había dejado confuso y desesperado. Había atraído a otros que también padecían una gran confusión emocional y juntos decidieron provocar la misma clase de dolor que habían sufrido en su infancia. La madre de la chica asesinada y su asesino se convirtieron en buenos amigos después de un tiempo muy difícil cargado de emociones, donde ambos aprendieron acerca de la vida y por qué las cosas se habían producido de aquella manera. Cuando se le preguntó a la madre ésta explicó que ahora que una vida se había perdido, otras dos se habían salvado porque ella habría dedicado su existencia a recordar la muerte de su hija, pensando en la venganza contra otro ser humano, mientras que el preso habría muerto en la cárcel sin nadie que se preocupase. Ella quería que ambos se liberasen de la miseria y el miedo y los dos se necesitaban mutuamente para que eso sucediera. Cuando leemos esta clase de historias, realmente ponemos en perspectiva las verdaderas reglas del perdón y el amor. Perdonar y dejar a un lado los pensamientos de venganza es la única forma de curar al corazón.

El perdón se encuentra en la raíz de toda curación. Sin él no puede haber progreso alguno en el camino espiritual. Culpar a los demás es arrastrar pesadas cadenas que nos impiden avanzar. El perdón rompe la atadura y nos permite progresar hacia la felicidad. Además, trae consigo el amor. Necesitamos vivir la experiencia del perdón. Si heredamos rasgos de carácter que detestamos, es porque quisimos adoptarlos. Se puede entender que, cuando somos niños, nos enfademos con los demás y sintamos rencor hacia ellos. En la edad adulta ya no se comprende. Al madurar tenemos la posibilidad de reconocer nuestras características negativas y librarnos de ellas. Somos nosotros los que nos aferramos a los problemas y no dejamos que se vayan. Impedimos que el amor ocupe el lugar del dolor. Mucha gente prefiere vivir sumida en la ira, en lugar de perdonar y seguir avanzando. El fuego de la culpa, el dolor y la furia quema por dentro a esta gente. La miseria moral, pues de ella hablamos, puede convertirse en una compañera mortal para nuestro espíritu.

En el mundo está generalmente aceptado que la venganza es una manera justa de llenar el vacío que producen en nosotros las pérdidas, las desgracias que consideramos injustas. El asesinato, el robo, la violación, la infidelidad han de recibir su castigo. Lo primero que queremos es «que se haga justicia». Luego, compensaciones económicas. ¿Cómo puede el dinero aliviar el dolor provocado por una pérdida emocional? Buscamos compensar materialmente lo que para nosotros tenía un valor de rango completamente distinto.

Somos seres vengativos. La gente pone demandas por cualquier cosa. Por la obra que hace el vecino, por la decisión comercial del tendero de la competencia, por lo que el profesor dijo a nuestra niña cuando suspendió un montón de asignaturas. En Estados Unidos, una mujer pretende demandar a una cadena de televisión por daños emocionales, porque dice que la visión del pecho desnudo de

Janet Jackson durante la retransmisión de la Super Bowl le provocó un trauma. El propio presidente de la cadena expresó su horror porque su familia se encontraba en primera fila y su hijo lo había visto todo. ¡Gracias a Dios que no se le vieron los dos pechos! Con este tipo de mentalidad, ¿cómo vamos a avanzar y dejar que el amor impere en nuestros corazones?

Cuando éramos pequeños sólo buscábamos dos cosas: seguridad y aceptación. Ambas aspiraciones se resumen en un deseo intenso: sentir el amor de nuestros padres. Si el niño es aceptado y amparado, crecerá seguro y de mayor querrá ofrecer igual regalo a sus pequeños. Los niños imitan aquello que les enseñamos a través del ejemplo. Nuestra conductas, nuestros actos son decisivos en la formación de los hijos.

Echemos un vistazo al pasado para liberarnos del propio sentimiento de culpa y de la insana tendencia a culpar a los demás. Pensemos que los otros también sufrieron en el pasado. En vez de rencor, deberíamos sentir compasión y generosidad ante sus dificultades. Perdonando a quienes consideramos culpables de nuestros sufrimientos de ayer, nos perdonamos a nosotros mismos, pues en el fondo también nosotros somos culpables de nuestras lacras. Apartemos los sentimientos vengativos y justicieros. Puede que logremos nuestro propósito de hacer daño a otra persona; pero esa acción se volverá contra nosotros cuando menos lo esperemos. La justicia espiritual no tiene nada que ver con la mundana. El perdón traerá la verdadera justicia para todos. Al fin y al cabo, todos los textos espirituales hablan de perdón como la espina dorsal para la curación y el amor.

> *Espiritualidad es la conexión personal con Dios, el lugar en el que nada se interpone en el camino: ninguna religión, ninguna persona y ninguna situación estresante. Espiritualidad es el modo en que tu amor y tu compasión son capaces de trascender a los demás.*
>
> GRAYLING KING, cuarenta y tantos, diseñador, cristiano, residente en Harlem, Nueva York.

SILENCIO

El silencio está considerado como algo muy valioso. ¿Cuándo encuentra la mayoría de la gente un momento tranquilo, sin ningún ruido, lejos del trabajo, la familia, los amigos, los coches, los equipos de música, la televisión y demás? Probablemente nunca.

Es muy natural buscar el silencio y sumirse en él, y completamente antinatural salir en busca del estruendo. En la sociedad occidental el silencio y la soledad están mal vistos. Mucha gente siente terror ante la idea de quedarse sola. En silencio podemos digerir todos los pensamientos y encontrar lo que estamos buscando en la vida. Si en nuestro vivir diario no hay al menos un poco de silencio, no tendremos paz mental, no podremos saber qué buscamos ni en qué punto del camino nos encontramos. La sociedad en la que vivimos está llena de personas neuróticas que tratan de mantenerse muy ocupadas en el trabajo o en sus casas. Así, quieren convencerse y convencernos de que su existencia es muy importante. La gente no se siente valiosa a menos que trabaje a toda máquina, mostrando de paso lo ocupada que está con su «profesionalidad» y sus decisivos proyectos. Los hijos están más entregados que nunca a sus videojuegos, a la música y a la televisión. Pasan cada vez menos tiempo con sus amigos, no disfrutan jamás de una atmósfera apacible, serena, libre de distracciones estridentes.

El silencio nos proporcionará la calma y la serenidad que necesitamos para la contemplación y el pensamiento. Con todo el ruido que nos rodea, con la presión de un mundo que nos exige estar ocupados cada minuto del día, nadie puede llevar una vida cotidiana espiritualmente positiva. Pero no debemos rendirnos, tenemos que buscar el silencio necesario para conocernos mejor y ser útiles a nuestro mundo.

Podemos estar ganando un montón de dinero y creer que llevamos una vida plena, excitante, pero ¿cuándo hacemos un alto para ver si estamos viviendo con equilibrio mental y paz en el corazón? El trabajo está organizado de tal forma que no nos deja hueco para esos instantes de silencio. Si hablamos con quienes nos rodean, descubriremos que a ellos les encantaría encontrar algún momento de tranquilidad; pero si de repente tienen la oportunidad de meditar serenamente un rato, huyen del silencio como alma que lleva el Diablo. El verdadero silencio es el que se produce cuando nos zambullimos en la más completa quietud física y notamos que nos invade la paz mental. A la mayoría de las personas les resulta inquietante quedarse sentada sin hacer nada. En seguida quieren moverse, es decir, escapar. Piensan que ese silencio contemplativo es aburrido, o incluso imposible, pues afirman que no pueden dejar de pensar un instante en sus importantes asuntos. Si nuestra mente salta de aquí para allá, centrada en una u otra preocupación, no seremos capaces de emprender la marcha hacia un futuro positivo. Podemos tomar una decisión que consideramos correcta en ese momento, pero seguramente el futuro nos dirá que no era la adecuada.

Para que el cerebro sea capaz de regenerarse y para que el sistema nervioso no se cargue de tensiones, tenemos que pasar una parte de nuestra vida diaria en silencio. Simplemente sentados, contemplando la vida, sin más. A medida que nos acostumbremos a esta práctica, que al principio puede limitarse a unos pocos minutos, iremos apreciando lo que vale. Pronto notaremos que empezamos a tomar decisiones mucho más positivas para nuestro espíritu y para las personas que nos rodean. El silencio nos permite ver más allá de lo que alcanzan nuestros ojos, nos transporta a niveles de pensamiento en los que no hay tensión, angustia, miedo al fracaso... Cuando logramos relajar el sistema nervioso, el cuerpo se libera de la ansiedad y la depresión que tantas decisiones erróneas originan. Esto conduce a la serenidad y de ahí pasamos al poder de contemplación ilimitada, libres de la agitación y la confusión habituales. No hay necesidad de llevar una vida monacal. Basta con buscar un poco de tiempo, hacerle sitio al silencio. Nada tenemos que perder con la contemplación, ni siquiera el tiempo.

El silencio ha de ser absoluto. No basta con estar rodeados de silencio. Tampoco nosotros debemos emitir ruido alguno. Callados, quietos, podemos percibir mejor nuestra vibración interior. ¿Qué se puede escuchar en el silencio absoluto? Muchas cosas. El silencio se puede volver atronador cuando empezamos a captar cada pequeña vibración procedente del exterior y del interior de nosotros mismos. Nuestros cuerpos vibran continuamente en armonía con la Madre Naturaleza. El espíritu nos habla a través del silencio y también mediante los sonidos. Tenemos que acompasar nuestras vibraciones para ser uno con él y con nuestro entorno, porque la Madre Naturaleza y nuestro espíritu tienen el mismo origen: el Creador. Al estar en silencio, buscamos la sintonía con ambos. Necesitamos que los sentidos se calmen y no nos lleven de aquí para allá, agitadamente, en todas direcciones. Las distracciones exteriores no nos permiten sintonizar con nuestras vibraciones internas, que sólo se manifiestan en medio de la más profunda serenidad. Muchos animales y algunas máquinas, como el sónar y el radar, son capaces de captar ondas que nosotros no podemos oír porque no hemos acompasado nuestras señales internas a las vibraciones del resto de la naturaleza. En ella todo vibra a su propio ritmo. Nosotros, en este sentido, no somos diferentes de los árboles o los animales. Ellos han de vérselas con la polución y otras formas de destrucción causadas por los seres humanos, pero no tienen el estilo de vida de distracciones y excesos que nosotros nos hemos creado.

Escuchar es mucho más importante que hablar, porque si no comprendemos lo que otros están tratando de explicarnos, seremos incapaces de aprender. ¿Cuántas veces hemos estado equivocados acerca de algo de lo que nos sentíamos completamente seguros? Muchas, y casi siempre por culpa de nuestra incapacidad de escuchar lo que nos dicen los demás y nuestra voz interior. Escuchar y escucharnos. Cerramos los oídos y nos creemos en posesión de la verdad, cuando en realidad ni siquiera nos conocemos a nosotros mismos. Hablamos y hablamos de todo lo humano, y queremos hacerlo en el menor tiempo posible, de forma compulsiva y atropellada. Cuando escuchamos nuestra voz tratando de explicar algo a los compañeros de trabajo o a los amigos, dando nuestra versión de una historia, tratando de dominar la conversación, no prestamos ninguna atención a lo que dicen los demás. Durante una discusión, un debate acalorado, esto se hace mucho más evidente, porque todo el mundo intenta hablar al mismo tiempo y nadie escucha a nadie. Por eso, porque en ellas no se aprende nada, las discusiones son una pérdida de tiempo.

Hablar demasiado suele ser consecuencia de la falta de comprensión de nuestra propia naturaleza. Es un defecto que también se deriva de la costumbre de no conceder a los otros el mismo reconocimiento que a nosotros mismos. Generalmente hablamos para reafirmar nuestros planes y nuestros conocimientos. En el fondo, estamos inseguros de ellos y necesitamos contarlos. Contarlos sin parar, sin escuchar. Al no prestar atención a los planes y opiniones ajenos perdemos la oportunidad de aprender, es decir, que limitamos esos mismos conocimientos de los que no estamos seguros.

Todos nos hemos colgado un cartel en el que figuran nuestra profesión, nuestro estatus, nuestra valía. Cuando lo hacemos, nos ponemos barreras. En cierto sentido todos somos maestros y alumnos al mismo tiempo, pues recibimos información los unos de los otros. Pese a ello, sería mejor que todos nos considerásemos sólo alumnos. Quitémonos la presión que comporta ir por la vida enseñando un título. Además, si todos somos discípulos, no tendremos miedo de saber que muchas veces estamos equivocados. Esa actitud nos ayudará a escuchar mejor. Si todos nos considerásemos alumnos, dejaría de haber «expertos». Quizás ya no fueran necesarios esos modernos gurús que nos dicen lo que nos conviene.

El buen oyente tiene pocas palabras y no intenta dominar la conversación. Prefiere escuchar y aprender, en lugar de convertirse en el centro de atención exhibiendo sin pudor sus limitados conocimientos. Si aprendemos a ser buenos oyentes nos será más fácil sentarnos en silencio y meditar un rato, a solas. La contemplación acabará convirtiéndose en un momento de gozo, pues se nos hará evidente que sirve para mejorar nuestro conocimiento interior, nuestros pensamientos y nuestras acciones. Nuestra vida, en una palabra. El que sabe oír a los demás sabe escucharse a sí mismo.

Nuestro saber es muy limitado si lo comparamos con el enorme caudal de sabiduría que alberga el espíritu. Sólo comprendemos la información exterior que recogemos a través de los sentidos. Esta limitación proviene de nuestra incapacidad de sentarnos en silencio para extraer los conocimientos internos e ilimitados que tienen su origen en el nivel espiritual. El saber infinito del espíritu y la Madre Naturaleza nos permite ser verdad, compasión y amor. Tal es nuestra verdadera naturaleza.

Todo el mundo expresa su deseo de paz, especialmente en tiempos de guerra. Estas guerras, los conflictos que impiden la paz exterior, se originan en mentes agitadas que buscan el beneficio material y el ejercicio del poder sobre los demás. Todos formamos parte de la gran comunidad humana, y por eso todos somos responsables de cuanto sucede en la sociedad. No podemos señalar a nadie con el dedo ni decir, sin más, que los demás están equivocados y nosotros tenemos razón. Nuestra obligación es entender primero y luego actuar. La paz emana de cada uno de nosotros, y esa maravillosa facultad depende de nuestra manera de vivir, no de cualesquiera factores externos. La paz que todo el mundo busca está dentro de nosotros, no necesitamos buscarla en ninguna otra parte. La paz ya existe, fue creada por Dios. Lo que tenemos que hacer es prepararnos para recibirla y fundirnos con ella a través de nuestras acciones. Viviremos en el caos o alcanzaremos la paz según vivamos, es decir, según pensemos y actuemos. La paz sólo puede ser alimentada en el silencio y la serenidad. Así, cuando la necesitamos en tiempos agitados y difíciles ya sabemos cómo llamarla, cómo utilizar su inmenso poder. No tiene sentido tratar de ser pacíficos en medio de un desastre doméstico o de una gran convulsión, si no hemos practicado previamente la contemplación, es decir, la forma de hacer uso de la energía que emana de la paz. Nos haremos pacíficos con la práctica del silencio absoluto, escuchando las vibraciones de nuestro espíritu.

La palabra *disciplina* tiene connotaciones negativas en nuestra sociedad, porque la asociamos con el término «autoridad» y pensamos que limita nuestro carácter. Cosas tales como ir a la escuela, madrugar todos los días o tener que volver a casa a cierta hora, son nuestras vivencias «disciplinarias» en la infancia. En la sociedad occidental, la gente sueña con las vacaciones, los días de asueto, cualquier momento en que se vea libre de la obligación de trabajar y pueda hacer lo que le plazca. Consciente o inconscientemente, siempre estamos sujetos a una u otra disciplina. Y eso no nos gusta.

Trabajar implica disciplina. Las relaciones sociales implican disciplina. Hasta el ocio, la diversión, se disfruta gracias a que está sujeto a cierta disciplina. Si podemos aplicarla a cualquier faceta de nuestra vida mundana, también podemos hacerlo en la espiritual. La disciplina es, al fin y al cabo, una forma de control de la mente y los pensamientos. Del mismo modo en que nos acostumbramos a un mal hábito, podemos empezar a practicar uno bueno. Cuestión de disciplina. Hemos de hacerlo con tenacidad, con esfuerzo, conscientes de que se trata de una elección personal. Hasta que no empecemos a cambiar nuestros pensamientos negativos no entenderemos la importancia de la disciplina. Nadie quiere a un crío indisciplinado corriendo por todas partes, rompiendo cosas y causando problemas, ¿verdad? Pues bien, los niños indisciplinados se convierten en adultos indisciplinados, que se enfadan y alborotan cuando no consiguen sus propósitos. Lo que aconsejamos a nuestros hijos debemos aplicarlo en nuestra propia vida diaria. El espíritu necesita tanta disciplina como en el colegio o más.

Contemplemos nuestra vida y veamos lo que tenemos que cambiar en ella. Vigilémonos. Puede que nos sorprendamos diciéndonos «no tengo tiempo», o «ya empezaré a hacerlo mañana», o «no sé cómo empezar». Pobres excusas para eludir la disciplina, señal de que no estamos dispuestos a trabajar realmente en el cambio de nuestros pensamientos y nuestras acciones. Los seres humanos lo queremos todo rápidamente y a nuestra manera. Toda acción, idea o persona que se salga de este esquema nos parece un incordio. Nuestras relaciones sociales y personales funcionan mal porque no tenemos la disciplina suficiente para dejar de hacer las cosas a nuestra manera. No es posible cohabitar en paz si todo el mundo utiliza a los demás de forma tan abusiva como lo hacemos con la Madre Tierra. Cuanto más construyamos y desarrollemos los hábitos positivos, más fuerza tendremos para progresar en los diversos aspectos de nuestras vidas. Cuanto más nos limitemos a lo que queremos, y no a lo que necesitamos, más perezosos, frustrados, impacientes y, en definitiva, infelices, nos volveremos.

El silencio ayudará al individuo a buscar disciplina en cualquier área de su vida donde sea necesaria. En los momentos tranquilos, en los que no hay demasiado movimiento ni exceso de estímulos, el pensamiento se relaja y nos deja discernir en qué parte de la existencia necesitamos trabajar. El silencio nos ayuda a convertir las ideas en acción, porque en él no hay distracciones que nos desvíen de lo que verdaderamente importa.

Si no hay silencio, la voz interior, la del pensamiento y el espíritu, será confundida con algo que no es la verdad.

> *Espiritualidad es esa esencia, esa fuerza efímera, esa presencia que todos sabemos que se encuentra ahí fuera guiándonos y ayudándonos, pero que no sabemos muy bien cómo llamarla.*
>
> PAUL WILMOT, cincuenta y tantos, relaciones públicas, cristiano, Nueva York.

MUERTE

La muerte es el último fenómeno democrático, justo, que queda en el mundo actual. Al final, pese a tantas diferencias y desigualdades, todos tomaremos el mismo camino, no importa si somos ricos o pobres, fuertes o débiles, viejos o jóvenes. Cada uno de nosotros, sin excepción, deberá enfrentarse a la muerte tarde o temprano. En Occidente, es vista como algo que le sucede a otra persona. Pocos están dispuestos a hablar de tan arduo asunto. No es, desde luego, el tema favorito de las masas. Se tiene por morboso, triste y negativo, algo muy próximo al tabú.

¿Por qué tenemos tanto miedo a morir cuando se trata de lo único de lo que no podemos escapar, lo único que sabemos que habrá de ocurrir inevitablemente tarde o temprano? Si sabemos que viene hacia nosotros, ¿por qué no dedicamos más tiempo a contemplarla para entender mejor su significado, en lugar de mirar para otro lado y fingir que no existe o que no nos afecta? Sabemos que un día abandonaremos la Tierra, pero no hacemos nada para estar mejor preparados cuando llegue ese momento. Tenemos miedo de este «final», porque no sabemos qué hay más allá de la vida. Nos hemos apegado demasiado a nuestro estilo de vida terrenal, a la gente, a las posesiones. Nos resistimos, no queremos abandonar el mundo que conocemos. Desde que somos pequeños nos acostumbramos al silencio sobre la muerte. Si preguntamos, los mayores eluden la cuestión argumentando que tenemos mucho tiempo por delante para hablar de ella. El miedo a la muerte ha vuelto a la gente vulnerable, indefensa ante un fenómeno que no comprende. Decidimos ignorar la muerte hasta que se nos presenta de repente con toda su crudeza. El accidente de un conocido, la enfermedad de un familiar, la colocan en primer plano. Entonces nos sentimos abrumados, confusos. A veces, aterrorizados.

Recibimos constantes señales relativas a nuestro estado de salud física y mental, pero no sabemos cómo interpretarlas. A causa de nuestro estilo de vida y las elecciones que hacemos, no estamos en sintonía con el espíritu, razón por la cual nos cuesta saber si esas señales nos alertan, o no, sobre los riesgos de alguno de nuestros hábitos. El ser humano parece empeñado en forzar su cuerpo hasta límites extremos. Lo importante es ganar más, trabajar cuanto haga falta. La salud queda en segundo o tercer plano. En lugar de luchar contra la enfermedad, batallamos contra el tiempo. Las señales sobre nuestra salud están siempre a nuestro alcance, pero no las entenderemos si no tenemos disciplina para profundizar en nosotros mismos de la manera que hemos analizado en este libro. La disciplina del silencio, la flexibilidad mental y física y otras prácticas nos darán las claves necesarias para comprender las señales que indican que algo falla en el cuerpo o la mente.

Como si fuese un pensamiento, la enfermedad comienza en la mente. Igual que la culpa, el miedo, el resentimiento, los celos o cualquier otro pensamiento negativo que, con el tiempo, si no se elimina se acaba transformando en dolor de cabeza, ansiedad, depresión, ira, inseguridad o nerviosismo. Es decir, en un problema físico. Si no detenemos la enfermedad en la mente, cuando empieza, habrá que combatirla cuando ya es una manifestación física, un mal del cuerpo. Y en ese campo todo es incierto. Con el tiempo, la ansiedad o la depresión afectan el organismo, a todas las funciones corporales, porque el pensamiento es una vibración que, si es positiva, aportará energía y vida al cuerpo y la mente, pero si es negativa se convertirá en un parásito que será necesario eliminar. Hay que aliviar la presión que ejercen sobre la mente los pensamientos negativos; pero más importante aún es tratar adecuadamente las causas profundas del trastorno. En caso contrario, sus efectos negativos siempre encontrarán la manera de salir a la superficie.

Según muchos textos espirituales, si desde nuestra infancia nos hubiesen enseñado a no temer a la muerte, a no mirarla como nuestro «enemigo final», seríamos conscientes de que no podemos evitar lo inevitable y la aceptaríamos como una parte de la vida. Existen tribus indias que imparten esta enseñanza a sus hijos. Desde una edad muy temprana, se enseña a los chicos que la muerte llegará sin que podamos evitarlo. Su vida es normal, como la de todos sus vecinos. La única diferencia es que afrontan la muerte de otra manera. Los niños crecen comprendiendo que no hay que temer a la muerte. No sólo saben que ese momento llegará, sino que hay que prepararse para afrontarlo. Y cuando aparece la muerte nadie se conmociona ni se siente engañado por una fuerza que no puede controlar. Este conocimiento de lo inevitable les ayuda a ver a los demás como iguales. Hay menos conflictos entre amigos y vecinos porque comprenden que un día todos abandonarán la Tierra y que, mientras estén aquí, deben apreciarse y amarse mutuamente. Se trata de un enfoque mucho más realista que el nuestro, el occidental. Puesto que nada podemos hacer para evitar la muerte, lo mejor es procurar que su llegada sea más natural y menos aterradora. Si dedicásemos un poco de tiempo a comprenderla en silencio, contemplándola, nos sería más fácil «conquistarla» mentalmente. El espíritu nos ayuda a enfrentarnos con la muerte.

Quizás nuestro paso por el mundo se halle predeterminado y ocurra que, una vez cumplidas las metas que teníamos como seres humanos, somos llevados de regreso al lugar de donde vinimos. Esto podría explicar por qué unos mueren jóvenes y otros muy mayores. La cuestión no sería si la gente hizo el bien o el mal durante su vida, sino que habría que dilucidar, simplemente, por qué llegaron a la Tierra dentro de ese cuerpo y por qué razón la abandonaron. El espíritu alienta la vida en el cuerpo, y cuando lo abandona éste muere. Podemos decir, pues, que nuestra misión en la vida es una labor espiritual. Una vez que ese trabajo ha sido completado, el espíritu abandona el cuerpo y éste regresa al polvo. El cuerpo no tiene más utilidad que la de albergar al espíritu. Éste, por su parte, trata de guiarnos en la forma correcta de vivir. Si no estamos en sintonía con nuestro yo interno, no podremos saber cuál es el propósito de nuestro paso por la vida.

En la cuestión de la vida y la muerte nos sentimos tan perdidos que hemos llegado a clonar animales, alimentos y hasta personas. Al confiar en la ciencia más que en nuestro Creador, estamos retrocediendo en nuestro camino humano. En lugar de contemplar y aceptar en nuestro interior la muerte, hemos inventado una forma quimérica de derrotarla, manteniendo con vida una parte de alguien o haciendo réplicas de los organismos vivos. Cuando alguien muere, eso es todo, no hay nada que pueda hacerse por mucho que cojamos su ADN y lo inyectemos en otro óvulo para hacernos la ilusión de que sigue con vida. En el fondo, no se trata más que de otra manifestación de nuestro absurdo empeño de controlarlo todo, hasta la vida y la muerte.

La muerte necesita contemplación, como cualquier otro aspecto de nuestras vidas. La gente que no acepta su destino llega aterrorizada al final de sus días. Por ejemplo, el mayor magnate de su tiempo, Malcolm Forbes, dijo en su lecho de muerte que sólo por disponer de un día más de vida sería capaz de renunciar a la mitad de su fortuna. Casos como éste muestran lo apegados que estamos a la vida y el pavor que nos infunde la muerte. Pero no podemos olvidar que Forbes estaba dispuesto a renunciar a la mitad de su fortuna, no a toda ella. Incluso a las puertas de la muerte, se mostraba reacio a desprenderse de los bienes materiales.

> *Soy cristiano y para mí la palabra de Dios Padre, su hijo Jesús y el Espíritu Santo es como la luz que ilumina mi camino. Sé entonces que mis pasos van en la dirección correcta y que tengo una fuente espiritual a la que recurrir en todo momento.*
>
> KYM MAZELLE, cuarenta y tantos, cantante, cristiana, Estados Unidos.

SALUD

La vida sin amor no es vida. La vida sin salud puede resultar igualmente miserable. Al encontrarnos tan apegados al reino de la materia y los sentidos, la salud es una parte fundamental de nuestra existencia. Para la mayoría, su ausencia provoca agotamiento mental. Enfermos, somos incapaces de funcionar física y espiritualmente.

Con el correr de los años, la salud se ha convertido en un asunto central para las personas. Hoy se construyen más hospitales y se elaboran más medicamentos que nunca. Existen píldoras para toda clase de enfermedades, para todas las dolencias a las que el ser humano pueda dar un nombre. Incluso hemos llegado al extremo de inventar enfermedades para las cuales prescribir fármacos. Medicamos a los mayores, y también a los niños. Unos y otros nos estamos convirtiendo en «drogadictos legales». No hay médicos ni quirófanos suficientes para todos los pacientes que necesitan operarse cada día, porque la cantidad de personas enfermas está alcanzando cotas nunca vistas. Jamás habían existido tantos centros de salud, tantos métodos para ponerse en forma, tantas «granjas de rehabilitación».

La gente quiere perder peso, y para ello recurre a métodos milagrosos, cremas prodigiosas, gimnasios. O se va de cabeza a una clínica para que el bisturí rebane la parte que le sobra. Todo, menos usar métodos saludables y naturales.

La salud es un tema de conversación recurrente. Si se está sano o si se está enfermo. «Tengo que ponerme en tratamiento», «tengo que operarme», «tengo que adelgazar» o «tengo que dejar de fumar». Hablamos constantemente de lo que nos proponemos hacer en relación con nuestro estado de salud. Pero charlamos mucho y hacemos poco. Y si el tabaco o la sobrealimentación aún no han provocado signos externos de enfermedad, continuamos con nuestros hábitos. La mayoría de la gente se limita a vivir con sus kilos de más y con sus deteriorados pulmones.

En esta época, más que en ninguna otra, el hombre está depositando su fe en medios externos de curación, en lugar de volverse hacia la naturaleza para encontrar la única cura auténtica. Tragamos píldoras para remediar cualquier enfermedad, sin saber realmente cuál es su composición ni los efectos que tienen sobre el organismo. No deberíamos meternos nada en el cuerpo sin conocer sus repercusiones a corto y largo plazo. Todo el organismo se ve afectado cuando ingerimos cualquier tipo de medicamento. Cuanto más potente sea y cuanto más tiempo lo tomemos, mayores serán sus efectos secundarios. Cuando alguien consume drogas para aliviar el dolor o combatir una enfermedad, el cuerpo lucha contra esas sustancias, porque no tienen un origen natural. En cuanto introduces una píldora en tu organismo, el cuerpo comienza a trabajar para eliminarla lo más deprisa posible. Percibe que el medicamento es un cuerpo extraño, no un producto de la Madre Naturaleza.

Los efectos secundarios son consecuencia de la lucha del cuerpo contra la invasión antinatural. Con el sudor, a través de la piel, eliminamos las toxinas, el material de desecho. Hoy en día existe hasta una píldora-cámara que envía imágenes de su trayecto por el esófago, el estómago y el colon del paciente, antes de ser excretada. Durante ese viaje, la cámara muestra el interior del cuerpo. Nos revela si hay algún tumor o cualquier otra anomalía; pero no puede verlo todo. Se le escapa otro tipo de detalles. Es ciega, por ejemplo, con respecto a la futura evolución de nuestra salud.

El propio cuerpo será nuestra cámara interna si aprendemos a interpretar los signos que aparecen en el rostro, los ojos, la piel, el cabello, las uñas. Los remedios externos de curación no sirven, porque el origen de la enfermedad está en el interior. Las pastillas no surten efecto porque no se mezclan con la compleja estructura natural del cuerpo.

Algunas personas piensan que nuestra forma de vida ha mejorado porque aumenta la esperanza de vida de los humanos. La única razón por la que en Occidente hoy vivimos más tiempo es porque ya no padecemos las enfermedades básicas que antes provocaban las malas condiciones higiénico-sanitarias y una pobre alimentación. Pero en África ese tremendo drama sigue presente. Antaño, no había alcantarillados ni agua corriente. Las hambrunas acababan con poblaciones enteras; ratas y parásitos campaban por sus respetos. La mala alimentación, la pobreza, hacían que hubiera una mortalidad infantil enorme. Es verdad que ahora vivimos más tiempo, pero también es cierto que debemos convivir con muchas enfermedades nuevas. Son males creados por el hombre, que podrían evitarse fácilmente con un poco de comprensión, sabiduría y moderación. El tipo de enfermedades que padecemos en la sociedad actual ha cambiado. Procede de las obsesiones y de los hábitos compulsivos. Se alimenta con nuestro ego, siempre situado en primer plano, pendiente de acumular más en el menor tiempo posible. La vida ya no es una carrera de fondo, sino un interminable *sprint*.

Desde el descubrimiento de la penicilina y los antibióticos en el siglo pasado, la medicina moderna ha cambiado las curaciones naturales por las terapias artificiales. El hombre estaba muy versado en el uso de las hierbas medicinales; no sólo para curar el cuerpo enfermo, sino también para fortalecer el sano. Cuando la medicina occidental ganó terreno y se hizo popular, los conocimientos ancestrales fueron cayendo en el olvido y dejaron de transmitirse de generación en generación. A la gente le resultaba más sencillo tragarse una píldora, pues aparentemente le aliviaba en menos tiempo.

La diferencia entre píldoras y hierbas estriba en que las segundas son admitidas por el organismo porque proceden de la naturaleza, mientras que las primeras, drogas químicas fabricadas por la industria farmacéutica, no tienen esa virtud. Las hierbas poseen propiedades medicinales. Entran en el cuerpo sin perturbar el equilibrio orgánico, y pueden ser transportadas, sin rechazo, por la sangre, para curar las zonas enfermas. La hierba nunca cura directamente la enfermedad, sino que ayuda al cuerpo en la lucha que ha iniciado contra ella. Las defensas del organismo ya están enviando anticuerpos para combatir la enfermedad y la hierba sólo actúa como su «ayudante», aportándoles la alimentación extra que necesitan para llevar a cabo el proceso de curación. Los anticuerpos son los verdaderos sanadores. Se fortalecen después de cada «batalla», listos para hacer frente al próximo virus, al siguiente mal. Las hierbas carecen de la capacidad de suplantar al sistema inmunológico, sólo pueden ayudar y apoyar el proceso curativo. Esto es completamente distinto de lo que hace la medicina moderna, en la que la química usurpa sus funciones al sistema inmunológico. Inactivo, éste no se fortalece haciendo su trabajo. Los medicamentos acaban por deteriorar nuestras defensas.

Las hierbas y el cuerpo necesitan un poco más de tiempo que los fármacos para realizar el proceso de limpieza y curación. Pero la gente ha perdido la paciencia. Tiene prisa, ha de curarse cuanto antes, porque el trabajo la reclama. Olvida que en la vida no hay atajos y que tampoco los hay en la curación del cuerpo, tarea que requiere su tiempo natural. El uso de fármacos puede aparentar una rápida curación, pero pasa factura con el tiempo.

Las pastillas no sólo dejan en el organismo muchas toxinas que causan otros problemas, sino que tampoco eliminan la causa de la enfermedad. El mal se repetirá una y otra vez hasta que el cuerpo esté demasiado débil para seguir luchando. Como la medicina occidental carece de métodos de limpieza, el cuerpo está, en primer lugar, tratando de luchar contra la enfermedad y, al mismo tiempo, combatiendo las drogas o sustancias químicas que detecta como artificiales y nocivas. Mientras pelea contra una bacteria o un virus, tiene que enfrentarse a las toxinas que produce el rechazo del medicamento. Los medicamentos obligan al organismo a guerrear en dos frentes. Al creer en la medicina química, el hombre deposita su fe, una vez más, en un procedimiento quimérico y, a la larga, nocivo.

¿Cuántos millones de personas toman antidepresivos y somníferos en nuestra sociedad? Estas drogas son las más peligrosas, porque dejan aturdido el organismo y afectan a la mente de una forma negativa. Los sistemas nervioso e inmunológico se paralizan ante cualquier sustancia extraña que afecta al cuerpo y la mente. Todos nuestros recursos defensivos se aletargan, y cuando despiertan tienen que hacer frente a la tarea de eliminar las toxinas que aún se encuentran en nuestra sangre. Las píldoras para dormir dejan a la gente inconsciente de manera artificial, lo que le impide cumplir su ciclo de sueño natural y equilibrado. Se supone que debemos escuchar a nuestro cuerpo para descubrir por qué no podemos dormir, en lugar de recurrir a métodos artificiales para «resolver» el problema. El cuerpo nos informa de manera visible de que hay algo que no funciona bien. Dicho de otra manera: cuando lo necesita, pide atención. Si lo único que hacemos es ignorar el problema y tratar de «congelarlo», nos aguardarán más enfermedades en el futuro.

Las pastillas antidepresivas son de la misma naturaleza que las píldoras para dormir. Dejan el cuerpo tan paralizado que los organismos extraños pueden entrar libremente en él, y atacarle. Las personas que están tomando antidepresivos necesitan hablar con alguien que les aconseje. Deben realizar ciertas prácticas para comprender sus ansiedades y saber por qué se sienten deprimidas. Es necesario que comprendan que están usando elementos químicos, es decir, materiales, para combatir un mal de naturaleza espiritual. Para la gente se ha vuelto más fácil tomar pastillas que hacer frente a las dificultades con la autoexploración y la meditación. Las pastillas no curan, aplazan la curación. Nos llevan a un retorno sin fin a los orígenes. Cuando tomamos píldoras, tenemos que volver a tomarlas tarde o temprano. El cuerpo ha de enfrentarse constantemente al mal de base y a los efectos secundarios del remedio que hemos elegido.

La diferencia principal que existe entre la medicina moderna y curas naturales, como el Ayurveda, la medicina tradicional india, es que una trata los efectos de la enfermedad y la otra, sus causas. Todo mal debe ser extirpado de raíz para impedir que siga creciendo o vuelva a surgir. De poco sirve atacar los efectos si previamente no hemos acabado con su causa. Como sabemos, todo tiene su origen en la mente, en forma de pensamientos. Cualquier cosa que se manifiesta en el cuerpo también procede de ellos. En el organismo los pensamientos negativos se manifiestan en forma de tumores, infecciones, trombos. La enfermedad se anuncia en «formato» mental. Su origen siempre se remonta a muchas y diferentes razones relacionadas con nuestras situaciones pasadas y presentes. El estilo de vida afecta al pensamiento y nos lleva a la enfermedad por diversos caminos. El cuerpo se expresa siempre, nunca deja de reaccionar. Cuando nos ruborizamos por la presencia de una persona que nos intimida, asistimos a una inocente reacción corporal. Así como el rubor es síntoma de excitación, el dolor de cabeza puede ser la señal de alarma, el indicador de que se prepara un mal mucho más grave. Pronto, la jaqueca puede convertirse en migraña, y ésta en una sucesión de noches en vela. No tardarán en presentarse el agotamiento y el estrés, se debilitarán las defensas y llegarán las infecciones o algo peor. Todo, quizás, por un mal pensamiento que pudo ser el origen del dolor de cabeza. Conocer nuestros pensamientos es vital para cortar el paso a las futuras enfermedades. Es mucho mejor asegurarse de que pensamos de manera positiva sobre nosotros mismos y la gente que nos rodea que permitir el paso a las ideas negativas, preludio de las enfermedades de la mente y el cuerpo.

Si encontramos la causa del mal podremos comenzar el trabajo necesario para expulsarlo de nuestra conciencia y curarnos. Los pensamientos negativos como la ira, el rechazo, el abandono, el odio o el orgullo son algunas de las formas que asume la enfermedad en la mente. Se trata de pensamientos muy poderosos que, cuando se convierten en emociones, pueden manifestarse en nuestros cuerpos en muy poco tiempo. Hay que extirpar de la mente las ideas negativas, eso que a veces llamamos traumas, que llevan mucho tiempo en nuestros corazones. Son sumamente corrosivas y tienen casi siempre como consecuencia la enfermedad. El cuerpo no puede con esos pensamientos.

La medicina moderna es incapaz de realizar otra función muy importante para el cuerpo: la limpieza. El organismo se limpia continuamente a sí mismo, en todos y cada uno de sus rincones, para poder funcionar de manera normal y equilibrada. El organismo lleva a cabo esta tarea de forma natural, pero se encuentra con dificultades inesperadas, porque nuestro entorno ha dejado de ser natural. El aire no está limpio, el agua tampoco. Extrañas ondas electromagnéticas nos bombardean a todas horas. El cuerpo se ve obligado a trabajar con métodos naturales en un ambiente hostil. Sabemos que el mundo moderno está dominado por la competencia económica y el beneficio material, de modo que cualquier artículo que aparece en el mercado se fabrica por esas razones, sin que importen sus efectos sobre la salud o el entorno medioambiental. Y esto se aplica a las bebidas, los alimentos, la electrónica, los medicamentos, la ropa y cualquier otra cosa. Las empresas no tienen escrúpulos. Hace menos de un año, la compañía Coca-Cola fue sorprendida vendiendo agua del grifo envasada en una botella de atractivo diseño. La supuesta «agua mineral» se llamaba Dassani. En un artículo aparecido en *The Times,* el 9 de diciembre de 2004, se citan los peligros de infertilidad masculina asociados al principal compañero y juguete del hombre moderno: el ordenador. En ese artículo se afirma que, desde los tiempos de la Revolución Industrial, el número de espermatozoides se ha reducido en más del 50 por ciento a causa del consumo de drogas, alcohol y tabaco, la obesidad, los pesticidas, las sustancias químicas y los materiales radiactivos. Las radiaciones de un ordenador pueden desplazarse a cuatro metros de distancia y atravesar un muro de cemento de tres metros de ancho. Después de leer esto, ¿seguiremos queriendo apoyar el ordenador portátil sobre el regazo? Desde que el uso de Internet y los teléfonos móviles infrarrojos se hicieron generales, han aumentado los trastornos nerviosos y de estrés. Se supone que estas nuevas tecnologías deben hacer que la vida laboral sea más rentable para las compañías; es decir, que la gente pueda trabajar más dando más rendimiento. Diversos informes relacionados con la nueva telefonía afirman que cada vez que apoyamos uno de ellos en la oreja estamos contribuyendo al deterioro del sistema nervioso. España ha sido uno de los primeros países en reconocer los peligros de estos aparatos, especialmente para los niños. Se sabe que a los pequeños les resulta difícil concentrarse después de utilizar sus móviles. Incluso se ha demostrado su efecto negativo en los nonatos.

Hemos hablado de aspectos de la vida moderna que contaminan, perjudican de una manera muy visible. Pero existen otros fenómenos a los que no prestamos tanta atención que también nos están afectando. La gente fuma y bebe alcohol, dos formas aceptadas de evasión que afectan a nuestra psique. El estado mental colectivo nos ciega, impidiéndonos ver el efecto negativo de este tipo de esparcimientos. El fenómeno evidencia hasta qué punto estamos retrasados en nuestro desarrollo espiritual. Muchos fuman y beben por inseguridad, porque piensan que estos «hábitos sociales» les ayudarán a superar su sentimiento de soledad. El cigarrillo y la bebida se convierten en sus «amigos íntimos». La mente humana siempre está buscando alguna forma de distraerse. Queremos escapar, aunque sea por un rato, de la realidad. Pero la evasión por medio de sustancias estimulantes sólo conseguirá distraernos en apariencia. Puede que nos sintamos mejor durante un tiempo; pero no tardaremos en tener que enfrentarnos a la realidad. Precisamente el miedo a la comprensión de la realidad es el verdadero defecto sobre el que tenemos que trabajar, porque, si no lo hacemos, siempre estaremos a merced de otra copa, otro cigarrillo o un poco más de comida o cualquier sucedáneo de compañía que pueda darnos algún consuelo.

El uso de las drogas es un reflejo exterior del descontento y la insatisfacción internos. Introducir en el cuerpo una sustancia que altera el equilibrio psíquico significa, en primer lugar, que no deseamos permanecer en nuestro estado mental habitual. Si no fuese así, no tomaríamos nada para cambiarlo. La gente dice que toma drogas para sentirse mejor o por lo menos «diferente», y que el hábito le ayuda a relajarse. Pero la droga toma posesión del cuerpo y hace que el individuo se sienta, contra lo que deseaba, confuso e incoherente, incapaz de apreciar lo que sucede a su alrededor. Todo acto tiene una reacción. Estar aturdidos por las drogas durante un cierto tiempo nos lleva, en primer lugar, al mismo punto en el que estábamos antes de empezar a tomarlas, pues la evasión apenas dura. En segundo lugar, pasada la alucinación, tenemos que hacer frente a los pensamientos negativos que produjo y a los efectos físicos que su consumo acarrea. En resumen: continuaremos insatisfechos con nuestra vida y, encima, martirizados por el síndrome de abstinencia y las enfermedades.

La contaminación atmosférica y los residuos tóxicos se han convertido en un problema tan grave en los últimos cincuenta años que la misma Tierra está reaccionando ante todas las toxinas que lanzamos sobre ella. La naturaleza, como cualquier cuerpo, se limpia constantemente a sí misma a través de diversos medios; y lo hace con suma eficacia. Sin el aire, el agua y los alimentos no podemos sobrevivir. La naturaleza lleva a cabo un enorme esfuerzo para suministrarnos esos elementos tan importantes, y trata de que nos lleguen limpios, sanos, en el mejor estado posible. Nosotros no la ayudamos, sino todo lo contrario, pues agravamos el problema por la forma en que hemos elegido vivir. La Madre Naturaleza existe para proveernos de lo mejor y nosotros sólo podemos sobrevivir aprovechando su generosidad. Ella da y nosotros tomamos, sin saber corresponder a sus regalos. La ingratitud con la naturaleza no nos ayuda en nuestro viaje espiritual.

Los acondicionadores de aire son otra de las grandes fuentes de enfermedad de las sociedades modernas. Estos aparatos absorben el aire del ambiente y lo pasan por un filtro que sólo tiene capacidad para retener las partículas más grandes, pero no los virus y las bacterias. Una vez tamizado, nos devuelve el aire a una temperatura inferior. Así, contribuye a difundir rápidamente los gérmenes, acumulados en los filtros, de todos los que estamos o hemos estado en la habitación. Además, al refrescar el aire bruscamente, produce cambios que desequilibran nuestro propio «termostato» natural, el que regula la temperatura corporal. Cuando la mente se acostumbra a esos cambios, el cuerpo renuncia a su función de regulación térmica. El organismo se vuelve perezoso, acaba pensando que cuando hace calor la única respuesta posible es conectar el aire acondicionado. Ya no trabaja para adaptarse a las condiciones externas. Al transpirar, el cuerpo coloca una película de vapor sobre la superficie de la piel, para que el aire pueda refrescarla. Se trata de un mecanismo sumamente eficaz, que funciona desde hace millones de años. El hombre se ha ido adaptando a los cambios climáticos estacionales. Si cualquier elemento artificial, como el aire acondicionado, altera ese mecanismo de aclimatación, el daño es grande. Por ejemplo: al no sudar retenemos las toxinas. Infecciones y alergias tienen la puerta abierta. La mente le está diciendo al cuerpo que es verano y hace calor, pero el cuerpo no puede transpirar. El aire acondicionado impide que eleve su temperatura para que pueda producirse el proceso de enfriamiento cutáneo y eliminación de toxinas.

Otra gran amenaza para la salud se relaciona con los alimentos que consumimos. Todos los productos alimenticios de nuestros días han sido manipulados en algún momento antes de llegar a la mesa. El suelo en el que brotan suele absorber agentes químicos. Casi con toda seguridad, la propia planta ha sido rociada con alguna clase de pesticida para impedir que se la coman los insectos. La pesca tampoco se salva de la manipulación antinatural. Estamos capturando peces a una escala tal que ya no hay suficientes para satisfacer las necesidades de todos. Han aparecido las piscifactorías, que producen peces que jamás han vivido en el mar, alimentándose de manera natural. Todos los vegetales, carnes, productos lácteos y frutas contienen toxinas de alguna clase. La carne que consumimos está repleta de hormonas y agua, que se usan en las ganaderías y las granjas para aumentar el peso del animal.

Estas hormonas tienen efectos especialmente nocivos para el organismo, pues chocan con nuestras hormonas naturales. Se trata de sustancias que contribuyen al equilibrio del organismo. Si entran en él hormonas extrañas, se producirán graves alteraciones cuando el cuerpo intente eliminarlas.

Por si no hubiera bastante con todo lo dicho, también tenemos que lidiar con alimentos modificados genéticamente, una suerte de vegetales clónicos. Nuestro futuro está amenazado. Ahora que Europa sigue la tendencia estadounidense hacia la difusión general de la comida artificial, no vamos a disponer apenas de alimentos salidos directamente de la naturaleza. Nos nutriremos, como están haciendo ya muchas personas en Estados Unidos, con productos que son cultivados a partir de una parte del original. En menos de cinco años dejaremos de ingerir los originales y sólo comeremos copias. Las futuras generaciones se criarán con alimentos de segunda mano que no alimentarán como es debido la mente y el cuerpo. Habrá peligrosos vacíos en la cadena de vitaminas y minerales que resulta vital para nuestra existencia.

Bombardeamos nuestros cuerpos con una gran cantidad de estimulantes naturales y artificiales. Café, chocolate, dulces, helados, edulcorantes, refrescos de cola, ketchup, etc. Además de todo esto, hay comida precocinada, envasada y lista para meter en el microondas. También, por supuesto, alimentos congelados que se pueden consumir muchos días más tarde. El mundo natural no está incluido en ninguna de estas categorías alimenticias, lo que significa que no tienen ningún valor nutritivo y, sobre todo, que obligan a nuestro cuerpo a un permanente esfuerzo para eliminar toxinas.

Los estimulantes son sustancias químicas que excitan las funciones naturales del cuerpo, llevándolas más allá de sus límites normales. Si comemos muchos dulces, comidas rápidas y bebidas dulces, no sólo aumenta el nivel de azúcar, sino que el contenido de grasa del organismo se dispara hasta niveles peligrosos. Cualquier persona que coma así regularmente sufrirá graves problemas de salud. A los niños les encanta esta clase de comida, por sus muchos componentes de fuertes sabores, que estimulan sus papilas gustativas. Las salsas dulces o picantes reemplazan a otros nutrientes esenciales. Puesto que las comidas «basura» están repletas de estimulantes, el niño acaba alterándose, comienza a actuar más violentamente con sus compañeros, a gritar en exceso, se vuelve irritable, hiperactivo...

El exceso de grasa es otro de los grandes problemas a los que debe enfrentarse hoy la gente. No hace mucho, en países como España y Francia era difícil encontrar muchos niños o adultos obesos, pues se consumían preferentemente alimentos naturales. Pero las cosas han cambiado en los últimos diez años con la llegada de los establecimientos de comida rápida, como McDonald's, Burger King o Pizza Hut. Una encuesta realizada en Japón decía que, diez años después de la llegada de McDonald's a ese país, el peso y la altura medios de los ciudadanos que consumían comida rápida habían aumentado un 25 por ciento. La combinación de grasa y azúcar resulta devastadora para el sistema inmunológico y la circulación sanguínea, porque la sangre deberá transportar todos esos ingredientes. Luego, el organismo tendrá que dedicar una gran cantidad de energía para descomponerlos.

Con frecuencia, en el proceso de elaboración y envasado no se tiene en cuenta la combinación de los alimentos. En nuestro afán de «innovar» acabamos ideando «combinados» antinaturales. El agua y el aceite no se mezclan, por mucho que nos esforcemos. Del mismo modo, cuando intentamos mezclar en el cuerpo alimentos que son incompatibles nos estamos alimentando de forma insana y desequilibrada. Por ejemplo, el yogur es un producto lácteo y no se combina con la fruta, porque ésta hace que aquél fermente en el estómago. El pescado no debe mezclarse con la ensalada o los derivados de la leche, ni la carne con el alcohol. Los fabricantes de productos envasados y los «creadores» de nuevas recetas no tienen en cuenta estas cosas cuando hacen su trabajo.

Crecen las reacciones alérgicas, no sólo a alimentos envasados o artificiales, sino también a productos simples como las nueces, el trigo o los mariscos. El fenómeno obedece a la forma poco natural en que son tratados, directa o indirectamente. Los mariscos son animales carroñeros del lecho marino, de cuya limpieza se encargan. Comen todo lo que encuentran y, por desgracia, hallan cada vez más desperdicios o residuos de petróleo arrojados por el hombre. Cuando comemos las gambas o las langostas, el organismo se resiente y tiene problemas.

Es preciso combinar los alimentos sin vulnerar las leyes naturales. Tenemos que dominar el arte de saber qué se mezcla bien en nuestro organismo. Cada individuo admite una determinada cantidad de alimentos, en una cierta combinación, en cada momento. Las dosis y las mezclas ideales son diferentes para cada persona. No hay dos que sean iguales en este terreno, y por eso no es aconsejable imitar los hábitos ajenos. Debemos conocer bien nuestro cuerpo para saber alimentarnos correctamente. La gente cree que sigue una nutrición saludable porque desayuna café, zumo de naranja y yogur con cereales. Digamos, en primer lugar, que nadie necesita beber el zumo de cinco naranjas, porque es un líquido excesivamente ácido y el organismo, además, no almacena la vitamina C. Cuando tiene suficiente, elimina la que sobra. Hay que ingerirla numerosas veces en pequeñas dosis. En segundo lugar, señalemos que la mezcla de zumo de naranja y café es tóxica, pues aumenta la presión en las glándulas suprarrenales y el trabajo de los propios riñones, que tienen que filtrarlo todo hacia el exterior. El yogur, en fin, no se debe mezclar con el café y la naranja, ya que ambas son sustancias que «cortan» el producto lácteo. Para colmo, el cereal entorpece el proceso de eliminación, porque el 99 por ciento de las veces está compuesto sólo por azúcar, trigo y aditivos. Éste es sólo un pequeño ejemplo de cómo y dónde se originan los problemas de salud. Es importante mantener la vigilancia, ver cómo se siente el cuerpo después de haber ingerido diferentes combinaciones de alimentos. Si comprobamos que el resultado no es satisfactorio, lo mejor será no repetir el experimento.

Después de tanto trabajo, tanta tensión, tanto esfuerzo necesarios hasta para respirar o comer de manera sana, deberíamos ser capaces de descansar y recuperar fuerzas sensatamente. ¿Lo somos? ¿Descansamos como es debido? Los occidentales nos tomamos las vacaciones, los períodos destinados a reponer fuerzas, como un mero pasatiempo. Y además, un pasatiempo frenético. En el mundo desarrollado, decir vacaciones es decir exceso. Es el momento de comer más, beber más y hablar más, hasta agotar los sentidos, hasta dejar el cuerpo sin un gramo de energía. Esta mentalidad nace de un pensamiento colectivo: es bueno «dejarse llevar» y «disfrutar». Semejante idea y las acciones a que da lugar tienen un efecto negativo sobre nosotros. El exceso es la norma en las reuniones familiares y también en celebraciones como la Navidad y la Pascua. La gente, en esas fechas, se reúne en cualquier parte para disfrutar de la comida, la bebida o el baile. Todo, hasta el hartazgo y la extenuación. No es de extrañar que la obesidad constituya un serio problema para millones de personas en Occidente. En nuestro hemisferio es muy difícil, por no decir imposible, perder peso. Las ingestas copiosas dejan el cuerpo agotado, vulnerable al ataque de las enfermedades. Muchos recurren a la comida y la bebida como recurso para la relación social. En ellas buscan consuelo y compañía. Es un comportamiento similar al de los adictos a las drogas. Los regímenes de adelgazamiento son inútiles si previamente no alcanzamos el compromiso interno de acabar con la insatisfacción personal, causa primera de nuestros desequilibrios nutritivos.

Cuando llegan los malos tiempos, cuando sufrimos un revés o se produce una tragedia, la naturaleza humana necesita aferrarse a algo. Una ruptura sentimental, la pérdida del trabajo o cualquier otro daño emocional o material hacen que busquemos de inmediato una tabla de salvación. Y a veces, muchas veces para ser más exactos, el consuelo acaban siendo la comida y la bebida. Todo, incluida la forma en que nos alimentamos, depende del carácter y la personalidad de cada cual. Cuando al fin descubres por qué estás psicológicamente enganchado a la gente o a las cosas, te encuentras ya en el camino del cambio, liberado de las cadenas emocionales. Si depositamos la esperanza en las dietas o los programas semimágicos para perder peso, sin comprender por qué necesitamos comer tanto, nuestra vida se convertirá en un continuo carrusel de frustraciones.

Los desórdenes alimentarios son los responsables del exceso de peso de la mayoría de las personas. Engordamos por la mala calidad de lo que ingerimos, porque comemos demasiado y porque todo está contaminado; pero también porque nos alimentamos a deshoras, demasiadas veces al día, y demasiado deprisa. No masticamos los alimentos lo suficiente como para poder digerirlos bien. Cuando la comida llega al estómago, los jugos digestivos deben esforzarse en quemar todo lo que hemos ingerido, para enviarlo a través del tracto digestivo y, finalmente, al colon. Luego, el colon debe estar limpio y ser eficaz en su trabajo para poder expulsar los desechos fuera del cuerpo lo antes posible. Si alguna de estas funciones no se desarrolla al cien por cien debido al exceso de comida o a la contaminación de los alimentos, el sobrepeso seguirá siendo una realidad.

En la sociedad moderna hay suficiente información como para que cualquiera deje de comer en exceso y lleve una vida más sana. Los malos hábitos alimenticios, comer mucho, rápido y mal, son una elección personal. Tampoco en el terreno de la alimentación nos han enseñado a ir a la raíz del problema, sino simplemente a tratar sus efectos, que en este caso son el sobrepeso y la obesidad. Todo el mundo quiere mejorar su aspecto externo, y por eso hay tanta gente que cambia permanentemente de peso. Ora están delgados, ora «llenitos». Siempre hay atajos para conseguir los objetivos en el menor tiempo posible. Para enriquecerse, para obtener satisfacción sexual, y también para perder peso. Pero ya hemos comentado que los atajos son mera ilusión. Nada puede conseguirse y mantenerse de verdad sin la profunda comprensión que se deriva de la experiencia y el tiempo.

La mayor parte de los métodos para perder peso abordan el efecto, la propia gordura, y no dedican un minuto a la búsqueda de su causa. En este caso también es nuestro pasado el que tiene la clave. En él hallaremos la explicación a nuestra costumbre de recurrir a la comida cuando nos sentimos infelices. Por ejemplo, un niño al que siempre le decían que debía acabarse todo lo que tenía en el plato, aunque no tuviese hambre, puede ser hoy un adulto que come aunque no tenga apetito. El mismo niño también podía reaccionar rebelándose, negándose a probar bocado. Si los padres tratan de chantajearle diciendo «si no lo comes todo, te quedarás sin postre», al chico se le presenta el dilema de comer aunque no tenga hambre o perderse el postre. Cualesquiera que sean las posibles situaciones de esta naturaleza que viviese el niño, siempre nos encontraríamos en presencia de mensajes erróneos de los padres, quienes posiblemente no hicieran sino transmitir lo que en su día les enseñaron a ellos.

Hoy en día nos encontramos con adultos que no saben cómo dejar de comer, porque la gente recurre a la comida por razones muy diversas, como consolarse, reconfortarse o alternar, ninguna de las cuales tiene relación con el hambre.

Tratemos de recordar cómo nos alimentábamos de niños. Pensemos si nuestros padres hacían comentarios sobre la comida, si nos decían que lo acabásemos todo o dejásemos algo para los demás. Viajando al pasado, iniciaremos el camino que nos lleva al peso ideal, a la vida feliz y equilibrada. De nada sirve envidiar a los demás, imitarles. Cuando hayamos descubierto qué mensaje equivocado recibimos en la infancia, podremos librarnos del hábito nocivo. Entonces será más fácil seguir una dieta razonable, adecuada a nuestro cuerpo. Dejemos de compararnos con los demás. Cada uno tenemos nuestro peso, nuestra altura, nuestra apariencia.

Los médicos nos pueden ayudar si seguimos siempre sus indicaciones; pero serán poco útiles si sólo acudimos a ellos en situaciones «de emergencia», es decir, en el asunto que nos ocupa, cuando nos vemos demasiado gordos. Ellos no pueden hacer nada si nosotros no les ayudamos. ¿Cómo? Buscando nuestra verdadera naturaleza. La mayoría de la gente vive sumida en el exceso, entregándose a un montón de actividades, comiendo y bebiendo más de la cuenta. Cuando se ve mal, corre al médico y solicita que le hagan un chequeo completo. Simplemente, busca poner un parche, un arreglillo de emergencia que le permita seguir con su vida de excesos. Cualquier cosa menos cambiar. Más adelante, cuando la gente cae enferma, culpa al médico. Piensan que no ha hecho por ella todo lo que tenía que hacer.

Tendemos a repetir lo que escuchamos, sin someterlo a crítica. Hace años que se oyen los mismos tópicos sobre la alimentación. Por ejemplo, se dice que hay que hacer tres comidas al día. Nadie piensa que pueden suponer una alimentación excesiva, a la vista de la cantidad de alimentos que ingerimos entre comidas. Si la comida no es de buena calidad, será preciso comer más para incorporar las vitaminas y minerales necesarios, cuya escasez es notoria en los alimentos envasados, congelados, precocinados o modificados genéticamente. Nos equivocamos al pensar que cuanto más comamos, más energía tendremos. Con frecuencia, la gente se siente cansada porque come demasiado, pues el organismo se ve obligado a realizar un sobreesfuerzo agotador para digerirlo todo. La digestión dura más o menos dependiendo de que la comida tenga un contenido pesado (carne, patatas, pizza) o ligero (ensaladas, verduras, frutas). Un trozo de carne necesita entre cuatro y ocho horas, según la cantidad, mientras que a un vegetal pueden bastarle treinta minutos. El aparato digestivo no tiene un momento de tregua en todo el día y, al recibir la última comida, la cena, deberá continuar trabajando por la noche para procesar los alimentos y eliminar los residuos. Cada persona necesita una determinada cantidad de comida, pero como la acción de comer se ha convertido en un acontecimiento social, ingiere en exceso todos los días. Espiritualmente todos somos iguales; pero no podemos afirmar que funcionamos de la misma manera en el terreno biológico. Una comida al día puede ser suficiente para una persona, mientras otra necesitará dos, o tal vez tres. Cada uno de nosotros ha de conocer sus necesidades, entender su propio cuerpo. Se trata, en el fondo, de una cuestión mental, espiritual.

Hay que ayudar al cuerpo a que se limpie a sí mismo de todos los excesos derivados de nuestro estilo de vida. La medicina moderna no se ocupa de ello, de forma que hemos de recurrir al método de limpieza natural más eficaz: el ayuno. Es sencillo, no cuesta dinero, está al alcance de todos en cualquier momento. El ayuno se emplea desde tiempo inmemorial y ningún otro sistema de limpieza corporal ha logrado superar nunca sus resultados. ¿Cómo actúa el ayuno? Muy sencillo: permite que el cuerpo, libre del trabajo y el consumo de energía que exige la digestión, se dedique a regenerarse. El organismo tiene la capacidad de limpiarse a sí mismo, tarea que lleva a cabo, de todos modos, en todo momento, durante los días de ingesta normal. Cuando es liberado de la obligación de digerir, puede realizar una limpieza más profunda y completa, por todos sus rincones. El ayuno proporciona a la mente la posibilidad de limpiar nuestro yo físico. Cuanto más se ayune, más beneficios materiales y espirituales obtendremos. La mejor manera de hacerlo es convertir el ayuno en un hábito semanal, absteniéndonos de probar bocado uno o dos días de cada siete, para darle al cuerpo la posibilidad de que se recupere en profundidad. Además, sería muy conveniente un ayuno más prolongado, de cinco a diez días, dos o tres veces al año. Es preciso, ciertamente, saber cómo empezarlo y acabarlo, para no perder el control de nuestra salud.

Si la limpieza corporal interior es importante, la mental es incluso más necesaria al principio, porque el organismo obedece al espíritu. Cuando nos abstenemos de comer, iniciamos también el trabajo de higiene mental. Si nuestros pensamientos quedan libres de las preocupaciones relacionadas con la alimentación, si la mente no se distrae con la faceta «social» de las comidas de trabajo o amistad, ésta se relaja, y por consiguiente, el cuerpo también. Los pensamientos se vuelven más ligeros y positivos y es más fácil entrar en sintonía con la naturaleza, pues mientras el cuerpo elimina toxinas, la mente se libra de las ideas nocivas. El cuerpo actúa como una sofisticada máquina de limpieza y defensa. A través de la piel y el aparato excretor, elimina las impurezas, y mediante el sistema inmunológico aniquila los organismos extraños que tratan de invadirlo. Cuando estamos limpios por dentro, logramos la máxima capacidad de lucha contra las enfermedades, las bacterias y los virus. Nos vemos obligados a acudir al médico porque no damos al sistema inmunológico la oportunidad de actuar con toda su capacidad potencial. Si no limpiamos el cuerpo de forma regular, las enfermedades pueden volverse graves.

La naturaleza nos ha proporcionado todo lo que necesitamos: los alimentos, el aire, el agua. Y también el cerebro, que equivale a decir el espíritu, la gran herramienta que nos sirve para trabajar el camino de la vida. Nosotros no comprendemos cuál es nuestro verdadero propósito en este planeta. Pensamos que somos muy inteligentes, porque tenemos tal o cual coeficiente intelectual; pero la inteligencia auténtica se revela cuando aprendemos a vivir de forma sana y equilibrada, en armonía con la naturaleza. Un ser humano sabio es aquel que utiliza el cerebro para entender mejor su coexistencia con los demás, y para conocerse a sí mismo antes de que termine su tiempo de permanencia en la Tierra. Eso es inteligencia espiritual.

> *Espiritualidad significa ser capaz de vivir en armonía y con todo el respeto y amor posibles hacia todos los seres humanos sin prejuicios y sin importar su raza, religión o clase social.*
>
> PINO SAGLIOCCO, cuarenta y tantos, cristiano, promotor musical, Italia.

> *Fe, religión, alma... Intangibles que son el mejor vehículo para llegar a ser mejores o para conocerse a uno mismo. Utilizados de forma equivocada, pueden ser un arma destructiva.*
>
> IGOR YEBRA, treinta y tantos, bailarín, católico, País Vasco.

UN MUNDO
MEJOR

AYURVEDA

Curación natural

Ayurveda significa «ciencia de la vida». Todas las medicinas naturales tienen su origen en este antiguo sistema de conocimiento, que cuenta ya con 5.000 años de vida. Incluso la medicina china, cuya práctica se inició mil años después del Ayurveda, hunde sus raíces en la sabiduría india. El Ayurveda es un método de cura para cualquier enfermedad conocida o que pueda aparecer en el futuro, porque trabaja de acuerdo con la naturaleza y sus leyes. Para que sea eficaz hay que seguir una serie de pautas y guías que permiten determinar el origen, la raíz o causa de la enfermedad. Sabido esto, hay que aplicar el método de curación correcto.

El Ayurveda, a diferencia de la medicina moderna, no pone nombres a las enfermedades, porque sostiene que cuando el mal actúa en el cuerpo se transforma constantemente, pasa por diferentes estadios, cambia. ¿Para qué poner etiqueta a lo que es diferente a cada momento? De nada sirve tratar los síntomas, hay que dirigirse a la causa básica y seguir su rastro por todo el organismo. Esta ciencia de la vida sigue las leyes de la Madre Naturaleza. Puesto que ella nos provee de cuanto necesitamos, podemos ahorrarnos un montón de tiempo y problemas si sabemos adecuarnos a sus mandatos. El Ayurveda afirma, como lo hace la ciencia moderna, que todo lo que existe en el Universo está formado por los cinco elementos o mahabutas. *Vayu*, aire; *Agni*, fuego; *Jala*, agua; *Prithvi*, tierra; y *Akasha*, espacio. Todo lo que hay en el Universo, una montaña, un árbol, un animal, está constituido por una combinación de los cinco elementos. El cuerpo humano, por ejemplo, se compone de agua, músculos, huesos y órganos (tierra); sangre y jugos digestivos (fuego); un poco de aire, y el tronco que lo sostiene todo (espacio).

En el cuerpo, estos elementos reciben el nombre de *doshas*, que son *Vata*, aire; *Pita*, fuego y *Kapha*, tierra / agua. El único elemento que tiene la capacidad de moverse solo es *Vata* y todos los demás dependen de él para desplazarse. La mayoría de las enfermedades se originan en el excesivo movimiento de aire en el cuerpo y la mente. Cuando decimos que alguien es ligero, ardiente o terrenal, nos referimos, pues, a las características *dosha*. En el Universo, que incluye la Tierra y todo lo que hay en ella, el equilibrio entre el calor y el frío está presente en forma de binomio:

masculino	femenino
Sol	Luna
fuego	agua
día	noche

Siempre aparecen dos elementos opuestos para ayudar a que todo quede compensado. Este equilibrio es esencial para que el Universo, la Tierra, el cuerpo, la mente, trabajen en armonía, y cuando se rompe aparecen el mal tiempo, la mala salud, la ira, el odio, los deseos de venganza u otros fenómenos y pensamientos negativos que llevan al conflicto.

Puesto que todo lo que hay en la naturaleza está compuesto de los mismos elementos, el Ayurveda tiene en cuenta esta realidad para entender mejor el origen de las enfermedades. Cuando existe un equilibrio de los elementos *dosha*, es decir, que hay suficiente fuego, tierra y aire en la mente y el cuerpo, el ser humano está en equilibrio y armonía y preparado para ayudar a otros seres humanos.

A diferencia de los médicos modernos, que necesitan rayos X o tubos provistos de cámaras para explorar el interior del paciente, el practicante de la medicina ayurvédica será capaz de hacerlo sin métodos invasivos, leyendo simplemente todos los signos externos escritos en su rostro y el resto de su cuerpo. Los ojos, la piel, las uñas, el pelo, la lengua, el aliento, la forma de andar, la estructura ósea y otros muchos elementos revelarán con claridad la dolencia que sufre el paciente. El cuerpo habla a través de colores, olores, marcas. Todos podemos ser nuestros médicos personales si aprendemos a entender lo que está ocurriendo en nuestro interior, porque somos quienes sabemos mejor que nadie qué es lo que metemos dentro del cuerpo, qué vida llevamos y cómo reaccionamos exterior e interiormente a esos comportamientos.

Del mismo modo en que tenemos *doshas*, en el cuerpo también hay *gunas* de la mente que son: *raja*, mente más positiva o activa; *thamas*, mente más negativa o pasiva, y *satvic*, mente equilibrada y armoniosa. De estos estados de pensamiento se derivan la pasión, el deseo, la inestabilidad, la prisa o la agitación. *Thamas* es pesadez, pereza, distanciamiento, estancamiento. *Satvic* es amor, compasión, autocontrol o verdad.

Igual que las *doshas* en el cuerpo, las *gunas* están en constante movimiento en la mente. Somos una mezcla de estas fuerzas, que se manifiestan hacia el exterior a través de nuestra conducta. La salud interior depende del equilibrio *dosha*, es decir, de si tenemos suficiente fuego, tierra o aire para que nos ayuden a mantener el equilibrio en todos nuestros órganos y en el funcionamiento de todo el sistema corporal. Es fundamental comprender que puede ser maravilloso vivir apasionadamente (*rajasic*) o relajarse (*tamasic*), pero que una combinación de ambos estados traerá equilibrio a la mente y, en consecuencia, al cuerpo. No queremos decir que si un día hacemos las cosas con un exceso de pasión, al siguiente tengamos que compensar durmiendo y tomando saunas. Se trata de que en cada acción que emprendamos hemos de buscar este equilibrio entre calma y energía. Hemos de tomar las decisiones con una mente armónica.

El Ayurveda habla de los hábitos de las personas como lo primero que es necesario cambiar antes de hacer cualquier otra cosa. La raíz principal de todos los problemas está en la mente. El pensamiento erróneo se convierte luego en hábitos, a los que nos aferramos, aun cuando no sean buenos para nosotros. Toda costumbre, aunque sea nimia, nos hace bien o mal en nuestra vida diaria, llena de excesos y complicaciones. Cuando comemos, dormimos, nos despertamos, hacemos ejercicios, trabajamos, practicamos el sexo, hablamos por teléfono o jugamos en el ordenador, estamos reflejando la forma en que vivimos y eso, a su vez, se traduce en nuestra personalidad, nuestro yo. Somos, en primer lugar, producto de lo que pensamos y, luego, consecuencia de las acciones que emprendemos a causa de esas ideas. Hay un momento para hacer cada cosa; pero en la sociedad occidental las hacemos caóticamente, contra natura. Un ejemplo simple: acostarse tarde después de haber comido mucho, y producir, por tanto, toxinas durante toda la noche, obligando al cuerpo a trabajar a destajo para su eliminación. Hacemos dos cosas previstas por la naturaleza, comer (digerir) y dormir, pero al efectuarlas a destiempo, nos comportamos de forma antinatural.

Hablar constantemente por el teléfono móvil y trabajar frente al ordenador todo el día son actividades nocivas para la mente. Asistir a reuniones muy largas, permanecer en estancias sin luz natural, pasar horas y horas respirando aire acondicionado. Tenemos muchos hábitos que ponen a prueba a nuestro organismo. Cambiemos los malos hábitos por otros buenos, y tanto la mente como el cuerpo reaccionarán de manera positiva, con equilibrio y armonía. La actual condición humana, lo desmesurado de nuestros hábitos, producen tantas señales que resulta fácil detectar las enfermedades.

El Ayurveda también pone el acento en el «fuego» digestivo. Explica que la mayoría de las enfermedades tienen su raíz física en los órganos dedicados a la digestión de los alimentos y la eliminación de los residuos. Una mala digestión debida a la incorrecta combinación de diferentes alimentos y bebidas, o a la excesiva y demasiado frecuente ingesta de comida, es casi siempre la causa de nuestros males. Cuando el *agni* (fuego o jugo digestivo) no disuelve completamente la comida que ingerimos, los alimentos pasan a través del tracto digestivo demasiado enteros. El aparato circulatorio tiene que acelerar su trabajo, pese a lo que el organismo no consigue asimilar todos los elementos nutritivos. Finalmente, hasta el colon llegan alimentos no digeridos (*ama*), que tienen que ser expulsados del cuerpo. Si la comida no es descompuesta del todo durante el proceso digestivo, no podemos aprovechar todo su poder alimenticio, y el cuerpo tiene que hacer horas extra para eliminar las toxinas a través de la piel, la sangre o el colon. Cuanto más tiempo permanezca la comida en el cuerpo, mayor número de toxinas tendrá que segregar. Por eso, tres comidas diarias son demasiadas. El fuego digestivo no dispone de tiempo para recuperar su potencia ideal, no puede quemar todos los alimentos que le llegan. El Ayurveda aconseja mantener el estómago y los órganos digestivos despejados, no cargarlos con un exceso de comida o bebida. También recomienda que, al comer, dejemos libre la tercera parte del estómago, llenado el resto, a partes iguales, de comida y bebida. Se trata de que el estómago tenga espacio libre para trabajar a modo de lavadora. Algunas enfermedades simples derivadas de una mala digestión, como el asma y otros trastornos respiratorios, las alergias y numerosos problemas de la piel, pueden ser prevenidas fácilmente comiendo de manera equilibrada. Los factores nocivos externos como la contaminación, el aire acondicionado o el exceso de ruido no tienen ningún poder sobre nosotros a menos que estemos abiertos a ellos. Nos perjudican porque les damos vía libre, nos quedamos indefensos ante su agresión, a causa de nuestro modo de vida desequilibrado. Si nos procurásemos buenas digestiones habitualmente, desaparecerían la mayoría de los problemas de salud, simples o complicados. He aquí una medicina sencilla, gratuita, que sólo requiere un pequeño esfuerzo.

Tras la digestión llega el trabajo de eliminación, que es igualmente importante. Una vez que ha concluido el proceso digestivo y hemos extraído de los alimentos todo lo bueno que contenían, es necesario que nos libremos de los residuos lo antes posible. Cuanto más rápido lleve a cabo el cuerpo este proceso, más salud disfrutaremos. El número de veces que acudimos al baño tiene relación directa con la cantidad de alimento que ingerimos y con el buen o mal funcionamiento del aparato excretor. Con tres comidas diarias, un cuerpo normal debería evacuar otras tantas veces cada jornada. Actualmente, la gente tiene grandes problemas en este terreno. Muchos no consiguen ir al aseo ni siquiera una vez al día. Si no alcanzamos esa pobre marca, estamos contribuyendo a «envenenarnos» desde el interior de nuestro organismo. La mayoría de los problemas de piel, respiratorios, sanguíneos y muchos otros se inician con una mala eliminación de los residuos orgánicos. Para que podamos disfrutar de una salud óptima hemos de realizar correctamente los procesos de digestión y eliminación. Si no nos libramos de las toxinas, éstas volverán a incorporarse a la corriente sanguínea y serán transportadas por todo el cuerpo, depositándose en cada uno de sus rincones. Tal desequilibrio se manifestará inicialmente en forma de granos, sarpullidos, tos, rigidez en las articulaciones, síntomas todos ellos similares a los de la gripe. Nos indican que el cuerpo está tratando de eliminar las toxinas sobrantes. Si no lo consigue, la enfermedad comenzará a florecer. Puede ser el principio de un mal mucho más grave. El ayuno es la mejor forma de mantener limpio el tracto digestivo. Proporciona equilibrio, salud y belleza al interior y el exterior del cuerpo. Dicen que la verdadera belleza proviene de dentro y se muestra fuera, y que en realidad es un indicador del grado de satisfacción con nosotros mismos.

La medicina ayurvédica promueve medidas preventivas, *swasthavritha*, pues su primer objetivo es que no contraigamos la enfermedad. Si lo practicamos cada día, el Ayurveda es, fundamentalmente, una forma de prevención de las enfermedades. No debemos esperar a que llegue el mal para tomar medidas destinadas a mejorar nuestro estilo de vida.

El *dinacharya* son las prácticas de limpieza diaria que debemos adoptar para asegurarnos de que el cuerpo no está sucio ni bloqueado en ninguna parte. Resumiendo, nos recomienda:

1. Ir al baño hasta eliminar aproximadamente el 75 por ciento de todas las toxinas del cuerpo, y luego lavarnos, práctica mucho más sana e higiénica que limpiarnos sólo con papel.
2. Lavarnos los dientes con polvo medicinal (hierba ayurvédica), que protege y limpia en profundidad la dentadura y las encías y, al mismo tiempo, cumple otras dos funciones. En primer lugar, como se trata de una hierba, protege la boca de afecciones tales como llagas y úlceras; y, en segundo término, evita riesgos de alergias. Si tragamos pasta de dientes o si se absorbe por los poros de nuestra lengua, acaba

en el torrente sanguíneo, y eso no es muy saludable. Por el contrario, ingerir la hierba no trae mala consecuencia alguna.

3. Limpiar bien la lengua para eliminar las bacterias que se han acumulado durante la noche como consecuencia del proceso digestivo. Podemos hacerlo utilizando un producto específico.
4. Lavar la cara nada más levantarnos. Ayuda a despertar y proporciona una sensación agradable.
5. Lavar los ojos para prevenir afecciones oculares. Existen hierbas especiales para hacerlo.
6. Colocar en las fosas nasales algunas gotas de infusión de hierbas. Es fundamental, porque la nariz tiene acceso directo al cerebro. Es una puerta que hay que mantener limpia y sana. Así favoreceremos los pensamientos positivos. Aproximadamente a los diez minutos de haber introducido las gotas comenzamos a expulsar la mucosidad, es decir, a limpiarnos.
7. Hacer gárgaras con hierbas o agua salada. Esta práctica ayuda a la garganta a mantenerse limpia y fuerte. Debe hacerse todos los días, porque se trata de una parte del cuerpo que utilizamos continuamente, cuando hablamos, comemos, bebemos y respiramos.
8. Beber agua tibia al levantarnos cada mañana. Conseguimos que el estómago se despierte lentamente y, de paso, ayudamos a eliminar impurezas de la garganta y la boca.
9. Seguir cada mañana terapia de vapor de hierbas aromáticas, para despejar las vías respiratorias, sobrecargadas durante la noche. Hay que inhalar por la nariz y exhalar por la boca varias veces. El fuerte sabor y olor de las hierbas quema y remueve la mucosidad.
10. Introducir en las orejas aceite de sésamo para eliminar el exceso de cerumen. Este producto ayuda también a fortalecer la audición, al nutrir los huesos del oído interno.
11. Aplicar aceite en la cara y la cabeza. Se trata de una de las mejores formas de alimentar la mente y el cuerpo. Mantie-

ne los huesos y los músculos lubricados para que tengan más flexibilidad. Con esta práctica, muy recomendable en épocas del año en que la piel se reseca en exceso, cabello y epidermis reciben una buena cantidad de alimento.

12. Hacer ejercicio físico para mejorar la circulación de la sangre, y por tanto el transporte de elementos nutritivos a todo el cuerpo. El ejercicio físico aporta energía y fuerza vital y propicia el funcionamiento armónico del organismo. Es preciso practicar una forma completa de movimiento y pensamiento, y ésta no es otra que el yoga, el compañero espiritual del Ayurveda.

El Ayurveda también habla de la higiene estacional, la que hemos de poner en práctica durante los cambios climáticos anuales. Así como, llegado el momento, guardamos la ropa de invierno y empezamos a usar la de verano, debemos cambiar también nuestra forma de comer en consonancia con el aumento o el descenso de la temperatura. Los alimentos que consumimos en invierno deben ser más consistentes y contener más grasa, pues ésta crea mucosidad en el cuerpo. La mucosidad y la grasa han de ser quemadas cuando llega la estación calurosa, función que no puede hacer íntegramente la simple elevación de la temperatura. Existen diferentes rituales de limpieza para ayudar a que el cuerpo sea capaz de expulsar las toxinas sobrantes. Los polvos de hierbas limpiarán el tracto digestivo y eliminarán cualquier exceso de mucosidad en el sistema. En primavera la gente comienza a tomar medicamentos para combatir las alergias, en lugar de ayudar a que el proceso alérgico se manifieste y podamos obligarle a buscar la manera de salir del organismo. Cuando el cuerpo transpira o padece alguna alergia significa que hay toxinas que necesitan ser expulsadas. Si usamos antitranspirante o tomamos pastillas antihistamínicas, estorbaremos el método de limpieza natural de la parte del cuerpo afectada por la alergia, que ahora tendrá que encontrar una área alternativa para expulsar las toxinas. Por la misma razón que no usamos ropa de abrigo en verano, no deberíamos continuar ingiriendo los alimentos que comemos en invierno. En época estival necesitamos comida con mayor contenido de agua. Su consumo ayudará a compensar la pérdida de líquido que experimenta el organismo a causa del calor. Se recomienda ingerir alimentos ligeros en este período del año, porque el calor del verano disminuye la energía mental / física, la fuerza del cuerpo. Hace años no existían las alergias que padecemos hoy, porque la gente sólo comía alimentos cultivados en su región, productos de temporada naturales a los que el organismo estaba muy bien adaptado. Ahora todo el mundo engulle comidas importadas, sin que nadie se pare a considerar que el cuerpo no tiene la misma capacidad para digerir comida alemana que comida caribeña. No puede ser igual la alimentación de quien vive a 25 grados que la de quien soporta normalmente 5 grados bajo cero.

Los impulsos naturales de descarga de impurezas constituyen otra función necesaria que no debemos limitar. Estas urgencias no han de reprimirse nunca, porque hacen un trabajo muy necesario, por mucho que, en la sociedad occidental, lo consideremos indeseable, embarazoso y hasta ofensivo. A ninguno de los siguientes impulsos se les debe impedir que sigan su curso natural: flatulencias, expulsión de heces, micción, regurgitación, vómitos, tos, bostezos, jadeos y llantos. Tampoco debemos reprimirnos cuando tenemos necesidad de comer, beber y tener relaciones sexuales. Todos estos actos tienen una función necesaria. Si no fuera así, el cuerpo no los consideraría urgentes. Pero en cuanto a los citados en último término, comida, bebida y sexo, debemos ser cuidadosos. Tenemos que disfrutar de una situación mental sana y equilibrada para determinar cuánto y cuántas veces es beneficioso para el cuerpo cubrir tales necesidades.

La salud es un estado de equilibrio entre los *doshas* (elementos), que producen un *agni* (fuego digestivo) bueno y fuerte, suficiente para quemar los alimentos y así producir energía y eliminar los residuos no deseados. De este modo, el cuerpo podrá alimentar el *dhatus* (órganos) con la energía creada por los *ojas* (vigor), y evacuar completamente las *malas* (residuos). Semejante equilibrio garantiza una salud plena. Para lograrlo debemos seguir los tres pilares de la vida, tal como describe el Ayurveda.

El alimento *Ahara* es la producción y mantenimiento de los ladrillos utilizados en la construcción del cuerpo. Cada vez que comamos deberíamos considerar qué materiales estamos usando para edificar nuestro cuerpo; pues la comida es lo que nos convierte físicamente en lo que somos. La alimentación sana sigue ciertas reglas: *Kalabholjanaa*, los alimentos deben ser ingeridos en el momento adecuado; *Jeemabhajana*, los alimentos deben ser ingeridos una vez que se ha completado la digestión de los anteriores; *Muktavega*, los alimentos deben ser ingeridos después de la evacuación; *Shudha*, los alimentos deben ser ingeridos una vez que se ha limpiado el cuerpo; *Khuthpipasodaya*, las bebidas deben ser ingeridas cuando uno siente sed; *Ruchi*, los alimentos deben ser ingeridos cuando se tiene hambre. A la vista de estas normas nos preguntamos qué sentido tiene que los occidentales hagamos, obligatoriamente, tres comidas diarias. Esa costumbre es nociva, porque el cuerpo necesita descansar de la digestión para dedicar más tiempo a la limpieza del organismo.

El segundo pilar de la buena salud es el *Nidra,* el sueño. Es el tiempo en el que los sentidos y la mente pueden apartarse de la actividad cotidiana y tomarse un respiro, la tregua diaria para el sistema nervioso. El sueño es esencial para lograr el ejercicio pleno de la concentración mental, el poder digestivo, la energía sexual y la fuerza física, las actividades en que los seres humanos gastan la mayor parte de sus energías. Dormirse tarde, dormir mucho, dormir poco, dormir de día (excepto en verano), despertarse por las noches, sufrir insomnio, son síntomas de enfermedad, primero mental y finalmente corporal. El cuerpo necesita una cierta cantidad de sueño, en el momento adecuado. La forma de vida occidental nos empuja a acostarnos tarde, cuando el cuerpo ya ha comenzado a distenderse. El organismo duerme mejor (sueño profundo) entre las 9 de la noche y las 3 de la mañana, cuando la mente entra en el nivel de sueño profundo. Las formas ayurvédica y yóguica de vivir sostienen que cuando uno tiene la disciplina de ceñirse a estos horarios, evita los problemas relacionados con la falta de descanso, principalmente un gran número de desequilibrios mentales.

El tercer y último pilar de la salud es *Brahmacharya*, el sexo. Aunque es verdad que se trata de una parte importante de la vida, observamos que en la cultura occidental se le da a este tema una relevancia excesiva. Tendemos a hablar demasiado de sexo, o a tener mucha actividad sexual, como consecuencia de la frustración, el aburrimiento o la falta de autocontrol que nos caracterizan. Prestamos escasa atención al momento en el que debemos disfrutar del sexo. Durante la práctica sexual, la mente se halla excitada por encima de su nivel normal. Además, aumenta la temperatura del cuerpo, lo que a su vez incrementa el elemento «aire» en el organismo. Roto el equilibrio entre todos los elementos, el antes citado predomina y proporciona una cierta sensación de ligereza. Mientras los elementos buscan de nuevo la armonía, sentimos cansancio o sobreexcitación. *Shukra* —el esperma— es expulsado del cuerpo y hace que éste comience a sentir la pérdida de energía. La mente y el cuerpo necesitan un poco de ayuda para recuperar el equilibrio a través del sueño, una ducha o un ligero refrigerio. La potencia que contiene nuestro esperma es denominada «energía de la vida», y representa la parte sutil de la fuerza (*ojas*). Podemos controlarla para producir más energía, o bien para dar vida a otro ser humano. La capacidad nutricional que posee esta energía es fundamental para la construcción del cuerpo y su correcto funcionamiento. También para construir sus defensas y su sistema inmunológico. Es preciso orientar bien nuestras energías, ahorrar fuerzas cuando sea preciso. El derroche de poder energético sexual acaba desequilibrando nuestras funciones. Además, la hiperactividad erótica no proporciona más placer que la práctica amorosa equilibrada. En la sociedad occidental no hay punto medio. La gente, o bien quema demasiada energía en actividades sexuales, o bien lleva una vida muy pobre en ese terreno, lo cual también es negativo, pues hace que la fuerza vital permanezca aletargada. La energía acumulada como consecuencia de la falta de eyaculación ha de aplicarse de alguna otra manera si no queremos que aparezcan tensiones físicas o mentales. El hombre moderno siente mucha frustración porque no comprende lo que significa llevar una vida sexual equilibrada con su pareja. Prestemos atención al cuerpo y la mente, porque ellos nos guiarán hacia la armonía en la vida sexual. Si nos dicen que estamos cansados, es que dilapidamos energías. Si nos advierten que tenemos los nervios alterados será señal de que hacemos el amor demasiado poco.

Como la causa principal de la enfermedad física es la acumulación de impurezas en las diferentes partes del cuerpo, el Ayurveda pone énfasis en dos formas de tratar este problema: limpieza y purificación (*langhana*), y nutrición y tonificación (*brimhana*). El Ayurveda aconseja uno u otro procedimiento dependiendo del paciente y del tipo de enfermedad que padezca. La limpieza elimina los objetos extraños que provocan el desequilibrio en el cuerpo, casi siempre como consecuencia de un modo de vida insalubre; los tratamientos de nutrición se emplean cuando el paciente sufre una enfermedad debilitante, que mina la energía, incluso la vida, de una parte del cuerpo o del organismo entero. Ambos métodos, ausentes de la medicina moderna, no pueden existir por separado. La limpieza y la nutrición del cuerpo deben hacerse diariamente y a gran escala si estamos afectados por alguna enfermedad.

Las tres causas principales de la manifestación física de la enfermedad (*Asatmendriyartha*) tal como las describe el Ayurveda son: *Samyoga*, contacto con objetos sensoriales inadecuados; *Parinama*, cambios climáticos y ambientales, y *Prajnaparadha*, actividades mentales o físicas insalubres. Todas tienen que ver con la falta de conocimiento de nuestro interior y de la armonía universal.

La salud nace en la mente y luego se traslada al cuerpo a través de las actividades psíquicas que experimentamos en ese momento. Todo lo que elabora nuestra inteligencia se convierte en acción para que el cuerpo también lo experimente. Si la mente es pura y serena, la acción corporal se orientará hacia la armonía y el equilibrio. La naturaleza sabe más que nadie; si somos capaces de encontrar una manera de vivir acorde a ella, nos proporcionará lo que necesitemos en cada momento.

YOGA

En los últimos veinte años el yoga ha adquirido una gran popularidad en la sociedad occidental. Después de los excesos que caracterizaron a la década de los ochenta, se abrió paso la sensación predominante de que no bastaba con acudir al gimnasio para regenerar la salud. Hacía falta un enfoque más espiritual. El yoga era la respuesta, porque se trata de un método de puesta a punto mental que abarca cada faceta del ser humano.

Originario del sur de la India, el yoga se ha empleado durante más de 5.000 años para promover la salud y controlar la mente. Su meta es la comprensión de la verdadera naturaleza de nuestra existencia. En el mundo occidental se practica sobre todo el yoga físico llamado *Hatha,* denominación que engloba los diferentes nombres que se le dan a cualquier tipo de yoga físico. También se habla de *Ashtanta* o *Ayangar*, pero ésos son, simplemente, los nombres de los maestros que imprimen su estilo particular a la práctica original, el *Hatha* yoga.

En primer lugar, debemos entender por qué el yoga es una práctica y una disciplina, y no un simple ejercicio. El yoga físico se practica sólo para ayudar a abrir y trascender el cuerpo, de modo que podamos sentarnos en silencio y meditar con facilidad. Cuando los estilos de vida cambiaron y el cuerpo empezó a volverse rígido, los sabios crearon las posturas del *Hatha* yoga. Lo hicieron observando a los animales que estiraban sus miembros de forma natural, sin ánimo alguno de competir. Con estas posturas, pretendían que el practicante pudiese concentrarse durante un tiempo determinado. Prestando la máxima atención a ciertos movimientos, pensaron, conseguiríamos que, al llegar el momento de la meditación, la mente hubiera practicado ya la concentración durante algún tiempo. Es muy difícil sentarse a meditar y alcanzar cualquier nivel profundo de pensamiento si la mente no ha sido entrenada previamente. Es imposible meditar si la inteligencia está controlada por la persona y no a la inversa. Hubo un tiempo remoto en que los sabios no necesitaban esta parte física del yoga, sino que la practicaban sólo mentalmente. Así alcanzaban un estado de meditación más profundo. El *raja* yoga, o los ocho miembros del yoga (*Nashtanga*), explican el verdadero camino de esta antigua práctica mental. Las ocho partes o niveles son:

Yama:	abstinencia.
Niyama:	observación.
Asana:	postura.
Pranayama:	control de la respiración.
Pratyahara:	repliegue de los sentidos.
Dharana:	concentración.
Dhyana:	meditación.
Samadhi:	contemplación o estado sobrenatural.

El *Yama* y el *Niyama* tienen sus propias prácticas, que son:

YAMA

Ahimsa:	no violencia.
Satya:	veracidad.
Asteya:	abstinencia del robo.
Brahmacharya:	continencia.
Aparigrapha:	ausencia de avaricia.

NIYAMA

Saucha:	pureza.
Samtosha:	positivismo.
Tapah:	aceptación del dolor y rechazo a causarlo.
Svadhyaya:	estudio de los libros espirituales.
Isvarapranidhanani:	adoración de Dios o abandono de la propia voluntad.

Éste es el verdadero camino del yoga. Lo que el yogui trata de conseguir con sus prácticas es la subordinación de sus pensamientos y su yo a la parte más elevada de sí mismos, es decir, al espíritu que vive en nuestro interior y que es todo sabiduría. El estudiante occidental ha escogido el número tres de la lista y está practicando el aspecto físico, sin profundizar en lo que significa realmente estar en el camino del yogui. Como podemos ver, sólo una de las ocho partes es una práctica física, que además siempre debe permanecer bajo el más estricto control mental. La gente viaja a la India y se sorprende ante lo que llama «magia». Los visitantes occidentales no salen de su asombro cuando ven a los gurús o a los yoguis hacer cosas tales como permanecer sentados durante treinta años en la misma posición, sin moverse, o dejar de respirar durante unas horas sin por ello perder la vida ni alterarse lo más mínimo. Pero no se trata de magia, sino de acciones de personas que practican el yoga a muy profundos niveles mentales.

El occidental quiere resultados inmediatos y no tiene paciencia para practicar todas estas disciplinas. Se puede tardar la vida entera en dominarlas. El verdadero yoga no se alcanza sin la práctica; y su disciplina indica que hay que comenzar por lo esencial: cambiar muchas ideas, hábitos y estilos de vida para ir subiendo de nivel.

Yama y *Niyama* incluyen diez prácticas para la vida cotidiana, con las que debemos comprometernos antes de comenzar la práctica del yoga físico. Si empezamos directamente por esta *asana* sin entender por qué lo estamos haciendo, no nos beneficiaremos de lo que el yoga significa realmente. Estaremos haciendo simples ejercicios. Los diez compromisos mentales con nosotros mismos son ejercicios diarios que nos muestran cómo tratarnos y cómo tratar a los demás:

Yama

1. *Ahimsa* o no violencia. Se practica no sólo físicamente, sino también en la mente, de modo que nunca podemos agredir a nadie, ni siquiera de pensamiento. Se trata de la disciplina de no causar daño a nadie ni a nada. Siempre hay que liberar vibraciones armoniosas.

2. *Satya,* es decir, siempre la verdad. Cuando se ha practicado durante mucho tiempo ya no es necesario perseguir las cosas importantes de la vida, porque nuestra honestidad las atrae, de forma natural, hacia nosotros.
3. *Asteya* es una práctica relacionada con no robar. Robamos constantemente, aunque casi siempre de forma sutil, inapreciable. Robamos a la naturaleza cuando respiramos su aire y a la empresa cuando dejamos, a escondidas, de trabajar. No reconocemos esos actos como robos. Creemos que respirar es un derecho; y lo es, efectivamente, pero no podemos olvidar que no le damos a la naturaleza nada a cambio. Igualmente pensamos que con el mero hecho de acudir a la oficina es suficiente, sin que, una vez allí, haya necesidad de esforzarse demasiado. No robar también implica dejar que la gente utilice lo que tenemos. Si no permitimos usar lo mucho que poseemos a la gente que lo necesita, estamos robando.
4. *Brahmacharya* es el control del comportamiento sexual y de la liberación del fluido seminal. En el yoga y el Ayurveda es muy importante, como hemos dicho antes. La excesiva expulsión de semen causa problemas de salud y desórdenes nerviosos como consecuencia de la pérdida de energía corporal y mental. La energía sexual (*ojas*) se acabará convirtiendo en espiritual si comprendemos la forma de utilizarla correctamente.
5. *Aparigrapha* es la ausencia de avaricia, lo que significa poseer sólo aquello que necesitamos. Acaparar es una forma de robar a quienes no tienen suficiente. También significa no aceptar regalos que lleven implícita la obligación de corresponder a ellos. Los regalos, o son desinteresados o no son tales regalos, sino ataduras que se establecen con segundas intenciones.

Niyama

1. *Saucha* es la purificación espiritual. Implica la comprensión de que debemos ir más allá del cuerpo, que sólo sirve para albergar el espíritu. A medida que dediquemos más tiempo

a las cuestiones profundas iremos dejando de idolatrar el cuerpo de la manera en que lo hacemos. Así, el apetito sexual pasará a segundo plano, porque carecerá de importancia en comparación con el verdadero trabajo espiritual que deberíamos estar haciendo en nuestras relaciones. Cierto que el ser humano está fijado en el reino de la materia, y que el sexo y el cuerpo son muy importantes para él, pero para quien comprende y sigue el camino del yoga físico, la materia y el cuerpo tienen un valor relativo, pues hoy están aquí y mañana habrán desaparecido. Allí donde se encuentre nuestro corazón florecerán nuestras intenciones y acciones, que al final serán mucho más importantes que la lujuria y la adoración del cuerpo.

2. *Samtosha* es la positividad. Significa estar íntimamente acordes con quienes somos, sin necesidad de manifestaciones externas de alegría. El contento no es lo mismo que estar satisfecho, sensación poco exigente con uno mismo que tiene la mayoría de las personas. El contento es la verdadera aceptación de las cosas tal como son, sin esperar que el mundo se adapte a nuestros gustos.
3. *Tapah* es la aceptación del dolor y la negativa radical a causar dolor. Implica abstenerse de la venganza. Aceptar el dolor que los demás nos infligen es darnos la oportunidad de ayudarnos a nosotros mismos. Los sentimientos puros hacia quienes nos atacan no hacen sino perfeccionarnos en el camino espiritual. Si no desperdiciamos energía en la revancha, construiremos vínculos más fuertes entre nosotros y los que tratan de causarnos dolor. El *tapah* mental significa mantenernos firmes en nuestra paz interior. Cuando nos enfrentamos a un insulto o a una agresión, podemos buscar lo que ese ataque nos aporta a la vez que nos negamos a interiorizar sus efectos negativos. Esto no significa, por supuesto, que si abusan de nosotros física o mentalmente, tengamos que permanecer quietos. Se trata de no guardar resentimiento en el corazón, sin que importe el daño que creamos haber sufrido.

4. *Svadhayaya* es el estudio de los libros y textos espirituales que, una vez leídos, ocupan el lugar de los conocimientos inútiles que habíamos acumulado a lo largo de la existencia. Nuestra mente está llena de películas, músicas, noticias, cotilleos. La lectura de textos positivos nos ayuda a alcanzar la verdad. Pero los textos espirituales no son sencillos manuales; necesitan cierta contemplación para encontrar su significado.
5. *Isvarapranidhanani* es la dedicación y el ofrecimiento de nosotros mismos y de todas las cosas que tenemos a Dios nuestro Creador para que nos guíe por el camino correcto. Todo lo que tenemos procede del Creador y él sabe lo que es mejor para nosotros. Deberíamos ofrecerle todo en todo momento, a él y a toda la humanidad, para que todo sea utilizado del modo correcto. Una mente en paz es aquella que está libre de ataduras y no desea ninguna otra cosa que no sea lo que el Creador le dará para que lo use del modo adecuado y en el momento preciso.

Estas prácticas de la mente son el comienzo del yoga y de su disciplina. Hay que asumir el compromiso con ellas antes de pasar al siguiente estadio, *asana*, el yoga físico. ¿Por qué? Porque cuando empezamos a practicar la disciplina física, lo hacemos con la intención correcta de devolver a la humanidad los frutos de nuestro trabajo. No estamos pensando en perder peso o en conseguir modelar el cuerpo mejor, que son sólo pensamientos egoístas, sino que aspiramos a mejorarnos a nosotros mismos para servir a los demás. En la India, los yoguis han hecho sus prácticas de forma metódica, pasando por cada estadio y dándoles el tiempo que necesitan. No podemos saber cuántas semanas, meses o años hemos de dedicar a cada etapa, pero sí que a medida que avanzamos seguimos practicando las anteriores, además de las nuevas. La práctica *asana* busca que el cuerpo se abra y sea flexible mientras la mente está concentrada en la respiración o en un *mantra* (repetición de una frase o sonido) que le proporciona un punto de referencia. Cuando llegan los pensamientos para distraer al yogui, éste necesita un asidero al que fijar su atención. A él se agarran para no ser arrastrados por la ola de las ideas mundanas. El yoga practicado con esta intención ayuda a que la mente se concentre y se vea libre de ataduras de tipo físico, que son las que impiden que la mente tenga pensamientos espirituales. En el cuerpo almacenamos todo aquello que está en la mente, y si ésta no se encuentra libre de distracciones terrenales, el organismo reacciona con rigidez o dolor. La forma en que nuestro cuerpo se siente cada mañana es un reflejo de nuestro estado mental. A medida que se profundiza en la disciplina y nos liberamos de los pensamientos, mientras practicamos el yoga físico, la vida interior comienza a reaccionar permitiendo que el cuerpo adquiera una mayor flexibilidad. Cuando esto ocurre, nos resulta más fácil sentarnos en la posición de piernas cruzadas, en silencio y sin ninguna agitación física o mental. Practicamos el yoga físico para ser capaces de alcanzar los estadios espirituales más hondos.

Después llega el control de la respiración. Esta práctica alcanza un nivel mental mucho más profundo. La respiración es vida. Sin ella no podemos sobrevivir. Somos capaces de respirar espontáneamente, sin pensarlo, pero si entendemos el funcionamiento de la respiración y podemos controlarla, acabaremos trascendiendo el cuerpo y llegando a escalones de experiencia muy sutiles. Una de las mejores formas de liberar ansiedad consiste en aprender primero a respirar adecuadamente y, luego, a controlar la respiración en nuestro interior. Con ello eliminaremos toda la tensión de la mente y el cuerpo, que es causa de malestar y enfermedades. La mayoría de la gente nunca piensa en su aliento, salvo cuando huele mal. Nunca respiramos profundamente. La mayor parte del tiempo aspiramos aire de forma superficial. Ignoramos que hay una manera correcta de hacerlo: llenar completamente los pulmones, no sólo el extremo superior de los mismos. Cuando la gente come, no se preocupa de respirar bien para ayudar al proceso digestivo, que necesita mucho aire para ser capaz de asimilar lo que está consumiendo. La respiración mueve el corazón, que a su vez bombea la sangre. Ésta es, en fin, la que alimenta el cuerpo, además de limpiar los residuos que producimos. Cuando no respiramos correctamente todo el proceso se resiente, y una parte de nuestro organismo deja de recibir lo que necesita. Una vez conocida la forma correcta de respirar, aprendemos a controlar la respiración y entonces podemos ver y sentir cosas realmente maravillosas. Pasamos de sentirnos materia pesada a un ser mucho más ligero, que rechaza de manera natural las ataduras terrestres y comienza a comprender interiormente las enormes posibilidades que tiene el ser humano. Los beneficios exteriores y las cosas materiales pierden su significado, porque no cumplen ninguna función espiritual relevante. El autodominio que experimentamos nos libera de cualquier deseo y ayuda a nuestro cuerpo a sentarse en silencio para aprender y prestar atención a otros mundos, otros estadios de existencia, que están preparados para comunicarse con nosotros. No sólo utilizamos positivamente nuestros sentidos, sino que también comenzamos a comprender nuestros actos internos y su funcionamiento.

El repliegue de los sentidos es su control absoluto, el poder de no permitirles que nos distraigan palpando, olisqueando, mirando cada pequeño suceso que ocurre alrededor. Esta disciplina marca una notable diferencia entre las culturas occidental y oriental. Nosotros nos centramos mucho más en la estimulación sensorial. Vivimos inmersos en una sociedad de consumo cuya existencia depende de que cada uno gaste, venda, compre, beba, coma o disfrute cuanto pueda. Se trata de dar constante satisfacción a los sentidos: queremos comer platos sabrosos, vestir ropas hermosas, disfrutar del sexo a todas horas. No consumimos por necesidad, sino por codicia, deseo de poseer muchas cosas. Ese deseo, por no decir pasión, nos dificulta la vida espiritual, pues en ella quedamos satisfechos con las cosas simples de la vida. Los sentidos hacen que siempre estemos pendientes del mundo externo. Por eso no nos damos cuenta de que la paz y el silencio que buscamos viven en nuestro interior. Cuanto más frenéticas se vuelven nuestras vidas y menos tiempo dedicamos a la meditación silenciosa, más esclavos somos de nuestros sentidos, que han sido conquistados por las deslumbrantes tentaciones mundanas. Si rechazamos los placeres sensoriales no nos negamos nada a nosotros mismos. Todo lo contrario, estamos ayudando a liberarnos de la dependencia de los objetos y los placeres exteriores. He aquí el mayor de los desafíos para los occidentales en el camino espiritual: superar y controlar los sentidos, sin creer que se trata de un enorme sacrificio.

La concentración es la práctica que permite fijar nuestra atención en una cosa sin que nada ni nadie la perturbe. Cuando la mente se libera de los sentidos puede empezar a concentrarse en cuestiones internas. Comienza entonces la meditación. Esta práctica se realiza primero con un objeto exterior, para hacer posible que la mente se serene y no se vea afectada por la distracción que supone pensar en otras cosas. Puede ser cualquier objeto, como una flor o la luz de una vela. Pasado cierto tiempo, cerramos los ojos y hacemos visible el objeto en nuestro interior. Si perdemos la imagen, volvemos a abrir los ojos para recuperarla. Quizás necesitemos años de práctica para lograr auténticos resultados de concentración interior. Aunque su imagen se nos pierda mil veces, hemos de llevar la mente de regreso al objeto con infinita tenacidad. Al final, la imagen residirá en nuestro interior y ya no necesitaremos volver a mirarla con los ojos.

Superada esta práctica, pasamos a la meditación. Se consigue cuando ya no existe ningún sentido del tiempo o del espacio y nos encontramos en un estadio ligero y sutil, libres de cualquier pensamiento o de las distracciones de la mente, los sentidos o el cuerpo. Al alcanzar esta experiencia, llegamos al conocimiento sin necesidad de palabras. Entendemos lo indescriptible.

El último estadio es *Samadhi*, el punto en el que no estamos atados a nada y somos sólo nuestro ser puro y natural; donde el espíritu es uno con nosotros. Nuestra verdadera naturaleza es Dios el Creador, porque nuestra vida procede de él. En el *Samadhi* hemos dejado marchar todos nuestros pensamientos o distracciones interiores y exteriores, y podemos disfrutar de nuestra comunión con la naturaleza. No hay sensación, no hay pensamiento, no hay nada que pertenezca a este mundo, sólo existe lo que procede de nuestra verdadera naturaleza. Eso es el yoga.

Ahora bien, para alcanzar este estadio se requerirá mucha práctica y autodisciplina. Será preciso llevar una vida más pura, que no busque más recompensa que la comprensión de nuestro origen y nuestro destino. De dónde venimos, adónde vamos. Nunca encontraremos a un yogui que tema a la muerte o ignore el significado de la vida. La forma de vida occidental es totalmente opuesta al estilo yóguico de existencia. Jamás podremos comprender el propósito de nuestra existencia en la Tierra si seguimos viviendo sólo para nosotros mismos. La forma yóguica de vida tiene un gran propósito: es ser uno con el Creador y hacer las cosas para las que hemos sido puestos en la Tierra. Una vez cumplido, podemos marcharnos en paz cuando llegue el momento de hacerlo. Para un occidental, esta forma de vida implica un gran sacrificio, porque, aun sabiendo que se trata de una forma mejor de existencia, la gente está muy atada a su modo de vida y no quiere perderlo. Para un yogui, ese absurdo tipo de existencia supondría un sacrificio, porque nos aleja del conocimiento verdadero.

Si en Occidente no conseguimos encontrar la espiritualidad, se debe a nuestro apego a la vida consumista, a nuestra fascinación por el mundo exterior y nuestro desprecio por las cosas sencillas. El afán de acaparar, el impulso irrefrenable hacia los placeres, nos separan de la forma yóguica de existencia. Cada vez nos alejamos más de la esfera espiritual. No se trata de que en Occidente seamos distintos, sino de que nuestra mentalidad, nuestras intenciones y metas están orientadas hacia el exterior, mientras que la cultura oriental promueve objetivos interiores de serenidad y paz, como forma de llevar una existencia mejor y más verdadera. En Occidente, las personas encuentran su «realización» en el trabajo o en la familia, pero para el yogui la meta es comprender la auténtica razón de su existencia, saber qué trabajo debe realizar aquí en la Tierra para mejorar la vida a todos los seres humanos.

PRÁCTICAS PARA LA VIDA DIARIA

Todos hemos de seguir alguna disciplina para desenvolvernos correctamente en la vida. Del mismo modo que tenemos un régimen de trabajo y establecemos unas normas para el esparcimiento, podemos buscar métodos que nos permitan alcanzar metas más elevadas e importantes en la vida. No hay ningún ser humano en la Tierra que no pueda hacer que su existencia sea más pacífica y armoniosa consigo mismo y el resto de la especie. Las prácticas para la vida diaria son sugerencias de lo que podemos hacer para cambiar nuestra forma de vida en sentido positivo. Si sabemos que hay mucho que mejorar, podemos empezar por introducir pequeños cambios en nuestra rutina diaria. Así evitaremos la sensación abrumadora, paralizante, de que estamos renunciando a demasiadas partes importantes de nuestra existencia. En este camino espiritual precisamos apertura mental hacia el aprendizaje y voluntad de cambiar nuestros pensamientos y comportamientos. Sin duda, llevará algún tiempo comprender las cosas a un nivel más profundo, porque nuestra mente está demasiado acostumbrada a fijarse sólo en el exterior. Pero no hay que desesperar, las cosas de nuestro interior acaban mostrándose cuando nos volvemos para mirarlas.

Empecemos a observar todos los aspectos de nuestra existencia, incluido nuestro modo de vida. En este libro hemos descrito la forma en que vive la mayoría de los occidentales. No inventamos nada, es así como marchamos por la senda de la existencia, aunque no nos demos cuenta. La gente no profundiza en las prácticas espirituales, simplemente porque se deja llevar por su rutina diaria, sus hábitos y su estilo de vida. Para cambiar, debemos vivir en armonía y paz con los demás y también con nosotros mismos. Analicemos algunas de las cuestiones más importantes en la vida de la gente para ver de qué modo se puede producir el cambio.

TIEMPO. El argumento conformista de la mayoría es que no tiene tiempo para hacer cambios a gran escala en su vida. Pero no es tiempo lo que se necesita, sino un compromiso de cambio. Hecho el propósito, el tiempo vendrá por añadidura. Cuando eso suceda, será necesario recordar para qué lo necesitábamos y no desperdiciarlo en otras cosas. No se trata de disponer de un par de horas diarias para el yoga o la contemplación, sino de usar los pocos minutos libres que encontremos aquí y allá para explorarnos sinceramente, en busca del camino espiritual.

COMIDA. Aprendamos a comer de manera equilibrada y en los momentos debidos. La mayor parte de las veces no es el cuerpo el que tiene hambre. Es la mente la que ansía la comida por numerosas razones que tienen poco que ver con la necesidad de alimentarse. Como ya comentamos, una persona que come en exceso o no come lo suficiente, lo hace por hábitos adquiridos en el pasado, casi siempre en la infancia, el gran período de aprendizaje. Tratan de llenar con comida un vacío que sólo puede colmarse con alimentos espirituales. Comer una o dos veces por día es suficiente. Es mejor no mezclar demasiados alimentos diferentes ni añadirles muchos condimentos ni salsas. Si nos acostumbramos a los alimentos con su sabor natural, las papilas gustativas se volverán más sensibles y podremos captar mucho mejor el gusto de cada cosa. Al ser capaces de saborear detenidamente los platos, no sentiremos ansias por devorarlos. Comeremos menos, con más gusto y más despacio. El apetito es sobre todo una sensación mental. Consumimos principalmente alimentos envasados, con muy poco valor alimenticio, la mayor parte de los cuales se presenta en forma de trigo y azúcares deshidratados. Pan, galletas, cereales, yogures de fruta, bocadillos, comidas rápidas, todos estos alimentos están elaborados con ingredientes de muy bajo coste, que no añaden nada bueno a nuestra dieta. Comer esta clase de alimentos y, además, hacerlo en exceso es la causa de la mayoría de las enfermedades en la sociedad actual.

Podemos considerar la posibilidad de hacernos vegetarianos, puesto que nuestro cuerpo no necesita carne. Su consumo supone una pesada carga para el organismo y nuestro cuerpo tarda mucho en digerirla y expulsar sus restos. En los últimos veinte años, granjeros y ganaderos han estado tratando a sus animales con hormonas. El abuso de esta práctica ha llevado a enfermedades tan inquietantes como el «mal de las vacas locas». Podemos temer los problemas, iguales o peores, debido a la clonación en un futuro. Hoy en día no es higiénico ni seguro comer carne. El pescado, debido a la contaminación de los mares, también está relacionado con diversos trastornos y enfermedades.

¿De dónde sacaremos entonces las proteínas necesarias para nuestro organismo? El cuerpo está bien equipado para fabricar 18 de los 22 aminoácidos que se necesitan para crear una molécula de proteína. Los cuatro restantes se pueden adquirir a través de alimentos tales como habas, nueces, diversos vegetales o aceites. Existe gran desinformación sobre las proteínas y los carbohidratos, provocada por el *boom* de los regímenes de adelgazamiento. Cualquier dieta que limite el aporte de vitaminas y minerales esenciales es incompleta y no favorece, desde luego, el equilibrio interno. Aprendamos sobre los alimentos, especialmente los aceites (sésamo, oliva y coco), que el cuerpo necesita para nutrir adecuadamente el cerebro y los huesos. Parémonos a pensar qué nos estamos metiendo en el cuerpo. No tratemos de perder peso lo más rápidamente posible. Antes de iniciar un régimen, explorémonos, sepamos por qué nos atenaza el ansia de comer compulsivamente. No podemos luchar contra los hábitos negativos hasta que no conozcamos su origen.

El agua y las infusiones de hierbas contribuyen a limpiar el interior del cuerpo. Su consumo abundante nos mantiene equilibrados y ayuda a la digestión, todo lo contrario que el café, el alcohol, las bebidas dulces y gaseosas, que tantas veces tomamos tras la comida sin calibrar lo mucho que alteran los procesos naturales del organismo. Las bebidas estimulantes obstaculizan la digestión y, de paso, impiden que muchos principios nutritivos sean absorbidos por la sangre. Averigüemos por qué necesitamos «café y copa» tras la comida. Cuando lo sepamos, podremos acabar con tan mala costumbre.

Abordemos un último dilema. ¿Es mejor cenar tarde o cenar temprano? Cuando estudiaba en la India, nos contaban muchas historias de pacientes que entraban y salían del hospital. Una de ellas se refería a un hombre que tomaba medicación para la diabetes. Había viajado hasta la India porque estaba desesperado y nadie parecía tener una cura para él. Llevaba en el hospital sólo unos pocos días y había visto al médico ayurvédico, a quien le había contado su problema. Después de escuchar su historia, el médico pensó que este hombre, que trabajaba todo el día y cenaba abundantemente a las 9 o las 10 de la noche, y se iba a la cama pasadas las 12, se estaba envenenando a sí mismo. Ordenó que, mientras estuviera en el hospital, le dieran la cena a las cinco de la tarde y se metiera en la cama a las 9 de la noche. En tres semanas había experimentado una notable mejoría y ya no necesitaba medicamentos. Cenar tarde equivale a envenenar nuestro organismo. Para disfrutar de una salud mejor y prevenir la mayoría de las alergias, no debemos comer entrada la noche. Dejemos de hacerlo y en seguida tendremos resultados que nos parecerán milagrosos.

EJERCICIO. El ejercicio físico que hacemos suele ser reflejo de nuestro estilo de vida. Si sufrimos mucha tensión en el trabajo y luego vamos al gimnasio a «castigarnos» con dureza, nuestra mente no podrá liberarse de toda la presión a la que ha estado sometida. Las frustraciones no desaparecen a través del ejercicio físico, porque están asentadas en lo más profundo de la psique. La única manera de librarnos de ellas es descubrir su origen. Por ejemplo, el levantamiento de pesas se hace sólo por razones estéticas. No tiene ningún valor para la salud interior, todo lo contrario, pues fuerza demasiado los órganos del cuerpo, lo que puede provocar problemas de salud, y además tensa y endurece los músculos, contribuyendo a que el cuerpo se vuelva más rígido. El torso saludable no es musculoso y duro, sino ágil y elástico, capaz de moverse libremente en todas direcciones. En el gimnasio se consigue lo contrario. Nos «endurecemos» y, de esa manera, obstaculizamos las funciones del organismo.

El yoga, en cambio, promueve la salud. Funciona eficazmente, desde tiempo inmemorial, a partir de un sistema que trabaja de acuerdo con la naturaleza. Ayuda al cuerpo y la mente a librarse de las cargas negativas (presión, estrés, ansiedad) mediante una serie de movimientos que estimulan la flexibilidad. Recordemos: el yoga es un proceso mental que afecta al cuerpo, que necesita la concentración en un punto, un objeto, hasta expulsar de nuestra cabeza los demás pensamientos. Gracias a esta práctica, cuerpo y mente se abren y se liberan de cualquier rigidez. Una mente rígida crea un cuerpo rígido.

Da igual que dispongamos de una hora o de quince minutos. No nos angustiemos por la falta de tiempo, pues bastará con un rato que nos permita practicar algunas posturas de yoga. Puede hacerse en cualquier momento y lugar, no se necesita ningún recinto especial para ello. Con esta mentalidad conseguiremos abrir, cada día, más ventanas a la salud. Lo decisivo es cambiar la manera de pensar, tomar la iniciativa y no sentarse a esperar que nuestra vida cambie sola.

Busquemos algún centro de yoga cerca de casa y asumamos el compromiso de acudir una o dos veces por semana. Si no es posible, podemos comprar un vídeo y practicar en casa hasta que nos hayamos acostumbrado a los movimientos. Yo recomiendo que primero se tomen clases con un profesional que nos guíe correctamente a través de todas las posturas. Como la mente y el cuerpo no están acostumbrados a estos movimientos, es aconsejable que, al principio, alguien nos indique cómo hacerlos. Una vez dominados, podremos continuar solos. Es nuestra vida y lo que hagamos con ella depende exclusivamente de nosotros, pero no debemos olvidar que la calidad de la vida comienza por la salud. El yoga nos ayuda a tomar decisiones que están en armonía con la naturaleza; a ver el lado más importante de la vida, su panorámica general. Gracias al yoga evitamos la obsesión por las cosas pequeñas y esquivamos la amenaza del miedo. De cada buena acción nacen muchas más.

PENSAR. Todo comienza en la mente. La buena o la mala salud, la «suerte» o las desgracias, todo se origina en el mismo lugar. Debemos adquirir el hábito de hacer un alto cada día y analizar lo que está ocurriendo en nuestros pensamientos, para dilucidar si son productivos o improductivos. Si queremos ser amos de nuestra casa debemos saber lo que ocurre en ella. El cuerpo y la mente son nuestra casa. Esta práctica hará que ahorremos tiempo en el futuro, porque seremos capaces de detectar los modelos de pensamiento negativos e improductivos a los que antes dedicábamos horas y horas. Algunas cuestiones cotidianas que nos obsesionan, casi siempre relacionadas con el trabajo o la familia, hacen aflorar pensamientos que disparan la ansiedad y alteran el funcionamiento de nuestro cuerpo. Todas tienen el mismo origen. Con un poco de vigilancia, podemos pararlas antes de que entren en nuestra mente. Tratemos de recordar lo que ha sucedido durante el día y lo que se refleja en nuestros pensamientos. Hagámoslo aunque sólo sea durante uno o dos minutos cada día. Será suficiente para saber lo que ocurre en nuestra psique.

SILENCIO. Para nuestro viaje espiritual es fundamental encontrar momentos de calma y silencio en los que ningún ruido distraiga nuestra atención. La gente dedica la mayor parte de sus esfuerzos a desandar el camino, a combatir las consecuencias de los desastres que se ha buscado por no dedicar tiempo a contemplar previamente las mejores posibilidades. Aunque al principio sean solamente cinco minutos, bastará. Lo importante es adquirir el hábito positivo de sentarnos, solos, y permitir que el silencio penetre en nuestro interior. Pronto apreciaremos la libertad y la belleza implícitas en el acto de permanecer sentados, sin hacer absolutamente nada, dándonos tiempo para asimilar los pensamientos. En la contemplación silenciosa no nos aferramos a los pensamientos que pasan por nuestra cabeza, sino que nos limitamos a reconocerlos y permitir que se alejen hasta que lleguen los siguientes. Los observamos para ver cuál es su naturaleza y les dejamos continuar su camino. Esta práctica comenzará a educar la mente para que no se aferre a cualquier cosa pequeña que captemos a través de los sentidos. Sentémonos, cerremos los ojos y comencemos a practicar. Mientras llegan y se marchan los pensamientos relativos a lo que tenemos que hacer, limitémonos a observarlos sin comprometernos con ellos. Cuando hayamos acabado, aprovechemos la paz y la calma que sentimos dentro de nosotros para abordar proyectos de acciones positivas. Dejemos que la serenidad sea nuestra guía natural.

DORMIR. Debemos asegurarnos de que tenemos el descanso que necesitamos, ni más ni menos. No vayamos a dormir demasiado tarde todas las noches de la semana, porque la mente sufrirá una presión que, al cabo, acabará por repercutir en el cuerpo. Con ese mal hábito, nos levantaremos rígidos y soñolientos. La psique necesita cierta cantidad de reposo para ser capaz de realizar las tareas cotidianas normales. Precisamos un sueño bueno y profundo. La sangre y el oxígeno alimentan constantemente el cerebro. Por la noche, el flujo es fácil, sereno, y permite que el individuo se libere de las tensiones acumuladas durante el día. Dormirse tarde entorpece el reposo cerebral calmado, agota la mente y provoca muchos síntomas de ansiedad que a la larga causan enfermedades. No se trata de dormir demasiadas horas, sino de reposar intensamente las que cada cual necesita, siete u ocho por regla general. Adquiramos el hábito de acostarnos temprano para conseguir un buen descanso.

REZAR. No es un gesto religioso, sino una buena práctica destinada a dar gracias por todo lo que se nos ha otorgado en la vida. Rezamos para recordarnos a nosotros mismos que no somos más que una diminuta pieza del rompecabezas humano. También lo hacemos para honrar y pedirle que nos guíe a la fuerza superior que nos ha creado, a la cual identificamos como parte de nuestro verdadero ser. Los rezos ayudan en nuestro camino hacia la meditación, enseñándonos a ser humildes en nuestras intenciones. No es necesario que pidamos nada, pues sabemos que se nos dará todo lo que necesitamos para continuar nuestro viaje. La oración sólo busca dar gracias a Dios, la naturaleza, un poder superior, el Universo, da igual cómo queramos llamarlo, por todo lo que recibimos cada día. Cuando rezamos, es muy importante preguntarle a ese poder superior qué quiere de nosotros, en lugar de pedirle cosas continuamente. Debería ser lo primero que hiciéramos cada mañana y nuestro último acto antes de cerrar los ojos por la noche. Finalmente, cuando la oración ya sea un hábito, seremos capaces de comunicarnos mediante la oración a cualquier hora, día y noche, incluso cuando estemos dormidos. La costumbre del rezo nos aporta la humildad necesaria para poder comunicarnos con nuestro auténtico ser a un nivel más elevado.

Si podemos hacer de estas pequeñas prácticas una parte de nuestra vida diaria, las cosas cambiarán para bien. Debemos empezar poco a poco, hacer la preparación con paciencia, sin saltarnos ninguna de las etapas de cada práctica. Disfrutemos el proceso, sabiendo que el comienzo es muy importante y que los pequeños cambios son altamente significativos. El potencial de nuestro interior es mucho mayor de lo que imaginamos. Con el inicio de nuestro viaje espiritual, ese potencial empezará a salir a la superficie.

FINAL

Los textos, los libros espirituales deben ser abordados como fuentes de sugerencias para el presente y el futuro, no como rígidos manuales. La creencia profunda en cualquier cosa nace de la práctica equilibrada de una disciplina y de la comunicación verbal con otras personas. Sólo podemos pensar lo que sabemos o creemos en cada momento y, desde luego, esperar que aumente nuestra comprensión a medida que profundizamos la búsqueda espiritual. El grado de conocimiento que adquiramos en este proceso dependerá de nuestra ansia de búsqueda y del examen mental y físico que hagamos de las cosas a medida que se presenten.

El mensajero nunca es más importante que el propio mensaje. Quizás nos disguste el aspecto de este primero o la forma en que nos trae el mensaje, y aunque así sea, debemos buscar debajo de su personalidad, ya que podemos encontrar la verdad que estamos buscando. Es nuestra responsabilidad ir más allá de todo aquello que se nos coloca delante de los ojos en este mundo. Hemos de excavar profundamente dentro de nosotros mismos para encontrar el verdadero ser.

Buscamos cierta calidad de vida para poder decir que hemos logrado algo, que hemos ido más allá de la miseria y el dolor que vemos cada día en nuestras calles, en los periódicos, en la televisión. La existencia mejor que tanto anhelamos la conseguimos cuando practicamos un estilo de vida más sano, cuando cambiamos nuestros hábitos para ser capaces de profundizar en nosotros mismos y en los demás.

¿Cuál es el propósito de nuestra existencia? Se requerirá mucha práctica para responder a esta pregunta en el terreno espiritual, ese estadio en el que «sabemos» sin palabras, en el que no necesitamos justificar nada a través de pruebas o de la intervención de la ciencia. Utilicemos todas las herramientas que tenemos a nuestro alcance, leyendo, investigando, practicando, teniendo disciplina y manifestando una gran compasión. Viajemos con el corazón cargado de amor por los demás, pues ellos también están tratando de encontrar la paz y el significado de sus vidas. Se trata de un viaje colectivo que experimentamos de forma individual, en el que necesitamos obtener fuerzas unos de otros a medida que avanzamos.

Yo sé que en este momento tengo paz porque comprendo lo que nuestro Creador quiere de mí; pero la mayor parte del tiempo carezco de la fuerza necesaria para seguirle, y ahí radica la dificultad.

De modo que me pregunto: ¿qué es la espiritualidad para mí?

Es la búsqueda para ir más allá de lo visible en la vida, para eliminar del camino los obstáculos que ponemos a nuestro Creador, quien nos hizo a su imagen y semejanza y nos ama a todos por igual. La búsqueda traerá muchas experiencias que nos harán pensar y actuar más allá de nuestras limitadas habilidades humanas, de nuestras creencias. Lo que experimentemos hará que podamos ver a los demás como a nosotros mismos, y a cada cual como un espíritu distinto, singular, valioso. Todos, claro está, surgidos de la misma fuente.

¿Dónde se encuentra esa fuente? Para entenderlo tendremos que comenzar por el principio. No hay otra forma de llegar a la meta, al final. Pero la mayoría de nosotros nos encontramos en alguna parte intermedia del sendero, tratando de orientarnos. Pues bien, disfrutemos del lugar en que nos encontramos, pues en realidad no hay principio ni fin, meta ni salida. La espiritualidad es un viaje, no un destino.

Y el viaje continúa…

APÉNDICE 1
PALABRAS

Las palabras sirven para que las personas se comuniquen, pero si no aprendemos a emplearlas correctamente podemos acabar ofendiendo, alabando excesivamente o simplemente no comunicándonos con los demás. Las palabras son el inicio, a veces la causa, de muchas situaciones. No son neutrales, pues todas tienen su contenido y sus intenciones. A continuación repasamos una serie de palabras positivas y negativas que tienen su significado y que pueden ser buenas o no tan buenas, tanto para quien las pronuncia como para quien las escucha.

Palabras positivas

Dios-Divinidad-Creador-Hacedor. Todas ellas nos ayudan a describir lo indescriptible cuando nos referimos a nuestro origen. A veces las palabras se quedan cortas, y en este caso más que en ningún otro. Reflexionemos sobre esto, porque se relaciona con la forma de contemplación más elevada.

Amor. Algunos dicen que Dios es amor, otros que Dios es la Naturaleza, pero nuestra meta debería ser compartirlo con todo el mundo.

Fe. Mirar lo invisible y vivir plenamente, tratando cada día de pedir ayuda a la divinidad.

Abnegación. Entregarnos a otros, darles nuestro tiempo y nuestro amor, de modo que todo lo que ofrezcamos vuelve a nosotros multiplicado por diez.

Devoción. Entender que la vida se nos ha concedido por una razón, y dedicar tiempo a descubrir qué quiere de nosotros el Creador en esta vida.

Paciencia. Entender que todas las cosas necesitan su tiempo para madurar, y que, con paciencia, algunos de los llamados secretos del mundo acabarán por sernos revelados.

Sabiduría. Es el esfuerzo que dedicamos a descubrir nuestra causa y a seguirla con gracia y comprensión.

Conocimiento. Un regalo que ha de ser buscado tanto en el interior como en el exterior. Muchas personas nos transmitirán todo lo que saben si permanecemos atentos.

Comprensión. La joya de las palabras, la que coloca a las demás en armonía y equilibrio. La clave de la paz reside en tomarnos nuestro tiempo con paciencia, para comprender a los demás.

Dar. Todo lo que tenemos viene a nosotros como un regalo del Creador, que muestra el amor que siente por nosotros en forma de buena salud, buena familia, buena existencia. Compartamos lo que tenemos en la mente, el cuerpo y el espíritu y eso nos librará de toda codicia.

Unidad. Una mente abierta que nos lleva a reconocer y aceptar a todos los seres humanos como a nosotros mismos.

Perdón. La capacidad de entender que todos los seres humanos tenemos nuestros fallos y cometemos los mismos errores que los demás. Sin excepción, no importa cuán grandes o pequeños seamos.

Salud. El amor por el creador de la vida, manifestado en el organismo a través de la naturaleza, nos proporciona la eterna salud, más allá de los límites del cuerpo y la mente. No renunciemos jamás a ello, nos ofrezcan a cambio lo que nos ofrezcan. Si aceptamos el trueque, estaremos viviendo en un engaño.

Disciplina. Encontrar lo que no se ve fácilmente, lo que entraña un desafío, un esfuerzo para obtener un resultado. El cimiento de todo lo que merece la pena se construye a partir del trabajo, de la disciplina.

Compasión. Nuestros sentimientos de profunda comprensión por quienes sufren dolor y temor en la vida.

Curación. De la compasión, el perdón y la comprensión nace la verdadera curación interior de nuestro ser desnudo.

Verdad. Al hablar y pensar con ella, liberamos la ansiedad y el dolor que llevamos en nuestro interior como consecuencia de nuestros secretos íntimos.

Elección. La capacidad de tomar una decisión antes de implicarnos en una acción. Pensemos bien y nuestras acciones nos seguirán naturalmente.

Aceptación. Vivamos con esto en mente: somos el observador y no el juez de lo que deben o no deben ser los demás. La aceptación de uno mismo y de los demás es la clave de pensamientos más elevados.

Humildad. Reconocer los méritos ajenos y también los propios. Saber que todos tenemos un lugar común en la Tierra nos proporciona una bocanada de aire fresco a cada momento.

Palabras negativas

Miedo. El comienzo y el fin de todo lo que será escrito en lo sucesivo. El amor es el regalo.

Ira. Lo que se apodera de todo nuestro ser si se le deja sin control. La ira nace del deseo de querer hacer siempre todo a nuestra manera. Causa enfermedades. La cura es la alegría.

Control. La incapacidad de controlarse a uno mismo lleva a querer controlar a los demás, incluido lo que ellos tienen. La meta es la libertad.

Odio. El profundo sentimiento de rencor al pensar que alguien nos ha hecho algo malo. Hemos acabado por aceptar este hecho como una realidad y ahora no queremos dejarlo. La respuesta es el perdón.

Expectativas. El camino que conduce a la decepción se inicia con las ilusiones, las expectativas. Siempre estamos en el lugar idóneo para hacer nuevos cambios orientados a un futuro mejor. Ilusiones, comienzo de la enfermedad. La clave es la aceptación.

Rechazo. Sólo somos rechazados en la mente, en nuestro interior tenemos todo el amor que necesitamos. De niños resulta mucho más difícil, pero como adultos podemos abandonar la idea infantil del rechazo y concentrarnos en dar en lugar de recibir. El rechazo crea la ilusión de la enfermedad. Dar es la felicidad.

Poder. Es una ilusión de la mente. Enfermedad. El remedio es la renuncia a él.

Codicia. Un peso sobre nuestros hombros, la maldición de tener que seguir buscando más. Alimenta la enfermedad. El remedio es dar incondicionalmente.

Egoísmo. Es la puerta a la soledad, la pena y la tristeza. Comprende la enfermedad. Su opuesto es el altruismo.

Competición. Nos enfrenta a quienes, de otro modo, podrían ser nuestros queridos amigos, miembros de nuestra familia. Ayuda a fortalecer la enfermedad. La camaradería es el equilibrio.

Orgullo. Es el interés por nosotros mismos que se origina en nuestro ego. Este sentimiento nos hace hablar demasiado acerca de lo que hemos hecho por los demás, sólo por llamar la atención. Nuestra intención es exhibirnos y jactarnos de ser mejores que otras personas, y la prueba de ello es que no mostramos orgullo ante nosotros mismos, sino ante los demás. Mantiene la enfermedad. La humildad es la dicha.

Abandono. Debemos comprender que hemos llegado al mundo solos, compartimos algunos momentos con la gente y nos marchamos también solos, de modo que nadie puede abandonarnos nunca en nuestro viaje espiritual, llamado vida. Alimenta el fuego de la enfermedad. Compartir es contagioso.

Culpar. Todo sucede por una razón y no puede ocurrirnos nada que no hayamos contribuido a generar. Los demás no son la fuente de nuestra alegría o nuestra miseria. Echar las culpas a los otros lleva a la enfermedad. La verdad es la vida.

APÉNDICE 2

HIERBAS RECOMENDADAS PARA USO DIARIO

Hay muchas hierbas beneficiosas para nosotros. Aquí recomendamos aquellas que están reconocidas como poseedoras de muchas propiedades, y que, empleadas de forma regular, pueden ayudar a mantener la mente sana. La mayor parte puede consumirse en forma de infusiones.

Aloe vera. El aloe vera está considerada como un alimento a causa de los muchos beneficios que proporciona al cuerpo. Buena para los sistemas digestivo, circulatorio, nervioso, excretor y reproductor femenino. Un poco de zumo de aloe vera todos los días tonificará los órganos y las células del cuerpo. Útil para el rejuvenecimiento y como agente de limpieza.

Gotu kola. Considerada la hierba más equilibrada para el cuerpo y la mente. Excelente para los sistemas mencionados más arriba, y también para el respiratorio. Ayuda a purificar las glándulas suprarrenales y la sangre, combate los estados febriles, previene la caída del cabello, fortalece el sistema inmunológico y la función hepática.

Kava kava. Buena para la circulación, el descanso y el sueño, alivia los dolores físicos, sobre todo los del sistema nervioso. Administrada en pequeñas dosis, alivia la ansiedad.

Raíz de orozuz. Excelente para los sistemas respiratorio y nervioso. Muy buena también para los sistemas digestivo, excretor y reproductor. Tónico cardíaco, bueno para las cuerdas vocales, bronquitis, tos, gripe, dolor urinario y abdominal. No deben tomarla las mujeres embarazadas ni las personas que sufran hipertensión. Administrar en pequeñas dosis.

Jengibre. El jengibre caliente es muy bueno para los sistemas digestivo y respiratorio. Hervido con agua, es bueno contra la indigestión y el dolor de garganta. Esta hierba posee muchas otras propiedades que deben consultarse.

Ranunculácea americana. Buena para el sistema inmunológico. Bebida como infusión, aliviará la bronquitis, los resfriados, la fiebre del heno, la acidez, el herpes y otras afecciones. Hervida en agua y aplicada en los ojos, cura la conjuntivitis y otras afecciones oculares.

Ginkgo. Conocido como un excelente tónico cerebral, también ayuda en los casos de pérdida de memoria en las personas mayores. Buena para la depresión, el tinnitus (zumbido en los oídos) y las jaquecas.

Sena. Es una hierba laxante. Ayuda a combatir el estreñimiento. No debe tomarse durante períodos prolongados y tampoco en dosis elevadas.

Tés verdes. Existen cientos de variedades de hojas verdes diferentes, que se utilizan para preparar infusiones y poseen muchas y buenas propiedades. Ricos en vitaminas, minerales, tienen propiedades antioxidantes.

Mate. Esta planta originaria de América del Sur ha sido utilizada durante siglos por los pueblos indígenas. Es conocida por su rico contenido en vitaminas y minerales, que ayudan en la digestión. Es un gran tónico para el cuerpo.

Ginseng. Hay diferentes clases de distinta fuerza. Ayudan a tonificar el sistema inmunológico y la circulación sanguínea, aportan energía y combaten el estrés. No se recomienda en caso de problemas cardíacos o hipertensión.

El autor de este libro colabora con las siguientes asociaciones benéficas:

Ankur Children's Home, que es un hogar de acogida de la India que recoge de las calles de Bombay a niñas huérfanas para asegurarles una buena alimentación, educación y sanidad.

La ***Fundación Senara***, que está ubicada en Madrid y ayuda a las mujeres en aspectos como la búsqueda de un empleo digno.

A continuación se citan los contactos de ambas con el ánimo de que los lectores también puedan involucrarse en el trabajo solidario de estos grupos.

Ankur Children's Home
Kanakia's Road
Beverly Park - Mira Road - East
Mumbai - 401107 - Thane DT
Tel.: (0091) 28108208
Fax: (0091) 28126686
Datos bancarios: American Express Mumbai. Cuenta: 220 1 22 197

Fundación Senara
Avenida de Moratalaz 178 B, bajo
Madrid 28030
Tel.: 913016070
Fax: 913016075
e-mail: fundacion@senara.com

ESTE LIBRO SE HA IMPRESO
EN LÁVEL INDUSTRIA GRÁFICA, S.A.

mr

España
Av. Diagonal, 662-664
08034 Barcelona (España)
Tel. (34) 93 492 80 36
Fax (34) 93 496 70 58
Mail: info@planetaint.com
www.planeta.es

Argentina
Av. Independencia, 1668
C1100 ABQ Buenos Aires
(Argentina)
Tel. (5411) 4382 40 43/45
Fax (5411) 4383 37 93
Mail: info@eplaneta.com.ar
www.editorialplaneta.com.ar

Brasil
Rua Ministro Rocha Azevedo, 346 -
8º andar
Bairro Cerqueira César
01410-000 São Paulo, SP (Brasil)
Tel. (5511) 3088 25 88
Fax (5511) 3898 20 39
Mail: info@editoraplaneta.com.br

Chile
Av. 11 de Septiembre, 2353,
piso 16
Torre San Ramón, Providencia
Santiago (Chile)
Tel. Gerencia (562) 431 05 20
Fax (562) 431 05 14
Mail: info@planeta.cl
www.editorialplaneta.cl

Colombia
Calle 73, 7-60, pisos 7 al 11
Santafé de Bogotá, D.C.
(Colombia)
Tel. (571) 607 99 97
Fax (571) 607 99 76
Mail: info@planeta.com.co
www.editorialplaneta.com.co

Ecuador
Whymper, 27-166 y Av. Orellana
Quito (Ecuador)
Tel. (5932) 290 89 99
Fax (5932) 250 72 34
Mail: planeta@access.net.ec
www.editorialplaneta.com.ec

Estados Unidos y Centroamérica
2057 NW 87th Avenue
33172 Miami, Florida (USA)
Tel. (1305) 470 0016
Fax (1305) 470 62 67
Mail: infosales@planetapublishing.com
www.planeta.es

México
Av. Insurgentes Sur, 1898, piso 11
Torre Siglum, Colonia Florida, CP-01030
Delegación Álvaro Obregón
México, D.F. (México)
Tel. (52) 55 53 22 36 10
Fax (52) 55 53 22 36 36
Mail: info@planeta.com.mx
www.editorialplaneta.com.mx
www.planeta.com.mx

Perú
Grupo Editor
Jirón Talara, 223
Jesús María, Lima (Perú)
Tel. (511) 424 56 57
Fax (511) 424 51 49
www.editorialplaneta.com.co

Portugal
Publicações Dom Quixote
Rua Ivone Silva, 6, 2.º
1050-124 Lisboa (Portugal)
Tel. (351) 21 120 90 00
Fax (351) 21 120 90 39
Mail: editorial@dquixote.pt
www.dquixote.pt

Uruguay
Cuareim, 1647
11100 Montevideo (Uruguay)
Tel. (5982) 901 40 26
Fax (5982) 902 25 50
Mail: info@planeta.com.uy
www.editorialplaneta.com.uy

Venezuela
Calle Madrid, entre New York y Trinidad
Quinta Toscanella
Las Mercedes, Caracas (Venezuela)
Tel. (58212) 991 33 38
Fax (58212) 991 37 92
Mail: info@planeta.com.ve
www.editorialplaneta.com.ve

Grupo Planeta

MR es un sello editorial del Grupo Planeta www.planeta.es